Margret Dünser · Jet Set

Margret Dünser

# Jet Set

Rom · Paris · London

Mit 18 Abbildungen

---

Ullstein

Verlag Ullstein GmbH · Frankfurt/M · Berlin · Wien


Lichtsatz: Aktino KG, Berlin
Druck: Süddeutsche Verlagsanstalt, Ludwigsburg
Printed in Germany

ISBN 3 550 07665 7

Fotos: Armin von Huene (12), Vic Nowas (1), Herbert Rowan (5)

Inhalt

# Rom

Mamma mia. Ihr wollt doch keinen Spielfilm drehen?« Das faltenarme Herrengesicht Vittorio de Sicas schaut skeptisch auf Menschen und Gerät vor seiner Wohnungstür.

Wir sind sowieso schon in Kleinstbesetzung, aber auch das Fernsehen braucht Licht, Ton, Kamera, einen Regisseur, einen Stand-Fotografen und im Falle eines Interviews jemanden, der die Fragen stellt. Macht sechs. Anna, die ihn von früher kennt, sind sieben. Und er weiß nicht, daß vor dem Haus noch zwei Personen warten, ein Fotograf und eine Journalistin, die in einer deutschen Zeitschrift eine Reportage über ihn bringen wollen.

Die hochhackigen Absätze meiner Schuhe versinken in echten Teppichen. Im langen Gang dunkles, spanisches Mobiliar, Schüsseln voll weißer Gardenien geschmackvoll verteilt. Der geräumige Salon, in den mich de Sica geleitet, ist im Stil Louis XVI. und Napoleon III. ausgestattet.

»Bitte hier, Madame.« De Sica deutet auf mit mattgelber Seide bezogene Sessel. Graumeliert das volle Haar, buschige Brauen, stattliche 1 Meter 85, ein Gentleman vom dunkelblau-dezent-gestreiften Anzug bis zu den chevreauledernen Schuhen hinab. Auf Mitte Fünfzig würde man schätzen.

Das hört er gern. Er zeigt die Front gepflegter Zähne, hält den Kopf leicht geneigt, lacht in sich hinein: »Der Schein trügt. Ich fühle die Summe der Jahre auf meinem Rücken. Es gibt kein Rezept für ewige Jugend. Vielleicht nicht daran denken, daß man alt wird. Jede Minute des Lebens leben. Und niemanden hassen, das vor allem! Darin liegt das Geheimnis, glaube ich.«

Daß er das predigt, gibt zu denken. Er war nicht immer der Sanfte, Bequeme.

Wieviele Filme hat er gemacht?

»Die Liste ist sehr lang, weil meine Karriere lang ist. Als Schauspieler waren es ungefähr 150, als Regisseur zwei Dutzend.«

Wie kam er zum Film? Er bestand doch mit uszeichnung die Buchhalterprüfung?

»Nur Addieren, Multiplizieren, Dividieren, das wurde mir eines Tages zu dumm. Ich war jung. Frauen schienen mir interessanter als Zahlen. Also begann ich mit 23 Jahren als Statist beim italienischen Film. Ich wollte ein ungebundenes Leben führen.«

»Welche Rollen spielten Sie am liebsten?«

»Sinnvolle. Ich bin für das nützliche Kino. Ich meine, ein Film sollte ein Anliegen haben, eine soziale oder moralische Tendenz. Ich habe meine eigene strenge politische Weltanschauung. Man hat mich oft mißverstanden. Das bedaure ich sehr.«

Nachdenklich macht er eine Pause. »Ich bin kein Philosoph. Mich beschäftigen jedoch die Probleme der Menschen, ihr Alltag. Früher waren mir nur meine Probleme wichtig. Je älter ich werde, desto mehr sind es die der anderen. Ich bin ein Rationalist. Alle Filme, in denen ich Regie führte, verfolgten ein bestimmtes Ziel. Sie verlangten eine höhere Solidarität, eine gemeinsame Verpflichtung von den Menschen. Ich fürchte, ich bin Pessimist. Leider.«

De Sicas ebenmäßige Hände spielen unablässig mit einem kleinen Metallfisch. Der niedrige Glastisch zwischen uns ist vollgestellt mit silbernen Gegenständen und Schmucksteinen: Kameen, Vasen, Kannen, Schalen, Figuren. Er zieht wieder und wieder die Augenbrauen hoch, offensichtlich eine Angewohnheit, wenn er sich konzentriert.

»Der Egoismus muß bekämpft werden. Viele Künstler, Wissenschaftler, Schriftsteller mühen sich seit langem um diese Frage. Sie haben nichts erreicht. Mir ging es ebenso. Meine Stimme, eine kleine Stimme nur, ist ohne Antwort geblieben.«

Er setzt das Spielzeug energisch auf die Glasplatte, macht eine Bewegung über die Sammlung: »Das Hobby meiner Frau. Sie hortet leidenschaftlich gern alten Kram. Die Wohnung ist ihr Werk.«

Den letzten Satz sagt er leise, mit einem Spitzbubenblick in Richtung der angelehnten Tür... Vittorio de Sicas zweite Frau ist Spanierin. Um sie heiraten zu können, nahm er die französische Staatsbürgerschaft an. Damals gab es noch keine Scheidungsmöglichkeit in Italien.

»Man muß der Dame des Herzens ihren Willen lassen. Ich mag eigentlich moderne Sachen lieber.«

De Sica zupft ein Stäubchen vom Anzugrevers. Ist meine Zeit um? Ich sehe verstohlen auf die Uhr. Nein, noch 20 Minuten.

Hat er ein Hobby?

»Mein Hobby ist mein großer Fehler.«

Wieder der Seitenblick zur Tür. Er legt den Zeigefinger an die Lippen, flüstert: »Ich spiele.«

»Roulette?« frage ich leise zurück.

»Hauptsächlich Bakkarat. Aber mit Rouge et noir fing es an. In San Remo. Wenn ich ein paar Lire in der Tasche hatte, mußte ich ins Casino. Spielsäle sind wie Magneten, sie ziehen mich an, ob ich will oder nicht. Leider hat sich das mit dem Alter nicht gebessert. Im Spiel vergesse ich die Zeit, die Sorgen. Spielen beflügelt meine Fantasie. Sagen Sie es bloß nicht meiner Frau, sie glaubt, ich bin geheilt.«

»Setzen Sie nur bestimmte Zahlen?«

»Meistens die 5, die 10, die 24, 16, 23. Nie die 11. Das ist meine Unglückszahl.«

»Verlieren Sie oft?«

Er hebt die Achseln bis in Kinnhöhe und streckt die Innenflächen der Hände in Bettlergeste vor. »Was macht das schon. Das Spiel allein ist wichtig. Es macht mich frei und glücklich. Ein Spieler ist ein Poet. Chips sind wie Worte, mit denen man jongliert. Leider reimt es sich nur selten.«

Wird er über seine Erlebnisse und Erfahrungen in einem Buch berichten?

Er erhebt sich, beugt sich über den Tisch, faßt meine Hand und deutet einen Kuß darauf an. Der Charmeur des italienischen Kinos ist 70 Jahre alt.

»Vielleicht werde ich später einmal meine Memoiren schreiben... und alles das besser ausdrücken, was ich in meinen Filmen darzustellen versuchte... und weiterhin versuche... wenn nicht eine 11 dazwischenkommt!«

Auf den Stufenkaskaden der Spanischen Treppe versammelt sich täglich ein buntes Volk. Liebespaare, Künstler, Touristen, Hippies. Wer die Stiegen hinauf- oder hinuntereilt oder auf Balustraden und Terrassen dem süßen Nichtstun frönt, genießt wie vor drei Jahrhunderten, als an diesem Ort flüchtige Edelleute Zuflucht fanden, die Narrenfreiheit exterritorialen Gebiets. Jugendliche Gammler drehen ungestört an ihrer Haschzigarette, obwohl auf Rauschgiftbesitz in Italien hohe Gefängnisstrafe steht. Hier darf auch im Freien geküßt werden, was die prüde römische Stadtverordnung überall sonst streng untersagt.

In der angenehmen Frische des frühen Morgens fällt es leicht, auf 136 bequemen Stufen den Hügel zu erklimmen. Es ist jedesmal wieder ein Erlebnis, die vollkommene Treppenflucht vor Augen, den Wechsel der Perspektiven zu beobachten, der sich vom Bernini-Brunnen auf der Piazza di Spagna bis zu den Turmsilhouetten von S. Trinità dei Monti, der Dreifaltigkeitskirche oben am Berg, in Intervallen steigert, bis man, auf der Höhe angelangt, rückblickend die Symphonie des römischen Häusermeers in ocker und weiß unter sich klingen sieht.

Wir waren früh auf den Beinen, beide wohl nicht ganz aus freien Stükken. Meine Begleiterin muß zum Studio. Zum erstenmal synchronisiert sie sich in einem ihrer Filme selbst. Sie nennt es: »Ich tu dublieren.« Ihre Stimme klingt ein wenig schrill, ein bisserl wienerisch, sie plaudert unermüdlich, während wir die Treppen steigen: Über den Ärger mit einem Taxi um diese Stunde ... und sie freue sich auf einen großen Cappucino und Butterhörnchen ... wo?

»Warum nicht im *Café de Paris*, jetzt ist es da nicht so voll von Menschen.«

Sie hat ein forsches Tempo drauf, hüpft beim Gehen wie eine Gazelle. Schulterlanges braunes Lockenhaar, eine Haut, rosig wie ein Pfirsich.

»Playgirl, so heißt doch der Film, Durchlaucht?«

»Ach, nennen Sie mich einfach Ira, im Beruf kann man keine Titel gebrauchen.« Ira von Fürstenberg drückt freundschaftlich meinen Arm.

»Ja, ich spiel das Playgirl, ein Mädchen, das nach Rom kommt und das Leben leben möchte. Aber alles geht schief. Sie probiert das Dolce vita mal von der, mal von der anderen Seite, aber es geht nicht. Das ist ganz lustig.«

»Hat man die Story auf Sie geschrieben?«

»Nein, nein« ... sie hebt entsetzt die Arme, »ich hoffe nicht! Sie wissen eh, wie blöd die Leut' reden, nur weil man mehr als einmal verheiratet war. Nein, ich bin kein Playgirl, ich nicht!«

Sie zeigt auf die linke Häuserzeile, als wir beim *Café de Paris* in die Via Veneto einbiegen: »Da oben, am Ende, mit fantastischem Blick über den Villa-Borghese-Park, habe ich mir eine Dachwohnung gekauft, allein die Terrasse hat über 100 Quadratmeter. Ich richte sie mir ganz modern ein, antike Möbel sind langweilig. Und einen Kleiderschrank muß ich haben, mindestens 10 Meter lang.«

»Wieviele Kleider haben Sie denn?«

»Ich weiß es nicht. Im Moment viele, das muß ich sagen, zu viele irgendwie.«

»Und wo kaufen Sie Ihre Garderobe?«

Sie zuckt die Achseln: »In Boutiquen. Auch Haute Couture. Bei Mila Schön, in Mailand.«

Der Kellner kommt.

Wir bestellen.

»Ich werde vielleicht bald einen neuen Filmvertrag unterzeichnen. Aber etwas Gutes. Ich möcht' jetzt irgendeine Rolle als Schauspielerin, nicht als schöne Frau. Auch häßlich und alt und alles mögliche, einfach als Schauspielerin.«

Durchlaucht mampft vergnügt Hörnchen um Hörnchen. Und so schlank? Sie hat keine Schwierigkeiten. Bei ihr schlägt nichts an. Beneidenswert.

Mailand. Ja, in Mailand ist sie oft. Sie tupft mit dem kleinen Finger gedankenversunken Krümel vom Teller und schiebt sie in den Mund.

Die Liebe?

»Über Privates red' ich nicht.« Die Prinzessin kichert, verschluckt sich. »Die Liebe ist sehr schön für eine Frau. Aber sie ist nicht das einzige. Es gibt viel größeres. Die Liebe kann vorbeigehen. Ich glaube, das drum herum, wie das ... wie heißt das ... die Kunst und solche Sachen. Das, was man erreicht, ist mehr. Es gibt viele Schauspielerinnen, ich bin noch ganz klein und noch nicht so gut.«

So viel Bescheidenheit zwingt zum Widerspruch.

»Nein, nein, Sie sind sehr nett. Ich weiß, ich muß noch viel lernen. Aber es macht nichts. Es kommt alles. Langsam kommt's.«

Ira von Fürstenberg nimmt mein Handgelenk und schaut auf die Uhr. An ihrem linken Arm weisen die Zeiger im funkelnden Brillantenkranz dieselbe Stunde. Das nennt man Takt.

»Höchste Zeit.«

Durchlaucht, die Frühreife, sympathisch Naive, muß zum Dublieren. Ihr hoher Singsang liegt mir noch lange im Ohr.

Vor dem *Bolognese,* dem Prominentenrestaurant an der Piazza del Popolo, stauen sich die Menschen. Sie starren auf einen gutaussehenden Mann um die Vierzig, der heftig gestikuliert, den Kellner heranwinkt, wieder fortschickt, eine schwarzumrandete Brille aufsetzt, abnimmt, am Bügel zum Propeller schwingt, das Mädchen an seiner Seite abküßt, den jungen Burschen auf der anderen umarmt. Enrico Luccherini, Italiens Starmanager, ist in Aktion. Die Flüsterpropaganda trägt seinen Ruf bis zum *Café Rosati* nebenan. Luccherini, Luccherini, Luccherini... In wenigen Minuten kennt auch der ahnungslose Tourist seinen Namen.

Die Menge wartet. Wo Luccherini ist, gibt es immer etwas zu sehen. Vielleicht inszeniert er einen Autounfall oder eine Schlägerei, um seine Starlets zu Stars zu machen. Schlagzeilen in der Presse sind sein tägliches Brot.

Tatsächlich will der Meistermanager heute einen seiner Publicity-Gags für das deutsche Fernsehteam inszenieren. Ein junges Schauspielerpaar soll einen verbotenen Flirt mimen. Es darf nicht fotografiert werden, heißt die Parole, weil das dem Image der erst 19jährigen Schauspielerin schaden könnte. Nach kurzer Zeit lauern etwa 15 Fotografen in der Gegend. Wer sie rief? Vielleicht einer der römischen Späher, die für 1000 Lire ihre eigene Mutter verraten würden.

Zwei von uns engagierte Fotografen machen den Anfang. Sie stürzen sich in die Nähe von Luccherinis Tisch. Das Spiel beginnt, die Meute kreist die Opfer ein. Im Tumult kriegt einer ein Glas Campari über sein Jackett, einem anderen wird die Kamera aus der Hand geschlagen. Das Paar mit Luccherini flüchtet in ein Auto, das vor dem Brunnen in der Mitte des Platzes steht. Die Strecke ist so berechnet, daß wir alles unbemerkt, von der Peripherie her, mitfilmen können. Aber schon stürmt das Fernsehteam mit. Dabeisein ist alles! Unser Kamera-Assistent, der eine Bresche in den Menschenknäuel schlagen will, kriegt ein paar aufs Schienbein, daß er noch Tage danach hinkt. Inzwischen hat Luccherini mit seiner Begleitung das Fahrzeug erreicht; sie brausen davon. Tags darauf bringen die Zeitungen Bilder von dem Ereignis. »Über die Romanze der Maria-Angela M. mit dem Schauspieler Maurizio B.«, der doch bislang mit der X. als verlobt galt, wird fettgedruckt berichtet. Ihr Name ist fünfmal, seiner viermal zu lesen. Luccherini hat erreicht, was er wollte. Viel Lärm um ... fast nichts, das ist seine Stärke.

Wie »macht« Luccherini seine Stars?

Temperamentvoll erzählt er mir, wie er Sofia Loren auf Mutter trimmte, als er mir für das Interview vor der Kamera gegenüber sitzt ... an einem Barockschreibtisch, der an die Bücherwand gerückt wurde. Er ist Fachmann für »Hintergründe«.

»Sofia kam aus Amerika zurück. Ihr Ruf hatte besonders bei den italienischen Frauen gelitten. Sie galt als die Frau, die eine Familie ruiniert, die im Konkubinat lebt ... alle diese Geschichten. Carlo Ponti gab mir den Auftrag, diesen angeschlagenen Ruf auszubessern.

Ich hatte meinen Plan. Bei den Außenaufnahmen zum Film ›La Ciociara‹ von de Sica, dem größten Erfolg der Loren überhaupt, liefen immer ganze Rudel von Kindern aus den anliegenden Häusern in Trastevere herum. (Die Dreharbeiten fanden in diesem ältesten Viertel von Rom statt.)

Ich schnappte mir einen vierjährigen Knirps und versprach ihm 300 Lire: Lauf zu Sofia und schrei ›Mamma, Mamma!‹ Sofia wußte selbstverständlich Bescheid. Sie ist eine clevere Frau, mit Sinn für Reklame.

Das Kind rannte mit ausgebreiteten Armen los ... herzergreifend tönte das ›Mammaaaa‹. Mit Tränen in den Augen hat Sofia den Jungen an sich gerissen. ›Schaut, wie sie weint‹, habe ich ausgerufen. Sie spielte es wirklich sehr gut, man mußte Mitleid haben.

Die Fotoreporter hatten ihre Sensation. Sie standen unter Vertrag. Alle Bilder mußten mir vorgelegt werden. Unter die besten schrieb ich: ›Sofia wünscht sich so sehr ein Kind‹, ›Sofia kann nicht heiraten‹ ... die Fotos von ›Sofia Mamma‹ gingen um die ganze Welt.«

Enrico Luccherini fährt sich selbstgefällig durch das dunkle Lockenhaar. Er kennt den Wert der Pose.

Ursprünglich wollte er Medizin studieren. Sein Vater war ein berühmter Arzt in Rom. In Abendkursen besuchte er die Theaterakademie und stellte sich schließlich ganz auf die Schauspielerei um, zum Leidwesen seiner Familie. Die Jahre vergingen und er spielte immer nur »Die Pferde sind gesattelt« oder dergleichen Chargenrollen. Das genügte ihm nicht auf die Dauer. Sein Jugendfreund, Marcello Mastroianni, riet ihm, Manager zu werden, Publicity für Schauspieler zu machen. Mastroianni war sein erster Kunde.

Er holt sich die Blumenvase von der Schreibtischecke. Ordnet seelenruhig Tulpen, Narzissen, Anemonen neu. Die Kamera läuft. Ich warte. Es stört ihn nicht. »Nun,« fährt er endlich fort, »einen anderen wirksamen Loren-Trick wendete ich bei den Filmfestspielen in Cannes an. Ich ließ mir bei einem Schmied einen gußeisernen Ellenbogen, auf der Innenseite weich wattiert, für meinen Arm anmessen. Die Bandage war so konstruiert, daß man sie unter dem Smokingärmel nicht erkennen konnte. Niemand, außer Sofia selbstverständlich, ahnte, daß ich diese ›Geheimwaffe‹ bei mir trug.

Die Festspielhalle in Cannes hat große Glastüren, durch die die schaulustige Menge ihre Lieblingsstars bei den jeweiligen Premieren bewundern kann. Die Menschen jubelten, winkten, schrien im Chor ›Sofia ... Sofia‹. Wir stellten uns dicht an die Scheiben. Sofia warf Kußhändchen. Ich stolperte plötzlich... über ein imaginäres Hindernis am Boden... alles lachte ...« Luccherini beschreibt mit seinen beweglichen Händen auf der Schreibtischplatte die Szene, »... in diesem Augenblick ließ ich mich mit dem gepanzerten Ellenbogen voll gegen die Glaswand fallen und hackte geschickt noch ein paarmal nach. Sofia hob schützend die Hände vor die Augen und jammerte herzzerreißend ›mein Gesicht, mein Gesicht, mein armes Gesicht‹... die Zuschauer stürzten, von hinten gestoßen, in die Bresche, die Scheibe gab nach und die Menge wälzte sich herein!

Die Kameras hielten den dramatischen Moment im Bilde fest. Am nächsten Tag verkündeten die Journale: 3000 Menschen stürmten auf Sofia Loren ein... Kristalltür unter Massenandrang zusammengebrochen... Sofia blieb wie durch ein Wunder unverletzt! Die Aufnahmen waren wirklich sehr wirkungsvoll.«

Er macht eine Pause, greift zum Brusttuch aus blauer Seide, seufzt, blickt sekundenlang in das Objektiv der Fernsehkamera und fächelt sich dann Kühlung zu. Verrät er mir noch mehr aus seiner Werkstatt? Er tut's.

»Ich habe zum Beispiel... ich wohnte früher an der Via Veneto... mit Fellini zusammen die Dolce-vita-Stories in langen lauen Nächten bei viel Espresso und Gin erfunden. Wir beschlossen, diese Straße weltberühmt zu machen. Sie wissen ja aus dem Film, was unsere Fantasie für Blüten trieb. O, ich habe auch als erster eine Gruppe von Schauspielern, um sie in Rom populär zu machen ... es waren Jean Claude Brialy, Tritignant und ... und ...« Fingerschnipsen ... »es fällt mir im Moment nicht ein, wer noch ... die habe ich eines Abends vollbekleidet in die Fontana di Trevi gestoßen. Fellini hat das mit Anita Ekberg nachgemacht. Es war doch eine gute Sache, römische Fontänen so wirksam ins Bild zu rücken?«

Ja, allerdings. Wir lachen.

»Was halten Sie von Gina Lollobrigida?«

»Sie ist ...« er sucht nach Worten »... sie ist out, out! Mit ihrer Ringellöckchen-Frisur, diesem Busen ... Nein, mit ihr hatte und habe ich nichts zu tun. Ich mag Landpomeranzen nicht. Außerdem waren sie und Sofia zur gleichen Zeit erfolgreich, also konnte ich sowieso nur eine managen.« Luccherinis buschige Augenbrauen ziehen sich zusammen. Er spielt mit dem Briefbeschwerer, einem silbernen Miniaturflorett.

»Auch die Loren ist mittlerweile passé. ›In‹ sind die Antistars und die Regisseure. Die machen heutzutage Filmgeschichte.«

Mit ihnen macht er jetzt sein Geld: 6000 Mark monatlich pro Person. Der Meistermanager wippt auf dem Ledersessel, als wäre es ein Schaukelstuhl.

»Gibt es die große Diva, das Film-Idol überhaupt noch?« frage ich.

Der Sessel kommt abrupt zum Stehen. Luccherini lehnt sich über die Schreibtischplatte, spricht leise, als vertraue er mir ein Geheimnis an: »Ich bitte Sie! Diese affigen Allüren mit Liebhabern und Hunden und Papageien, wen interessiert das noch? Diese ganze heile Welt gehört der Vergangenheit an ... vorbei ... Die Moden wechseln. Es ist mein Beruf, immer à la page zu sein. Und auf der aktuellen Seite existiert die Diva nicht mehr.«

Er schnellt zurück: »Ich bin froh darüber. Basta.«

Die Einladung zu einer Fernsehreportage im Landhaus von Gina Lollobrigida kam überraschend. Drei Jahre lang hatte ich mit anderen ausländischen Filmteams auf der Warteliste gestanden. »Gina Nazionale« war entweder verreist gewesen, fühlte sich unpäßlich, drehte gerade im Ausland ... Ausreden, mit denen man sich lästige Besucher vom Halse hält.

Beim Auspacken der Kamera-Ausrüstung meinte der Hausmeister anerkennend zum Regisseur: »Na, habt Ihr es endlich geschafft? Seit vier Jahren hat kein Filmteam mehr im Haus gedreht.«

Der in einem verwaschenen Altrosa gestrichene Besitz, im winkeligen Stil römischer Landvillen gebaut, liegt an der Via Appia Antica. Hohe Mauern und Eisentore decken die Sicht zur Straße ab. Ölbäume, Zypressen, Pinien, Zitronen- und Orangenspaliere voll reifer Früchte, ein gepflegter Rasen vor einer langgezogenen Glasveranda, durch die man in die Halle gelangt.

Pompöse Lehnsessel mit kunstvoll geschnitzten Armlehnen und Beinen, bequeme Fauteuils und Sofas sind zu zwei Sitzecken arrangiert. Eine breite Treppe führt in elegantem Bogen ins Obergeschoß. Etruskische Vasen, chinesische Figuren aus Jade, Kupfergeschirr, Schatullen mit Intarsienarbeit, silbergetriebene Ziergegenstände belagern die niedrigen Tische. Auf Seidentapeten hängen kostbare Spiegel, an den beiden gegenüberliegenden Längswänden Riesen-Ölgemälde, Venedig darstellend, von Schnitzrahmen eingefaßt, wuchtige Kerzenhalter aus Porzellan daneben ... schade, daß durch die Überfülle der Eindruck einer Kunstausstellung entsteht. Das Prunkstück des Raumes ist ein 48armiger venezianischer Kristall-Kronleuchter mit geschliffenen naturfarbenen und kobaltblauen Glasperlenkränzen. Er ist so angebracht, daß er das Dunkel des hölzernen Treppengeländers effektvoll unterbricht.

Pünktlich, zur ausgemachten Stunde, schreitet das italienische Sex-Idol der fünfziger und sechziger Jahre die Treppe zu uns herab. Die Frisur ist keineswegs in Löckchen, wie Signor Luccherini so abwertend bemerkt hatte, sondern in weiche Wellen gelegt, halblang. Der schwarze Rollkragenpullover kontrastiert vorteilhaft zum Kastanienbraun des Haars. Dazu trägt sie einen bodenlangen, wattierten Baumwollrock, schwarz, mit weißen Blumenornamenten bedruckt. Sie wirkt mädchenhaft ... wieviele Pfunde mag sie verloren haben ...? Verblüffend jung sieht sie aus.

Ihre dunklen, raffiniert geschminkten Augen mustern mich und die Kameracrew mit nachdenklichem Blick. Wo hat sie diese Gesichter schon einmal gesehen? Ich könnte ihrem Gedächtnis helfen, nur ... wäre das vielleicht nicht gut.

In Paris, bei Christian Dior, waren wir uns schon einmal begegnet. Aber das ist eine eigene Geschichte.

Ich tue also, als hätte ich zum allerersten Mal das Vergnügen. Ein Arm voll gelber Osterglocken, mindestens 100 Stück, die man in Rom im Frühling für 2000 Lire kaufen kann, und ein Kompliment über Kleidung und jugendliches Aussehen lenken ihre Gedanken in eine andere Richtung.

»Kommen noch mehr Leute?«

»Nein.«

Sie atmet erleichtert aus ... vor Jahren wurde ein Film in ihrem Haus gedreht, was da alles kaputtgegangen ist: Vasen, Teppiche, Tischplatten ... unersetzbare Werte, Erinnerungen.

Ich verspreche, daß wir mit den schönen Dingen sorgfältig umgehen werden.

In diesem Sammelsurium von Antiquitäten hat schon unsere aktuelle Besetzung (Regisseur, Kameramann, Kamera-Assistent, Tonmann, Beleuchter, Stand-Fotograf und ich) kaum Platz. Nicht auszudenken, was geschähe, wenn hier ein großes Filmteam mit zusätzlich noch einem Regie-Assistenten, einem Assistenten für Ton und Licht, einem Skriptgirl, einem Drehbuch-Autor, einem Aufnahmeleiter, Produktionsleiter, Maskenbildner, Friseur, einer Garderobiere ... und, und, und ... herumrennen, -stehen, -gestikulieren würde. Dazu stelle ich mir flüchtig das Material vor: Statt Lampen auf schmalen Ständern schwere Scheinwerfer auf Eisengestellen, ausladende Stative oder fahrbare Unterteile für die Kamera und dergleichen Finessen, von denen so oft und zu Unrecht der Ruf eines Regisseurs oder Kameramanns abhängt ... Und dabei ist es eine viel größere Kunst, mit wenig Aufwand optisch abwechslungsreiche Filme zu machen, geht es mir durch den Kopf, während Gina Lollobrigida mit dem Regisseur diskutiert: »Die Kamera muß höher ... und der vordere Scheinwerfer etwas weiter nach rechts ...«

Sie nimmt auf dem für sie bereitgestellten Monstersessel Platz. Mit einem Handspiegel kontrolliert sie Licht und Schatten auf ihrem Gesicht.

»Die Lampe hinter mir muß höher, so habe ich zu wenig Reflexe auf dem Haar.«

Um Zentimeter wird hier gerückt und da verschoben, bis schließlich alles wieder am alten Platze steht, denn unser Kameramann ist ein Experte auf diesem Gebiet. La Donna ist zufrieden.

Die Klappe wird geschlagen. Gina wehrt ab, erst muß sie die Fragen wissen. »Verzeihung, Signora, es sind die drei, die Sie in unserem seinerzeitigen Briefwechsel gebilligt haben.«

»Ach so. Ja, gut.« Lampenfieber weitet ihre Pupillen. Ich sehe, daß sie sich im Moment kein bißchen an irgendetwas erinnert.

Wir starten. Erst beim Thema Fotografie spricht sie freier. Knipsen, ursprünglich ein Hobby, ist ihr heute schon fast zum zweiten Beruf geworden. Sie arbeitet exklusiv für »Life«, das amerikanische Magazin, und wird demnächst ein Fotobuch »Italien, meine große Liebe« herausbringen. Auch hat sie sich auf Modefotos spezialisiert.

Apropos Mode: »Ich suche mir bei einem Couturier oder in Boutiquen Sachen von einfachem Schnitt aus. Ich lege Wert auf Farbkombinationen und ausgefallene Stoffe. Wenn ich etwas entdecke, was mir besonders gut steht, kaufe ich manchmal fünf, sechs Stück vom selben Genre. Den rapiden Wechsel von Saison zu Saison in der Mode mache ich nicht mit.«

Mir fällt auf, daß sie keinen Schmuck trägt. Ich will sie gerade danach fragen, da macht sie dem kleinen Fernseh-Gespräch mit der Floskel »Darf ich Ihnen jetzt Haus und Garten zeigen?« ein Ende. Kaum stoppt die Kamera, verlöscht das Licht, löst sich ihre Verkrampfung. Sie wirkt charmant, amüsant auf dem Rundgang, spielt den Fremdenführer.

»Der großen Halle schließt sich links ein Wohnraum in bleu an, im klassizistischen Geschmack eingerichtet, für blaue Stunden.« Etwas Spitzbübisches leuchtet in den dunklen Augen auf. »Rechts sehen Sie ein Biedermeierzimmer in mattem Orange, mein Lieblingsaufenthalt!«

Überall kostbare Sammlerstücke in Fülle. Der Garten wurde nach ihren Plänen angelegt. Sie führt mich zu einer abstrakten Skulptur, die sich an den verdorrten Stamm eines Eukalyptusbaumes anlehnt.

»Das Gebilde ist von mir. Es sind die Reste meines Rolls Royce, mit dem ich den schlimmen Unfall hatte. Sehen Sie die unförmige Stoßstange, die eingedrückte Kühlerhaube, die Windschutzscheibe ...« sie zeigt auf das zu Spinnennetzen geborstene Glas ... »das ist mein Gesicht, die kleinere Stelle hier das von Regisseur Zefirelli, der neben mir saß. Und dort oben, das verbogene Lenkrad hat meine Knochenbrüche auf dem Gewissen. Es ist beinahe unfaßbar, daß ich noch lebe. Jeden Morgen, wenn ich zum Hundezwinger hier vorbei muß oder zum Papageienkäfig, schöpfe ich tief Luft und bin zutiefst dankbar, daß ich atme!«

»Können Sie sich an den Unfall erinnern?«

»Ganz genau. Ich fuhr ... schnell, ja ... wollte überholen ... da war vor mir ein Lastwagen, und dann passierte es. Erst spürte ich keinen Schmerz. Aber dann das Blut, das mir vom Gesicht auf die Hände tropfte ... da kam der Schock.«

Ginas kleine Hände mit den feinen, unlackierten Fingernägeln betasten Kinn und Wangen zu den Schläfen hinauf. »Ich bin froh, daß ich so heil davongekommen bin.«

Ein Ball saust an uns vorbei.

In Jeans und rotem Pulli springt ein halbwüchsiger Bursche um die Ecke, läuft einem Schäferhund nach.

»Mirco! Mirco!«

Der große Sohn, 15 wird er sein, aus ihrer Ehe mit dem jugoslawischen Arzt Dr. Scofic, hat Ferien. Die Ehe ist nach dem neuen italienischen Scheidungsgesetz nun endlich getrennt worden. Sie läßt den Jungen in einem Schweizer Internat erziehen.

»Mirco! Bitte!«

Mit dem Fußball unter dem Arm stapft er heran, macht einen artigen Diener.

»Dio mio, wie du wieder aussiehst!« Sie lacht entschuldigend. »Fußball ist seine Leidenschaft.«

Man weiß aus Illustrierten, daß sie ihrem Kinde Freundin und Mutter sein will. Gina Lollobrigida schlägt Mirco den Ball aus der Hand und kickt ihn mit der Fußspitze nach vorn. Mirco und Hund sausen hinterdrein.

»Gefällt es Ihnen bei mir?« Sie hakt mich unter. »Ich muß Ihnen meine Vögel zeigen, die ich von einer Brasilienreise mitgebracht habe.«

Unter Pinien steht ein Gitterhaus. Beim Näherkommen flattern die exotischen Tiere ängstlich in dem Riesenkäfig herum. Schön sind sie. Sie haben etwa die Größe von Elstern, blauschwarz glänzendes Gefieder und rote und blaue Schwänze. Ihre Riesenschnäbel, gelb und gebogen, sind fast so lang wie ihr Körper. Zärtlich schnappen sie nach Gina, die behutsam das Tor geöffnet hat und mit Olivenzweigen die Tiere lockt.

»Ich brachte von derselben Reise auch ein Gepardenbaby mit«, erzählt sie, furchtlos unter den flatternden Papageien stehend, »aber aus dem drolligen Fellknäuel wurde nach wenigen Wochen eine Bestie. Ich mußte den Geparden einem Zoo überlassen. Schade. Ich mag Katzen.«

Die Haushälterin kommt, macht ihrer Herrin verstohlen Zeichen.

»Darf ich mich verabschieden?«

Welche Frage. Ein Händedruck. Sie läuft wie ein Teenager ins Haus. Mir fällt ein, daß meine Tasche noch im Salon liegt. Vielleicht stehen auch noch unsere Geräte drin?

»Ihre Männer warten an der Toreinfahrt«, meldet Mirco.

»Ich habe die Handtasche im Haus vergessen«, deute ich auf die Tür, hinter der Gina verschwunden ist.

»Bitte, gehen Sie nur hinein.«

Gina Lollobrigidas Gast ist ein gut aussehender Mann um Mitte Dreißig. Wie hatte sie doch meine Frage nach dem Geheimnis ihres verjüngten Aussehens beantwortet?

»... man muß das Leben lieben, es auskosten, jede Sekunde lang.«

Durch Restaurants und Vergnügungstempel zwischen Via Veneto, Grandhotel und Spanischem Platz geistert die Langeweile. »La Noia« ist eine römische Krankheit. Abend für Abend die gleichen Gesichter, Getränke, Gespräche. In keiner anderen Stadt bekommt man die Stars so buchstäblich auf dem Tablett serviert. Rom-Besucher, von den Hochsommermonaten abgesehen, wundern sich: »Das ist doch ...« und tatsächlich sitzt am Nebentisch im Terrassencafé, beim Abendessen oder an der Bar im Nachtclub die Cardinale oder Carlo Ponti, Mastroianni, de Sica oder auch Gerd Fröbe, Mario Adorf, Senta Berger, Soraya, Ira von Fürstenberg, ein Orsini, Konstantin von Griechenland ... vorausgesetzt, daß man die richtigen Lokale kennt. Und in der Ewigen Stadt fällt einem das leicht. Es sind immer die gleichen. Die Maffia der römischen Gastronomen sorgt dafür.

Ich hatte mir die große Anna größer vorgestellt. Sie ist höchstens 1 Meter 55. Klein sind auch ihre Begleiter, ein paar verwegene Jünglinge zwischen Existentialismus und Hasch und zwei dürre, unscheinbare Mädchen. Ein Tisch ist reserviert. Weitausholenden flachen Halbschuhschritts, im schmuddeligen ärmellosen Schwarzen, einen Schal mit Fransen um die Marktfrauhüften, mit zerraufter Frisur, ungeschminkt, laute Küsse auf Kellner-, Besitzer-, Freundeswangen drückend, steuert sie in meine Richtung. Stühlerücken.

Wo wird sie sich setzen? Direkt mir gegenüber!

Schwarz, wild, wie im Kino. Häßlich ist sie und alt. Wortfetzen flattern auf: Spaghetti natur und frischer Fenchel. Tomatensuppe. Mit männlich tiefer Stimme ordert sie für die Tafelrunde.

Von Mao und Che Guevara ist die Rede. Mein Tischherr zur Linken, Kapitalist und in Amt und Würden beim Heiligen Stuhl, kreuzt resigniert das Besteck über Fleisch und Gemüse. Vorübergehend hat es ihm den Appetit verschlagen.

»Dio, es sieht so aus, als sympathisiere die Magnani mit den Kommunisten.«

In Italien ist das doch erlaubt?

Seinen politisch bildenden Redeschwall höre ich nur mit einem Ohr. Was für ein zerklüftetes Gesicht sie doch hat, die Wölfin. La Lupa, ein passender Beiname für die Schauspielerin, die ich mit Zwanzig glühend verehrte.

Später wollte ich sie interviewen. Alles Bemühen war umsonst, die besten Beziehungen versagten. Heute weiß ich, nicht von oben, von unten her hätte ich's versuchen sollen.

Ein Spaghettiknäuel wird von ihren großen gelblichen Zähnen zermalmt. Sie schaut herüber. Ertappt stochere ich im Kartoffelpüree, angle mir mit der Linken das Glas. Der Chianti schmeckt gut. Hat sie meine Verlegenheit bemerkt?

Drüben erzählen sie sich offenbar Witze. Anna Magnani lacht aus vollem Halse. Lachen steckt an. Ich lächle mit, wie man das eben tut, wenn einem jemand zusagt.

Ihre Persönlichkeit bannt. Sie ist die Schlange, ich das Kaninchen. Sie kämmt mit sehnigen Händen durch das halblange strähnige Haar. Macht auf Augenhöhe eine Andeutung von Winke-winke. Ob das mir gegolten hat? Da wiederholt sie schmunzelnd die Geste.

Ich hebe mein Weinglas ein wenig.

Auf alles Menschliche, Anna Magnani!

Rom wimmelt von kleinen Gaunern und Taschendieben.

Eh man sich's versieht, ist die Handtasche, die man achtlos neben sich auf eine Bank gelegt, ist der Fotoapparat, den man an die Lehne des Stuhles gehängt hatte, verschwunden. Gegenstände im Auto, auch wenn man alle Türen gut verschlossen hat, bieten den Diebesbanden willkommene Gelegenheit, ihre Kunst im Schlösserknacken zu erproben. Nach Möglichkeit soll man den Wagen, solange sich noch Gepäck im Kofferraum befindet, keine Minute unbewacht lassen. Ich spreche aus Erfahrung.

Der Tag, an dem es passierte, schien zum Glücklichsein wie gemacht. Vom seidenen Himmel strahlte die Sonne mit erster wärmender Glut. Ein ideales Wetter für Modeaufnahmen im Freien. Als Hintergrund sollten die Terrassencafés an der Piazza Navona dienen.

Die Kamera war aufgebaut. Die Autos standen eine Straßenzeile entfernt, weil auf dem Platz das Parken von Fahrzeugen verboten ist, gegenüber einer Espresso-Bar, in der wir vorher alle einen Morgentrunk genommen hatten, freundlich bedient vom Besitzer, der sogar ein wenig Deutsch sprach. Bis ich mit den Mannequins auf der Piazza Navona erschien, saß das Team dort auf einer Steinbank neben den aufgebauten Geräten und sonnte sich. Nach einer Stunde waren die Dreharbeiten beendet.

Zurück zu den Wagen. Erst bei näherem Hinsehen entdeckte der Kamera-Assistent, daß der Kofferraum aufgebrochen und daraus der Kasten mit der stummen Synchronkamera gestohlen worden war. Nicht eine zweite billigere Kamera, nicht die Stative oder sonstiges Gerät, nein, das teuerste Stück, wohlüberlegt!

Die Chance, den Täter zu erwischen oder sein Eigentum zurückzubekommen, ist am Tiber gleich null. Denn selbst wenn, was in unserem Fall sehr wahrscheinlich war, ein Hausbewohner von oben herab oder der Espresso-Barbesitzer etwa die Täter beobachtet hatte, sie würden niemals plaudern. Die Angst vor den organisierten Diebesbanden der römischen Unterwelt sitzt ihnen im Nacken.

Eine andere Art »Maffia«, die unsere ständigen Begleiter in Rom waren, sind die »Statisten«, die Schnorrer der Film- und Fernsehbranche. Es sind Tagediebe, die bei irgendeinem Monsterfilm einmal als »Volk« aufgetreten waren und seit dieser Zeit ein Papier besitzen, das ihnen die Zugehörigkeit zur Filmbranche bescheinigt. Nach italienischen Gewerkschaftsregeln haben sie das Recht, bei Außenaufnahmen ausländischer Fernseh- oder Filmgesellschaften sich für das »Herumstehen in der Gegend« bezahlen zu lassen.

Und sie stehen herum. Neben dem Star, vor ihm, hinter ihm, laufen sie durchs Bild und verlangen, da sie ja mitgewirkt hätten, eine Gage. Weil wir nicht zahlen wollten, lieferte uns eine Horde dieser »Künstler« einmal eine regelrechte Schlacht. Binnen weniger Minuten erschienen an die 200 Mann mit Eisplakaten, die sie vor der Kamera schwenkten, bewarfen uns und das Objektiv mit Tomaten, griffen schließlich zu Stöcken, um uns zu verprügeln. Wir bauten aus den Teamwagen und unseren Privatautos eine regelrechte Burg, hinter der wir uns verschanzten, bis der Platz im Schatten lag und die Burschen dachten, nun würde nicht mehr gefilmt. Die Polizei stand dabei und betrachtete sich das Ganze, voll Interesse, aber gänzlich ungerührt.

Von da an wurden wir verfolgt. Verblüffend war, daß die Bande uns selbst bei kurzfristigen Drehplatz-Änderungen auf den Fersen blieb. Schließlich einigten wir uns, drei der Rädelsführer zu bezahlen, damit sie uns die anderen vom Leibe hielten. Bei Absperrungen erwiesen sie sich manchmal sogar als nützlich, sie hielten die Touristenmassen in Schach.

So auch an einem Montagmorgen. Erst kassierten sie die Hälfte des Honorars... Mißtrauen heißt das erste Gangstergebot... dann räumten sie für uns die Gaffer fort. Das Interview mit Senta Berger kann beginnen. Thema: Die Gleichberechtigung der Frau. Senta ist dafür – in manchen Dingen. Andererseits möchte sie die Stärke der Männer, die eine Frau verwöhnen, nicht missen.

»Die Freiheit der Frau kann auch im Unterordnen liegen«, hatte sie mir temperamentvoll erklärt, als sie Hosen und Pulli gegen ein veilchengeblümtes Satinkleid für das Interview vertauschte. Zum Umziehen diente uns das deutsch-protestantische Gemeindehaus, eine ehemalige Kirche.

Eine Zigeunerin mit einem Kind auf dem Arm zupft unseren Star am Ärmel. Senta Berger hat kein Kleingeld, ich auch nicht. Unsere Taschen liegen im zweckentfremdeten Kirchengestühl. Senta pumpt bei einem unserer Statisten ein paar hundert Lire... »armen Leuten gebe ich immer«, dann eilen wir im Laufschritt ins evangelische Gemeindehaus. Aber alles liegt noch dort, wie wir es verließen. Es war ja auch ein deutscher Ort.

Der Sinn des Lebens ist, zu leben, sagt man in Rom. Und die, die ich kennenlernte auf meinen römischen Stippvisiten, haben mit Geld, Gleichgesinnten und individuell unterschiedlich listigen oder hinterlistigen Tricks, im steten Kampf gegen die Langeweile, daraus schon fast eine Tugend gemacht.

Die Summe der römischen Erfahrungen wird traditionsgemäß am Brunnen der Liebenden gezogen. Bei Goethe steht zu lesen, daß einer, der Rom recht gesehen hat, nie ganz in seinem Gemüte unglücklich werden kann. Um diese Stadt recht zu sehen, muß man wiederkehren. Und um wiederkehren zu können, wirft man nach uraltem Brauch ein Geldstück mit der rechten Hand über die linke Schulter auf den marmornen Grund der Fontana di Trevi.

Der alte Brunnen müßte im Laufe der Jahre unter einem Mammonberg verschwunden sein, aber – wie alle Probleme – regelt sich auch dieses all' italiana, »auf italienisch«. Schwimmen lernen die wenigsten Römer, aber tauchen können sie.

Und so gestehe ich denn, daß von mir keine Münze im Brunnen liegt. Irgendwie scheint bei mir der Zusammenhang von Bezauberung und Bezahlung nicht zu funktionieren. Ich habe Rom trotz des Orakels oft wiedergesehen. Aber vielleicht sind die Götter für Dienstreisen nicht zuständig?

Im letzten der verschachtelten Räume des römischen Künstlerlokals *Taverna flavia,* auf einem der harten, unbequemen Holzstühle, bin ich bemüht, mit meiner ganzen Breitseite das »Prominenzgefühl« weidlich auszukosten. Die Loren, die Lollo, Gary Cooper, Mastroianni, selbst der alte Hitchcock haben hier gesessen und gegessen. Vor mir, in etwa einem Meter Abstand, prangt überlebensgroß mit sphinxischem G'schau, die deutsche Gräfin Vera Gottliebe von Lehndorff, genannt Veruschka, als Tapete. Das Riesenfoto zieht den Blick magisch auf sich. Daneben, drunter, drüber Stars und Starlets des italienischen und ausländischen Filmfirmaments.

Mein Begleiter plaudert über die Historie des Hauses. Ich bin nicht bei der Sache. Veruschka irritiert.

Das Essen kommt. Über die Hausspezialitäten Mozzarella mit Tomatenvierteln und frischem Estragon wehen Strähnen langen Haars, die Spaghetti alla Bolognese verwandeln sich in Perlenschnüre und Silberketten, auf der Thymiansauce der Kalbsleber schwimmt ein rätselhaftes

Augenpaar, der Frühlingssalat aus Löwenzahn, Sauerampfer, Radieschen, Endivie und Karottenstreifen rankt sich um eine männermordende Stirn. Beim Nachtisch, frischen Walderdbeeren mit ein paar Tropfen Zitrone beträufelt, schiebt sich der lässig entblößte adelige Busen zwischen Teller, Löffel und Mund. Ein starker Espresso schließlich offenbart mir jede Nuance des marmornen Gesichts, jede Falte der hautengen Seide bis zum unbedeckten, formvollendeten Bauchnabel hinab. Alfred Kerr fällt mir ein, der in einer Theaterkritik geschrieben hat: Sie sieht aus, sieht aus, sieht aus...

Schönheit kann ein Alptraum sein.

»Ist dir nicht gut?«

Mein Feierabend-Gespons tätschelt mir die Hand.

»Doch, doch, laß uns gehen, ich bin müde.«

Wir zwängen uns zum Ausgang, vorbei an Kasse, Kellnern und kulinarischen Köstlichkeiten, letztere aufgereiht auf Gestellen bis zur Decke.

»Da hinten sitzt Veruschka mit Franco.«

»Wo?«

»Am kleinen Ecktisch vor der Nische.«

Mhm. Blaß, blond. Allerdings bin ich etwas kurzsichtig. Und überhaupt... an besagtem Abend hatte ich genug von ihr.

Mit dieser unbestimmten Erinnerung an Veruschka im Sinn warte ich Monate später in einem Mailänder Hotel auf das größte Fotomodell der Welt. 1 Meter 84 machen schon etwas her. Sie weiß sie zu tragen. Veruschka von Lehndorff schreitet auf großen Füßen in Männerstiefeln, hautengem, getigertem Jerseykleid und einem Loden-Poncho auf mich zu. Eine überschmale, langfingrige Hand drückt kräftig meine Rechte. Wir steuern eine freie Polsterecke an. Sie faltet den Körper sorgfältig wie einen Fächer im tiefen Fauteuil zusammen, Beine angezogen, Arme um Knie und Körper geschlungen.

Friert sie? Nein. Sie ist müde. Sie muß sofort eine Zigarette haben.

»Franco!«

Rubartelli, der deutschen Gräfin Leibeigener und auch Foto-Graf, dreht sich vom Hocker an der Bar am anderen Ende der Halle, eine Spur zu langsam, etwas wie Widerwillen zwischen Hakennase und krausen schwarzen Koteletten. Oder täusche ich mich?

»Geh nach oben«, sagt er, »ich komme gleich.«

Veruschka hat in ihrer Tasche noch einen Glimmstengel gefunden, steckt ihn an, macht gierig mehrere Züge.

Sie ist sympathisch auf den zweiten Blick.

Ach, die Filmerei macht sie ganz fertig. Bei Antonioni in »Blow up« seinerzeit, da spielte sie die Rolle ihres Berufs, warf sich in Posen vor dem Fotografen, wie sie das in all den Jahren tausendfach bis zur Routine und zum Überdruß getan hat.

»Es liegt am Mann hinter der Kamera, wieviel er aus einem herausholt, wie gut er die Bewegungsmechanik und den Rhythmus des weiblichen Körpers kennt. Bei Ihnen beim Fernsehen ist das doch auch so?«

Ich widerspreche nicht. Ich lasse sie reden. Alles, was sie erzählt, dient mir, sie besser kennenzulernen vor dem Interview, das ich mit ihr über ihren neuen Film machen will.

»Wissen Sie«, fährt sie fort, »ich glaube, daß bei mir eine tiefe Sympathie zum Fotografen, zum Regisseur, zum Kameramann notwendig ist. Je vollendeter die Harmonie, desto besser das Arbeitsergebnis. Wenn ich auf jemanden anspringe, teile ich Beruf, Tisch und Bett. Es war ein Glückszufall, das mit Franco und mir. Er hat mich entdeckt, und ich habe ihn gemacht.«

»Streiten Sie sich nie?«

»Doch oft. Spannungen müssen sich entladen ...« Sie blickt zu Rubartelli, der uns den Rücken kehrt.

Veruschka spricht tief, spröde, ein wenig nasal. Die Worte tropfen aus ihrem Mund.

»Der Film, den wir jetzt gemeinsam drehen – Franco führt Regie, ich spiele die Hauptrolle –, stellt einen Höhepunkt in unserem gemeinsamen Leben dar.«

»Hat er autobiographische Züge?«

»Ja und nein. Es ist klar, daß etwas von uns mit drin ist. Wir haben zu zweit das Drehbuch entwickelt, und wir leben schließlich fünf Jahre zusammen.«

»Wie soll der Film heißen?«

»Stop, Veruschka.« Ihre hellen, grau-beigen Augen wandern zur Bar und zurück, bleiben schließlich an einem unbestimmten Punkt im luftleeren Raum hängen. »Der Titel ist eine Bedingung der amerikanischen Produktionsfirma. Sie versprechen sich ein Geschäft mit meinem Namen. Ich spiele eine Doppelrolle. Ein Mädchen, Veruschka... mich also, wenn Sie wollen... das man von den Titelblättern der Illustrierten kennt, und die andere Veruschka, so wie sie wirklich ist. Beide Ebenen, das Reale und Irreale, lassen sich filmisch gut darstellen.«

»Wann soll das Werk fertig sein?«

»Zur Biennale in Venedig. Es ist Francos erster Film.«

Franco, immer wieder Franco.

Ist er der Mann ihres Lebens?

»Vielleicht. Man kann nicht in die Zukunft sehen. Es gibt viel wichtigere Dinge, als die Liebe zwischen Mann und Frau. Sich frei machen von Konventionen.«

Ihre Zigarette ist nur noch ein winziger Stummel. Noch ein Zug. Dann wirft sie das Ende in den Aschenbecher, ohne die Glut abzutöten. Wie weit mag sie schon »über den Dingen« stehen? Nervös nesteln die Greco-Hände an den Fransen der bestickten Leinen-Handtasche.

»Im Film ist da eine Passage mit dem Hund. Mein Freund schlägt ihn, quält ihn. Aus Eifersucht. Für mich ist dieses Tier Kind-Ersatz, ich liebe es zärtlich. Vielleicht mehr als den Mann. Oder... eine andere Szene im Auto. Wir bauen einen Unfall. Ich werde schwer verletzt. Im Fieber erlebe ich Bruchstücke meines vergangenen Lebens. Ich habe es vertändelt, leichtsinnig verspielt. Das Grundthema des Films handelt von einer Frau auf der Suche nach ihrem wahren Ich.«

Befaßt sich das Fotomodell Veruschka auch privat mit dem »Erkenne dich selbst«?

»Doch, ja. Ich habe viel gelesen über diese Dinge, gesprochen mit Gleichgesinnten.«

Mode, nackte Posen und Religionsphilosophie. Eine moderne Mischung!

»Schon als Kind wollte ich dem Himmel näher sein. Ich war so unglücklich mit zwölf, dreizehn Jahren. Endlos lang und dünn und häßlich. Spottobjekt für jeden. O du lange Hopfenstange! Selbstmord schien die einzige Lösung. Aber so leicht stirbt sich's nicht. Bis ich eines Tages anfing, mir einzureden, daß ich etwas Besonderes sei. Ich wollte...« sie sucht nach einem Ausdruck... »Wo war ich stehengeblieben?«

Ich sage es ihr.

»Ah ja... ich wollte aus meinen Mängeln eine Tugend machen.«

Gleich schläft sie ein, muß ich denken. Ist das gräflich-vornehme Lethargie? Bewegten sich diese eleganten Finger nicht unablässig, mal durchs Haar, am Hals entlang, ums Knie, die Sonnenbrille schwingend, es machte mich kribbelig, ihr zuzuhören.

Der Blick, der, auf mich gerichtet, mich doch nicht erreicht, das seltsam Abwesende, Müde, der Heuschnupfen im Winter – wie frage ich Veruschka? Direkt... nein: Ich habe es noch immer nicht gelernt, forsch, frech, frei nach Reporterart den Gesprächspartner auszunehmen, bloßzustellen, an intime Dinge zu rühren. Also wähle ich einen Umweg. Über Filmerei und Mode.

»Mode?« Veruschka unterdrückt ein Gähnen.

»Sie wird zu ernst genommen. Ich mußte mich zwangsläufig jahrelang im Beruf damit befassen. Trotzdem fiel mir nie ein, jede der Saisonmoden mitzumachen. Man sollte anziehen, was bequem und praktisch ist und was zur Person und zur Stimmung paßt. Manchmal ist mir nach etwas Grauem zumute... ich bin traurig. Möchte allein sein... in einer solchen Stunde würden bunte Blüten auf weißem Grund oder ein sonnengelbes Komplet im Widerspruch stehen zum Ausdruck meiner Augen, meines momentanen Temperaments, meines ganzen Wesens. Ich lasse mich nicht gern zwingen. Wenn ich an meine Kindheit denke: diese albernen Alltags- und Sonntagskleider. Frauen müßten versuchen, ihre Garderobe nach ihrer Persönlichkeit auszuwählen. Ich trage zum Beispiel am liebsten Anzüge, die sich wie eine zweite Haut um meinen Körper schmiegen. Weiche Stoffe. Nackt auf Pelz liegen – so kuschelig, sanft... das entspannt, befriedigt.«

Sie räkelt sich in Richtung Bar. »Franco! Eine Zigarette, bitte!«

Francos Nacken mit dem ungepflegten, zu langen Haar drückt Unfreundlichkeit aus.

»Geh nach oben!« sagt er, ohne sich umzudrehen.

Veruschka steht auf. »Gestern bin ich vom Pferd gefallen. Ich weiß nicht, ob ich morgen die Szene im Bad drehen kann.« Sie sagt es mehr zu ihm, als zu mir. Es sieht so aus, als wollte sie zur Bar hinübergehen.

Dann ruft sie: »Franco, komm her!«

Veruschka, Franco und ich sind allein in der kalten, unpersönlichen Hotelhalle. Der Barkeeper gibt sich irgendwo dem nachmittäglichen Nichtstun hin. Franco Rubartelli rutscht vom Hocker und kommt näher.

Langsam. Zu langsam.

Veruschka zieht ihren Rock hoch bis zur Taille, streift ungeniert die Strumpfhose unters Knie. Ein winziger weißer Minislip auf makelloser Haut, eine Drehung, nicht ohne Routine... zwei Handbreit unter der Rundung des gräflichen Rückens ist ein männerfaustgroßer blauer Fleck am Schenkel zu sehen.

»Glaubst du, Franco, man kann das überschminken? Oder wollen wir eine andere Passage filmen?«

Veruschkas Traum-Italiener zuckt unwirsch, wortlos die Schultern, marschiert zurück zu seinem Hocker, wendet sich wieder dem Espresso zu. Im Kaffeesatz wird er sein Heil auch nicht finden! Ich hasse ihn minutenlang für alle gedemütigten Frauen.

Veruschka spielt »nicht-dazugehören«. Ich nenne ihr jene schwarze Salbe, die Blutergüsse binnen kurzem verschwinden läßt, empfehle Massagen.

Sie erzählt mir von ihren täglichen Yoga-Übungen.

»Meditation ist eine große Hilfe, um innerlich frei zu werden, sich loszusagen von Dingen, die belasten.«

Sie gibt mir das Stichwort.

»Haben Sie, um diesen Zustand zu erreichen, schon mal Drogen genommen?«

»Ja, oft.« Es kommt ohne Zögern, ohne Verlegenheit. »Ich habe geraucht...«

»Und?«

»Das Wahre ist es nicht. Man muß versuchen, auch ohne diese Mittel ›frei‹ zu werden. Es ist schwer. Aber man muß es versuchen.«

Die Sätze hören sich an wie auswendig gelernt.

»Ist von Rauschmitteln in Ihrem Film die Rede?«

»Natürlich.«

»Heißt das Opus darum ›Stop Veruschka‹?«

»Es ist ein Arbeitstitel«, lächelt der breite, blasse Mund. Zu einer weiteren Erklärung kommt es nicht. Signor Rubartelli wünscht essen zu gehen. Sofort. Unser Gespräch kann er nicht belauscht haben, denn er spricht nicht deutsch. Oder doch? Zwischen ihm und mir ist Feindseligkeit. Willig folgt Veruschka.

Die schon seit Monaten kränkelnde Liebe zwischen der Schönen und dem Fotografen stirbt am darauffolgenden Tag, wie der Zufall oder das Schicksal so spielt, während ich mit dem Fernsehteam auf das zugesagte Interview mit Veruschka und Rubartelli warte. An einer Kleinigkeit. Veruschka, die ihre Filmgarderobe selbst entworfen hat, wählt gegen die Anordnung Francos statt Hosen ein Flattergewand. Ihr war eben »nach etwas Weitem« zumute.

Ende einer Liaison.

Natürlich werden die Dreharbeiten fortgesetzt. Rubartelli kann weiter exklusiv ihr Antlitz und wohl auch ihren Körper konterfeien. Natürlich.

Die Klatschspaltenjäger haben eine neue Beute. Er wird interviewt. Sie wird interviewt. Beide zusammen werden interviewt.

Wie glücklich oder wie unglücklich sie sind.

Die Wahrheit will jeder wissen und doch nie erfahren ... Was birgt die Zukunft? Er wird eine neue Veruschka kreieren. Ihr wird man eine andere Romanze andichten ...

Mitleid steigt auf, wenn ich an den klammernden Händedruck denke, die schlaksigen Glieder, den Giraffen - pardon: Schwanenhals, Schuhgröße 42, und den labilen Willen, zu sich selbst zu finden.

Von einem Espresso-Geplauder im *Doney* oder *Café de Paris* an der Via Veneto, über einen Spaziergang im Forum Romanum oder in den Gärten der Villa Borghese – je nach Neigung und Geschlecht – ist der Weg zum Dolce vita, vielleicht gar zum Film, nicht weit im Land, wo die Zitronen blüh'n. Blondgelockte Einfalt fällt auf römische Märchen, von glutäugigen Papagalli immer wieder neu erzählt, leider nur zu leicht herein. Und so schwirren alljährlich mit dem ersten Grün germanische Touristinnen wie ein Bienenschwarm in die Ewige Stadt. Delikate Geschichtchen statt 2000jähriger Geschichte im Sinn, bewaffnet mit Lippenstift, Dekolleté und Fotoapparat, gieren sie weniger auf Spaghetti als auf circenses.

Die Spiele wechseln mit der Tageszeit und der Gelegenheit. Das Dolce vita lebt sich viel prosaischer, als die Damen und Dämchen es sich erträumen. Lüsternes Treiben à la Fellini ist, wenn überhaupt, nur in höchsten Geld- und Adelskreisen Brauch. Ein Fremder hat selten Zutritt, feminine und maskuline Gunstgewerbler ausgenommen.

Spätnachmittag im *Greco*, Via Condotti, Ecke Spanischer Platz. Was high ist durch Geld, Adel, Kunst oder Hasch, schlürft hier seinen Aperitif täglich zwischen sechs und acht.

Flaminia, meine Begleiterin, hat von Geburt »nur« fünf Zacken in der Krone, aber sie gehört dem *Greco*-Zirkel seit ihrer Jugend an. Sie hat schon vor einiger Zeit damit begonnen, ihr Alter rückwärts zu zählen.

Die ältlichen Ober tragen allem »Neuen« gegenüber jenen blasierten Gesichtsausdruck zur Schau, der der Tradition des Hauses würdig zu sein scheint. Schließlich hat Giacomo Casanova hier verkehrt! In seinen Erinnerungen ist nachzulesen, daß er 1742 in Begleitung römischer Freunde zum erstenmal das *Caffè di strada Condotta* betreten hat.

Die Wände zeigen museale Werte. Sie sind gepflastert mit Stuckmedaillons und -porträts. Im hinteren, langgestreckten Raum, den Grecorianer »Omnibus« nennen, hängen kostbare Gemälde, darunter einige von Weltruf. Ich bemühe mich unauffällig, über die Köpfe der illustren Gesellschaft hinweg den einen oder anderen Namen auf den Messingschildern zu entziffern... Angelika Kauffmann kann ich lesen, Gigante, ein E. Hottenroth aus Dresden.

Donna Flaminia schiebt mich durch das Menschengewühl. »Wir kommen an einem Vormittag her, dann können Sie sich das alles genau ansehen«, flüstert sie an meinem Ohr, ganz in der Rolle meines Cicerone. Sie ist mein Jagdhund auf der Jagd nach Interviews.

»Ah, Carlino, come sta? Sehen wir uns morgen?«

Hier ein Handkuß. Da eine Umarmung: »Cara, Liebe, du siehst wieder blendend aus.«

Im selben Atemzug raunt sie mir zu: »Meine Güte, sie ist wieder aufgemacht wie eine Vogelscheuche!«

Ein asketischer Herr im dunkelroten Samtanzug stellt ihr einen blonden jungen Mann mit schulterlangen Locken vor.

»Oh, das ist dein neuer Freund, Paolo? Wie nett!« Sie strahlt im Weitergehen.

»Er wechselt die Burschen wie die Hemden«, träufelt es kaum hörbar von ihren Honiglippen. Sie grüßt nach links, nach rechts. Endlich entdekken wir einen freien Stuhl. Wir teilen uns die kleine Fläche. Flaminia findet das fabelhaft: »So kann keiner hören, was wir tratschen.«

»Huch, der Stuhl ist wackelig.« Angeblich ist das Mobiliar so alt wie das Haus.

»Kennen Sie das Gästebuch?«

»Nein.«

»Ludwig von Bayern hat hier verkehrt. Gogol, Stendhal, Byron, Schopenhauer, Mark Twain, d'Annunzio, Baudelaire, Rossini, Berlioz, Gounod, Liszt...« sie holt Luft, »ich kann wirklich nicht alle Namen aufzählen. Goethe, natürlich. Im 19. Jahrhundert hatte einer Ihrer Landsleute vorgeschlagen, es *Caffè Tedesco* zu nennen.«

Sie tätschelt meinen Oberarm. »Greco ist mir lieber!«

»Mir auch, Flaminia. Kriegen wir hier überhaupt etwas zu trinken?«

»Wir haben Zeit, Liebe. Da hinten, der, der jetzt das Glas hebt, das ist Antonioni. Der neben ihm, im blauen Blazer, Ugo Tognazzi. Schade, daß Mastroianni einen Film in Amerika dreht. Er kommt immer her, wenn er in Rom ist. Dienstags. Wir treffen uns dienstags. Mastroianni ist ein Klassemann.«

Donna Flaminia gilt als Expertin für Männer. Viermal verheiratet (dreimal mit Nicht-Italienern), öfters verlobt und viel verliebt, kennt sie die Unterschiede in den national bedingten potenten Qualitäten. Hier bin ich an der Quelle mit meiner Neugierde über den italienischen Supermann. Flaminias erlauschte, erdachte und erlebte Bettgeschichten, die sie als »Fachsimpeleien über das andere Geschlecht« bezeichnet, sind berüchtigt.

»Haben Sie schon mal einen Italiener geliebt?« Eine Antwort wartet sie gar nicht ab. »Ein verliebter Italiener gibt einer Frau das Gefühl, schön, bezaubernd, ein Engel auf Erden zu sein. Er schwört ihr ewige Treue (ein Amerikaner tut das nie), überschüttet sie mit Blumen und Geschenken (kein Spanier oder Russe hat die Großzügigkeit), bettelt um die Heirat (welcher Deutsche käme auf die Idee, solange er die Frau nicht gründlich kennt?), er will für sie sterben (kein Franzose und schon gar kein Engländer ist so herrlich blöd). Einen einzigen Fehler hat er. Es mangelt ihm an Geduld und Ausdauer. Der Welt bester Liebhaber ist er nur, solange das Interesse reicht. Aber, ich meine...« sie wirft mit einer herausfordernden Kopfbewegung ihre rote Haarflut in den Nacken... »ich meine, besser einmal das Gefühl gehabt zu haben, eine tolle Frau zu sein, als nie. Römische Liebe ist ein Erlebnis. Sie sollten es versuchen!«

Flaminias Zeigefinger malt Kreise, Wellen, Bogen auf den kühlen Marmor des Kaffeehaustisches. Psychologen deuten solche Handspielereien als Hunger nach Zärtlichkeit. Neben uns werden zwei Plätze auf der Polsterbank frei. Der Ober wischt mit weißer Serviette Krümel fort. Er steht mit hochgezogenen Brauen. Flaminia läßt ihn warten. Dann bestellt sie zwei Cappucino nel bicchiere. Es wäre vulgär, wie Normal-Italiener oder Touristen das Nationalgetränk aus Tassen zu trinken. Cappucino im Glas, das schmeckt!

La Donna hat etwas Vages im Botticelli-Gesicht. Worüber sinnt sie nach? Ich fahre mit den Fingerspitzen über den Rücken ihrer Hand.

»Es ist nichts.« Sie seufzt. »Ich mußte an ein Sprichwort denken. L'amore fa passare il tempo, il tempo fa passare l'amore. Die Liebe läßt die Zeit vergehen, Zeit läßt die Liebe vergehen.«

Sie sucht in ihrer Tasche, holt ein Zigarillopäckchen heraus. Lacht unvermittelt ein paar kehlige Töne. »Es ist zu dumm. Ich habe mich verliebt. Sinnlos. Ganz sinnlos.«

Fahrig steckt sie das Zigarillo in eine Hornspitze, hebt es langsam zum Mund. Ihre braunen Samtaugen starren in die Richtung der Tür. Das Gedränge hat sich etwas gelichtet. In der schmalen Gasse zwischen den Tischen steht ein Junge. Das Jackett schlenkert um seine rachitische Figur. Er ist siebzehn, höchstens. Schwarze Locken umrahmen das mädchenhafte Antlitz. Zaghaft kommt er näher, gibt Flaminia Feuer. Sie streichelt seine Wange.

»Das ist Francesco.«

Ihr Blick forscht in meinem. Sind wir uns einig? Süße Jugend. Man müßte sich wie in der Renaissance einen Leib-Pagen halten. »Mein Sohn aus zweiter Ehe mag in seinem Alter sein.« Sie sagt es auf englisch. Resignation vertieft die Falten um ihren Mund.

»Ich muß gehen. Ein kleiner Spaziergang mit Francesco, Sie verstehen? Alberto müßte in ein paar Minuten hier sein. Wollen Sie solange allein warten?«

»Natürlich, Flaminia.«

Geschmeidig windet sie ihre langen Glieder aus der Enge zwischen Stuhl und Tisch.

»Auf morgen, Teure!« Ihre weiße Mondhand fächert Luft. Süßlicher Tabakrauch kitzelt meine Nase.

An Flaminias pucci-seidener Hinterfront kreuzen bewundernde und neidische Blicke die Klingen.

Erhält man eine abendliche Einladung in den Schoß italienischer High-Society-Familien, wähle man stets ein festliches Gewand, overdressed kann man in Rom nie sein. Man bade, wenn nicht in Eselsmilch, so doch in duftigem Schaum, salbe nicht nur Gesicht und Hals und versprühe verschwenderisch ein erotisches Parfum vom Haaransatz bis zu den Kniekehlen hinab. Vielleicht verspürt der Hausherr nach üppigem Mahle Lust, das bei hochgeborenen Italienern neuerdings so beliebte Pfänderspiel zu spielen.

Donna Flaminia, mit dem feinen Riecher fürs Vergnügen, schleppte mich in einer lauen Vollmondnacht zu einem ihrer Vettern oder Onkel. »Sei gerüstet«, hatte sie am Telefon geflötet.

Das Taxi hält vor einem Palazzo auf dem Pincio. Ein laternenbeleuchteter Orangenhain flankiert den kurzen Weg bis zum Haus. Livrierte Diener helfen mir über die drei Stufen bis zum Portal. Marmorstiegen führen zu einer Balustrade, von der die Türen in Vestibül und Salons münden. Im Geglitzer der Kronleuchter und juwelenbehängten Damen registriere ich herrliche Altertümer, vornehme befrackte Herren. Devote Diener auch hier. Sie entledigen mich des Pelzes, der Handschuhe, der Handtasche. Es geschieht so selbstverständlich, daß ich nicht zu widersprechen wage.

Wir nippen einen Sherry im Stehen. Flaminia »reicht mich herum«. Man tut interessiert. Fernsehen scheint in Mode. Außer mir wird noch eine Dame vom italienischen Televisionsinstitut erwartet. Der Hausherr, Marquese Alberto, bittet zu Tisch. Mein Nachbar zur Linken ist ein Vetter von Flaminia, Florindo mit Namen, zur Rechten habe ich Conte L., der seine Geschäfte größtenteils im Ausland abwickelt; welche, das konnte ich nicht ergründen ... Jedes Tischpaar hat seinen eigenen Mundschenk. Als mir der hochlehnige, schmale Stuhl untergeschoben wird, erinnere ich mich in der Enge der Sitzordnung an Anstandsstunden im Internat, bei denen wir mit je einem Buch unter beide Arme geklemmt und einem dicken Folianten auf dem Kopf in aufrechter Haltung das Essen einzunehmen hatten. Jetzt bin ich froh, daß man mir das Abendtäschchen abgenommen hat.

Die Lasagne ist zart wie Butter, Frascati aus eigenem Weinberg und dergleichen Köstlichkeiten werden serviert. Dessert und Mokka reicht man im Garten zwischen Oleander und Zypressen. An der Rückfront des

Palastes erstreckt sich ein Park mit Baumgruppen, steinernen Nymphen, gewundenen, von niedrigen Buchsstauden gesäumten Marmorplattenwegen. Über einem leeren Brunnen der flötenspielende Pan. Grillengezirpe. Verwehter Blütenduft.

Playtime.

Die Würfel rollen auf verschnörkelten Tischen. Unter zehn Augen – verloren! Ein Pfand! Ein Pfand! Etwas, das man am eigenen Leibe trägt! Mein rechter Schuh fällt über den Brunnenrand. Und nach und nach glänzen aus der Tiefe des Beckens Geschmeide, Brokat, Seide, Samt, Socken, Gürtel, und...

»Uuuh, Onkel Marco, sssh« schreit eine vollbusige Dunkelhaarige, sie ist sicher noch nicht zwanzig, als einer der hageren greisen Herren ein Paar Hosenträger in das Sammelrund wirft.

Man hat die Kerzen ausgeblasen.

Ich dachte, ich sei nicht prüde? Ich bin es! Zwischen Mondlicht und Schatten spielt ein Teil der Verlierer Blindekuh. Andere basteln sich aus Blättern paradiesische Kostüme. Gleich bin ich wieder dran. Noch habe ich mein Abendkleid an, allerdings nur noch das. Die Reihenfolge des Entblätterns steht jedem frei.

Wie entwischen? Aufstehen? Gehen? Sagen: »Das mache ich nicht mit?« Schreien: »Drecksspiel!«

Zu feige. Mitgehangen... mit zwei Quäntchen Neugierde, einem Quäntchen Scham.

Lachen. Würfeln. Dreizehn.

Glück muß man haben. Wir sind noch drei. Das nächste Mal, schwöre ich mir insgeheim, ist mir nach dem Essen schlecht und ich empfehle mich.

Schütteln, rütteln... wie viele Augenpaare hängen interessiert, amüsiert an meinen verkrampft rotierenden Händen mit dem Becher... die Würfel fallen... sieben. Das Spiel ist aus.

Flaminia hilft. Klatscht mir, als ich endlich aus dem Kleid gestiegen bin, lachend auf den nackten Rücken.

»Unterhältst du dich?«

Und wie!!!

»Ich danke dir!« versuche ich zu scherzen. Das »Du« kommt mir noch ungewohnt von den Lippen, wir haben erst vorgestern im Nachtklub *Number one* Brüderschaft getrunken.

»Jetzt fängt es erst richtig an. Wenn der Gong ertönt, mußt du dich auf den Brunnen stürzen und herausgreifen, soviel du greifen kannst. Damit kostümierst du dich, je origineller, desto besser.«

Das Marmorbecken hat einen Durchmesser von höchstens zwei Metern. Und zwanzig Personen gleichzeitig? Ich kriege eine Gänsehaut. Ausverkauf im Warenhaus.

Mit Ellenbogentaktik, Zorn macht Manieren vergessen, angle ich einen Samtturban, eine Spitzenbluse, drei Socken, einen Stiefel aus Brokat und etliche Seidentücher. Schnell verkleidet. Tauschen gilt nicht. Schade.

Im Gänsemarsch trippeln alle, grotesk vermummt, in den hellerleuchteten Salon zurück. Der Hausherr – Himmel, in meinem Abendkleid! – wird zur allgemeinen Gaudi die originellste Aufmachung prämieren. Vetter Florindo gewinnt. Er hat sich Seidenstrümpfe um die Stirn gewunden, seine Lenden in Damenspitzendessous gezwängt. Vom Gürtel abwärts hängen Ketten, Armbänder, und ein blondes Haarteil, das als Pfand mit abgegeben worden war.

So gegen drei Uhr morgens ist der römische Karneval vorbei. Zwei Kammerzofen waren diskret damit beschäftigt gewesen zu notieren, was wem gehörte, nachdem man sich in einem Séparée der Hüllen entledigte und vorübergehend in einen bereitgelegten weißen Bademantel zu schlüpfen hatte.

Es ist nichts Unschickliches geschehen. Die Damen des Hauses, alle drei im Alter jenseits von Gut und Böse, wachten eifersüchtig streng über Sitte und Anstand während des Spiels.

Ereifert sich die fast 90 Jahre alte Principessa: Sie habe das Spiel in ihrer Jugend schon gekannt. Harmlose Späße dieser Art in der Obhut der Familie seien fabelhaft geeignet, die Lust an Abartigkeiten zu vertreiben. Sie scheint meine Zweifel zu fühlen, betrachtet mich kritisch durch ihr goldumrandetes Lorgnon.

»Warum soll Carlo, ein Cousin fünften Grades, er ist noch ledig, nicht wissen, wie Gioela und Gina (die Haustöchter in heiratsfähigem Alter) in natura aussehen?«

Aristokratische Eheanbahnung auf italienisch.

Bleibt die Frage: Muß man dazu wildfremde Leute einladen? Flaminia, der ich sie zugeflüstert habe, bleibt die Antwort schuldig.

Mir hängt das Theater zum Halse heraus.

»Flaminia, bitte, laß uns gehen.«

»Gehen? Was ist mit dir? Der Hauptspaß steht noch aus.«

Wie konnte ich vergessen... Flaminia gehört zum Clan.

Ein Diener bindet mir eine weiße Schürze um. Pasta-asciutta-Zeit! In Silberschalen wird heißes Wasser zum Fingerwaschen gereicht. Und auf geht's: uno, due, tre... wer stopft sich am schnellsten die Spaghetti in den Schlund, wühlt am liebsten in der roten Sauce? Hoffentlich nicht schon wieder eine Kleiderwette.

Der platinblonde Vamp mir gegenüber schlingt mit beiden Händen, bekleckert sich. Die adligen Fräulein kreischen lustvoll. Mein Nachbar hängt sich die Nudeln um die Ohren, um den Hals. Dem Sieger winke als Preis, »am nächsten Dienstag beim Rosenfest das Mitternachtsspiel nach eigener Fantasie zu bestimmen«, gibt der Hausherr kund.

Die Wasserstoffsuperoxyde hat es geschafft. Die Herren applaudieren begeistert. Sie genießt es, Mittelpunkt zu sein. Mir fällt ein, daß sie zum Essen zu spät gekommen und beim Pfänderspiel schon in den ersten Runden ausgeschieden war. Dann hatte ich mich zu sehr auf das Spiel konzentriert.

Wer ist die Person? Auf der Straße würde sie jeder für eine Dirne halten. Aber in der römischen Aristokratie besagt das nicht viel. Anders als ihre exklusiven Adelsgenossen in England und in Frankreich umgeben sich die Familien der High Society in Rom gern mit »gewöhnlichen« Leuten.

»Sie kennen sie nicht? Unseren Fernsehstar? Unsere römische Monroe?« Ich sehe Erstaunen im Gesicht des Jünglings. Hatte man ihm nicht erzählt, daß ich auch vom Fernsehen sei?

Man stellt mich vor. Sie streckt mir den Mittelfinger ihrer weißen Patschhand hin: »Isabella ist mein Name. Isabella Biagini. Sie gefallen mir. Treffen wir uns morgen nachmittag bei mir zu Hause?« Eine spontane Person.

Sie zieht mich aufs Sofa. Fernsehen verbindet.

Ihr Ellenbogen stupst unmerklich in meine Seite, während sie sich mit einem balzenden Conte lautstark über die Emanzipation der Frau unterhält. »Sag mir wo die Männer sind...« Kann sie Deutsch? Nein, nur diesen Satz. Marlene Dietrich hat ihn ihr beigebracht.

Also doch berühmter als ich dachte. Sie scheint eine echte Partytigerin zu sein.

»Ist das hier das süße Leben von Rom?« will ich wissen.

Isabellas zweifach geklebte Wimpern senken sich zum Schlafzimmerblick. Ein kleiner Seufzer.

»Ich mache mir mein Dolce vita selbst. In Gesellschaft ist nichts mehr los. Früher ja ... der Nervenkitzel des albernen Aus- und Anziehspiels ... was ist das schon. Ich finde das Getue dekadent.«

Warum macht sie mit, wenn sie's kennt?

Um im Gespräch und im Geschäft zu bleiben.

»Hallo, Antonio!« Ein blendend aussehender Römer lächelt uns an. Ich komme erst jetzt dazu, mir die einzelnen Herren näher zu betrachten.

»Kannst du uns Kaffee besorgen?«

Mit einer Verbeugung zieht er sich zurück. »Männer«, Isabella dehnt das Wort süffisant, »man muß sie halten wie Hunde.« Der dunkelrote Mund wölbt sich zu einem verächtlichen Bogen.

»Sind die Italiener die besten Liebhaber der Welt?«

»Die besten?« Sie lacht und lacht, bis sich alle Umsitzenden uns zugewendet haben. »Sind die Italiener die besten Liebhaber? Nein.« Ihre Rechte zeigt unbestimmt in die Richtung der Herrengruppen. »Aber ganz bestimmt die schnellsten!«

Isabella muß es wissen.

Signora! Signora! Draußen wartet eine Kutsche auf Sie!«

Ich will vom Hotel *Excelsior* ins *Doney* nebenan. Dort trifft man am Nachmittag Künstler, Gelehrte, reiche Zeittotschläger.

»Bestimmt ein Irrtum.«

»Nein, nein.« Der Portier ist ganz aufgeregt. »Signorina Isabella hat sie geschickt.«

Wahrhaftig, und ich hatte die Einladung – wie in diesen Kreisen üblich – als Höflichkeitsfloskel registriert und vergessen. Nett, die Idee mit der Pferdedroschke.

Also auf in die Gemächer meiner italienischen Fernseh-Kollegin.

Was will der Portier? Ach so, das Trinkgeld. Manchmal bin ich sie leid, diese Handaufhalterei. Sehr italienisch. Leider.

Andiamo! Warum fährt er nicht? Diese gaffenden Männer mit den Händen in den Hosentaschen. Faulenzer. Tagediebe. Sie starren den

Frauen die Kleider vom Leib. Ein weibliches Wesen ohne Begleitung ist Freiwild für sie.

Das sind Momente, in denen ich Rom hasse.

Der Portier nähert sich. Ob ich – untertäniger Diener – vielleicht, wenn möglich, nur wenn es keine Mühe macht, ein Bild der göttlichen Isabella mit Autogramm?!

»Gut, gut. Ich will sehen.«

Sie scheint wirklich ein Publikumsliebling zu sein.

Isabella wohnt in der Altstadt, hinter einer jener schmucklosen Fassaden. Steile Treppen, Gewölbe. Moder steigt aus feuchten Steinquadern. Dritter Stock. Hundegebell. Eine ganze Meute muß das sein. »Bitte öfter klopfen« prangt ein Schild unter einem Faunsgesicht. Ein origineller Türhammer für das Sexygirl. Hörner aufsetzen, das paßt zu ihr.

Was dann geschieht, wird mir unvergeßlich bleiben. Ein Halbwüchsiger in Pagenuniform läßt mich ein, zwei Doggen an der Leine... ein schwarzer, ein weißer Pudel springen auf mich zu, etliche Katzen sitzen und streunen herum. Mittendrin, in wallendem zinnoberrotem Seidentrikot, meine Gastgeberin, einen Pekinesen im Arm. In der Luft lastet ein moschusreiches Parfum.

Isabella freut sich. Sie hat ihr Opfer gefunden, verscheucht Mensch und Getier und schleppt mich im Triumph durch ihre Wohnung. Sechs Zimmer, jedes in einem anderen Ton. Blau, orange, lila, braun, rot, rosa, das Bad in schwarz, die Küche weiß. Keine Möbel, außer Sesseln und Tischen. Wo hat sie ihre Kleider, das Geschirr?

Hinter den zahlreichen Bücherregalen – ich wette, die goldbedruckten Lederrücken diverser Gesamtausgaben sind Attrappen – verbergen sich Schränke, groß wie Kammern.

Isabellas Stimmung ist heute auf rot eingestellt. Ich versinke in einem tiefen Fauteuil, eine weiße Angorakatze kuschelt sich in meinen Schoß. Es ist angenehm kühl im Raum. Aircondition.

»Campari?«

»Mhm. Danke.«

Die Busenkönigin schickt mir, während sie einschenkt, Küßchen mit den Fingern. Die Rolle der Monroe-Imitation spielt sie perfekt.

Sie entflattert, kommt mit neuen Hausgenossen wieder: drei junge Männer, vier Mädchen, alle dunkelhaarig. Wo mögen sic beim Wohnungsrundgang gesteckt haben? In einem Schrank? Vielleicht auf der Terrasse, die sich an die Küche anschließt, wie Isabella gerade erwähnt. Sie lagern sich auf den Kissenbergen malerisch um ihren Star.

»Das sind Anna, Gino, Maria, Carlo, Luigi, Claudia, Serenella.«

Sehr erfreut. Die Augenpaare bohren.

»Ich habe sie aus der Gosse aufgelesen.« Isabella schneidet Grimassen, zieht sich Löckchen in die Stirn, ihre Trabanten winden sich vor Lachen.

»Ich komme auch aus der Vorstadt. Meinen Vater habe ich nicht gekannt. Nur Hunger und Schläge jeden Tag. Mit Dreizehn bin ich von zu Hause weggelaufen. Ich ging bei einem Kürschner in die Lehre, bei einem Friseur, war Schaffnerin und Lebedame.« Sie dehnt das Wort übermäßig und rümpft die Stupsnase. Ich habe verstanden. Wir lachen.

»Irgendeiner sagte mal, daß ich eine Bombe wie die Monroe wäre. Daraufhin habe ich mich vor den Spiegel gestellt ... nachdem ich immer und immer wieder im Kino ihre Filme sah ... und habe geübt, zu sprechen, zu lachen, zu gehen wie sie. Ich habe sie kopiert, auf Parties und so. Die Leute hatten Spaß an meiner dicken Schminke und den idiotischen Wakkeleien mit den Hüften. Auf einer Schönheitskonkurrenz sah mich einer vom Fernsehen und engagierte mich als Parodistin für eine Unterhaltungsshow. Die Leute verliebten sich in meine dumme Visage. Ich hatte gute Kritiken, die Presse setzte Gerüchte über mich in die Welt, vom Busenstar, vom Vamp. Und mittlerweile bin ich das, oder nicht?«

Und was für ein Vamp!

»Bruno, wo ist Bruno?«

Die kleine Bezopfte beeilt sich: »Soll ich ihn holen?«

»Sicher schläft er wieder. Er muß kommen. Du mußt ihn kennenlernen.« Du? Aber bei Isabella darf man das wohl nicht so tragisch nehmen.

»Bruno ist mein Psychiater. Er hilft mir über meinen Einsamkeitskomplex hinweg. Was nützen mir Kleider, Pelze, Perücken. Die Männer schämen sich, mich in Gesellschaft zu begleiten. Ich werde eingeladen, gewiß, aber man zeigt mich vor, wie einen übergroßen Zuckerhut. Jeder knabbert daran. So richtig gefalle ich nur, wenn's keiner sieht.«

Das Schoßhündchen leckt ihre Hand. »Ja, du verstehst mich.«

Weint sie?

Tatsächlich, eine dicke Träne kullert über ihre Wange.

»Ich möchte einmal die Rolle spielen, die mir wirklich liegt, niemand würde mehr lachen. Welche Tristesse! Ich bin so unglücklich, ich tue mir so leid.«

Ich weiß nicht, was ich machen soll. Ist der Ausbruch echt? Da wird ihr Lamento unterbrochen. Das also ist er, der Psychendoktor. Wie aus einem Kitschroman sieht er aus. Stechender Blick, hager, vorstehendes Gebiß, Spazierstock. Dieser hebt sich in Isabellas Richtung: »Hör auf mit dem Theater!«

Dann weist der Stab auf mich: »Sie sind seelisch deprimiert.«

Isabella hängt noch ein Tröpfchen an der Wimper, aber schon wirft sie den Pekinesen einem Jungen zu, springt auf, zappelt vor Erregung.

»Ist er nicht toll? Er wird dich testen.«

War es das »Du«, das den Meister enttäuschte, oder ein Gramm Ironie in meinem Blick? Er enthebt mich jeden Protests. Er geht.

»So ist er. Irgend etwas hat seinen Gedankenkreis gestört. Er ist zu sensibel ...« jammert Isabella. Nun ist ihr Redefluß nicht mehr zu stoppen: »Er wußte, bevor ich auch nur den Mund auftat, einfach alles über mich. Daß ich Angst vor Dunkelheit habe, mich fürchte vor Aufzügen, Menschenmassen, Flugzeugen ... oh, ich fliege nie. Nie! Dieser Mann ist ein Juwel. Er hat mich Farben fühlen gelehrt. Meine Wohnung ist sein Werk. Bruno meint, Farben ersetzen die Liebe. Seit ich ihn um mich habe, schillere ich an tristen Tagen wie ein Regenbogen. Rot macht mich zärtlich. Blau befriedigt. Ich weiß, es gibt Leute, die meinen, der Verstand sei bei mir in den Popo gerutscht ...«

Es ist Zeit, sich zu verabschieden und den Fernseh-Vamp den Hunden, Katzen, Boys und Girls, dem Psychiater Bruno zu überlassen.

Isabella – la sfortunella.

Tags darauf begegne ich dem Italiener meiner Träume.

Braungebrannt, breitschultrig, 1 Meter 87, dichtes mittelbraunes Haar, eine römische Nase und eine Oberlippe, die es in sich hat. Die Wohnung, in der wir uns gegenübertreten, liegt im obersten Stock eines Mittelstandswohnblocks. Konservativ die Einrichtung. Im Hintergrund ein breiter Balkon voll üppig blühender Rhododendren, um weiße Gartenmöbel geordnet.

Er geleitet mich unter den Sonnenschirm. Was darf er zu trinken bringen? Was er gerne möchte. Ich höre ihn in der Küche hantieren, höre eine aufgeregte Frauenstimme. Ein Kind weint.

Es dauert. Dann serviert er auf einem bemalten Holz-Tablett den Saft ausgepreßter Orangen, Eiswürfel in einem Henkelglas, Wodka und Gin zum Mischen. Der braune Anzug harmoniert mit den Augen. Sehr guter Schneider, stelle ich fest. Krawatte ... kirschengroße Tupfen, blau auf beigem Grund ... eigenwilliger Charakter. Und Hände hat er! Spricht er Deutsch? Nein. Nur ein paar Worte. Als Kind konnte er es ganz gut.

»Vom Vater hab' ich die Statur ...« Goethe verehrt er. Shakespeare ist ihm lieber. »Deutsch ist eine rationale Sprache, mit der man nicht jonglieren und bezaubern kann. Mein Vater war Deutscher. Gassmann. Aus Karlsruhe.«

Schweigend nippe ich meinen Gin-Orange. Ich fühle mich wohl in seiner Nähe. Er macht Komplimente. »Ihr Mantel ist hübsch. In Rom gekauft?«

»Nein. Paris. Ungaro.«

»Ich mag hellblau. Meine Lieblings-Hemdenfarbe.«

Die Floskeln passen eigentlich nicht zu seiner Persönlichkeit. Was beschäftigt ihn? Alles an ihm sitzt tadellos. Hat er keine Zeit?

Ich taste: »Der Drink ist vorzüglich.«

»Danke.«

Da entdecke ich hinter dem Fenster zum Balkon das Corpus delicti. Vittorio Gassmann folgt meinem Blick. Er lacht entschuldigend, ein wenig verlegen: »Hat sie es also doch geschafft. Sie sollte auf ihrem Zimmer bleiben. Meine Mutter bändigt sie leider oft nicht.«

Sieben oder acht mag sie sein, die kleine Tochter aus seiner zweiten Ehe mit Shelley Winters. »Ich bin weggezogen aus dem geräumigen alten Haus am Stadtrand mit dem großen Garten, es war zu einsam für uns zwei.«

Freunde hatten mir von seiner Prachtvilla berichtet, angefüllt mit wertvollen Antiquitäten, und einem Park, mehrere Hektar weit. Der Anblick des Miethochhauses war ein kleiner Schock gewesen.

»Meine Frau filmt wieder. Schauspieler-Beruf und Hausfrau vertragen sich schlecht. Jetzt lebe ich bei meiner Mutter und erziehe den Nachwuchs selbst. Ich bin ihm beides, Vater und Mutter.«

Wird er nicht die Zärtlichkeit vermissen?

»Dummes Gerede der Familienfürsorgerinnen.«

Das Kind, das wie ein Junge aussieht, ist aus der Tür getreten, kommt langsam näher.

»Na, du Schlingel!« Er streichelt es. »Geh spielen.«

»Nein.«

»Sofort. Oder es setzt was.«

»Ich will aber nicht.«

Vater und Tochter verlassen die Szene. Nach einer Weile entferntes Gebrüll. Eine Tür schlägt zu.

Da ist er wieder, ganz Respektsperson, einen Zug von Befriedigung im Habitus.

»Warum Frauen immer gleich die Ehe wollen? Mit einem bürgerlichen, ich meine spießbürgerlichen Mädchen kann unsereins nicht leben. Also wählt man im Kollegenkreis ...« sinniert er vor sich hin. »Dir zuliebe, heißt es dann, verzichte ich auf Bühne und Ruhm. Aber früher oder später kommt sie, die Stunde der Entscheidung. Und dann lebt man ›getrennt‹, der Kinder wegen.«

Die große Liebe gibt es für ihn also nicht?

»Ich wünschte, doch. Aber was ist schon ›die große Liebe.‹ Eine Liebe löst die andere ab. Oft entdeckt man nach Jahren, daß eine kurze Liaison die ewige einzige Liebe war, daß in der Erinnerung eine Episode überdauert. Ich bin hoffnungslos romantisch. Nicht sehr männlich ...« die langen seidigen Wimpern senken sich mit einem Anflug von Koketterie, »... die meisten meiner Handlungen sind gefühlsbetont. So habe ich auch mein Theater verkauft.«

Gassmann gilt als einer der besten Bühnenschauspieler Italiens. Er gehörte jahrelang zum Ensemble des Nationaltheaters und der Schauspieltruppe von Visconti. In den fünfziger Jahren gründete er eine eigene Theatergesellschaft mit dem Ziel, seine Landsleute für das klassische Theater zu gewinnen.

»Warum haben Sie damals das Theater aufgegeben?«

»Theater in Italien ist kein einträgliches Geschäft. Aber das war nicht der eigentliche Grund für meinen Entschluß. Ich bin zu der Erkenntnis gekommen, in Italien und im besonderen in Rom ... ganz abgesehen davon, daß ich Rom nicht mag, diese Stadt ist durch und durch dekadent ... in Rom braucht man keine Schauspielbühne, weil das, was sich tut, ohnehin ein einziges Theater ist. Beobachten Sie Szenen auf der Straße, im Restaurant, im Familienleben. Sind das nicht lauter geborene Schauspieler? Der Italiener braucht keine gestellten Szenen auf den Brettern, die die Welt bedeuten. Er agiert selbst, seine Bühne ist überall.«

Vittorio Gassmann spielt mir pantomimisch mit heftigem an die Brustklopfen, Armgerudere, Haareraufen, Zähneknirschen und mehreren Kniefällen einen aufgebrachten Landsmann vor.

»Wir sind Cäsaren, Imperatoren, Diktatoren, Neros, Macchiavellis, Cagliostros, nicht wahr, oder nicht?«

Ich applaudiere. Er lacht, legt seine Rechte auf die Herzgegend, verbeugt sich: »Casanovas, naturalmente ...«

Verflixt gut sieht er aus, dieser Vittorio!

Und Humor hat er. Da sagt er es schon: »Man muß sich nie ganz ernst nehmen. Das war stets mein schauspielerisches Ziel, die Leute und ihre Fehler zu persiflieren und sie dazu zu bringen, über sich zu lachen.«

In seinem Blick sitzen tausend Teufel. Leicht ist es sicher nicht, mit diesem eigenwilligen, fantasievollen Mann zu leben. Aber auch nicht langweilig.

»Entschuldigen Sie.«

Er verschwindet in die gute Stube der mütterlichen Wohnung. Großer Junge. Bei Mamma ist es am schönsten.

Mit einem Teller Käsegebäck und einer Schale Mandarini kehrt er wieder.

»Mögen Sie Mandarini?«

Mini-Orangen mit dem säuerlich-bitteren Geschmack. Als Beilage zu gebratenen Enten delikat. Nein, roh muß ich sie essen, mit der Schale. Ich probiere. Sicher nicht jedermanns Sache.

Kochen kann er auch? Ja. Spezialität: Huhn mit kleinen Blättern frischen Salbeis gespickt, wie anderer Leute Sauerbraten mit Speck. Wenn er mehr Zeit hat, beim nächsten Mal, lädt er mich dazu ein. Vielleicht versuche ich das Rezept inzwischen selber mal? In Gedanken überschlage ich schnell die Mühsal, Salbeiblätter in Hühnerhaut zu stecken ... o je.

»Risibisi als Beilage«, höre ich ihn sagen.

Noch habe ich den Gassmannschen Küchentip nicht ausprobiert. Weiß man bei einem Mann von seinem schalkhaften Schlag, was Dichtung und was Wahrheit ist?!

Ein Sonnenreflex blendet mich. Jetzt wieder. Der Lichtrückstrahl kommt von der hin- und herschwingenden Balkontür. Aha, der Sprößling! Ich hole meine Sonnenbrille aus der Tasche. Wieder das Spiel mit der Spiegelung. Noch hat der Vater nichts bemerkt.

»Darf ich Ihnen ein Glas Wein anbieten? Hausmarke?«

»Danke. Gern.« Das kann ja heiter werden – vormittags um 11 Uhr. Es dauert.

Die Wärme des strahlenden Apriltags schmiegt sich wie eine Katze an Beine und Arme. Süßes Nichtstun.

Gassmanns Liebling, mit von Tränen geröteten Lidern, schleppt eine Karaffe herbei, betrachtet mich interessiert. Besuch ist immer gut.

Gassmann senior schenkt ein: »Salute.«

»Salute.« Ein herber Weißwein. Köstlich.

Er nimmt das Kind zwischen seine Knie, drückt es an sich, küßt es zärtlich. Schielt er unter niedergeschlagenem Blick, ob ich es registriere?

Ich habe ihn im Verdacht.

Für ein Fernseh-Interview muß man geschminkt werden. Die römischen Truccatore, im Gegensatz zu anderen Ländern gibt es fast nur Männer in dieser Zunft, sind wahre Künstler ihres Fachs. Man nehme sich allerdings Zeit. Viel Zeit. Mit einer halben Stunde oder dem Maximum für ein Make-up, einer Stunde, kommen sie nicht aus.

Alfonso, unter einem halben Dutzend Jüngern der Gesichtsmalerei zweifellos der beste und schnellste, ist bärtig, klein, Marke »Flower-Power«, in rehledernen Jeans, unter dem Lumberjack aus lila eingefärbter Tierhaut, den er beim Arbeiten auszuziehen pflegt, meist nur mit einem Geklingel talismanbestückter Ketten auf unbehaarter Brust bekleidet. Er ist stolz auf ein Staatsdiplom, das ihn als einzigen in Italien geprüften Schminker oder Visagisten, sprich Gesichtsveränderer, Friseur und Masseur in Personalunion ausweist. Er kennt die Bettgeheimnisse etlicher italienischer Diven, die er mir zum besten gibt, jeden Satz mit »dunque« (also) beginnend, zwischen Lidschatten aufpinseln, pudern und Spezialdusche aus einer Sprühdose mit Evian, dem französischen Mineralwasser – was angeblich dem Make-up einen ganztägigen Halt verleiht.

Mario ist weitgereist. Er kennt Peru, New York, Indien, Thailand, Tokio, auch Essen an der Ruhr und das Salzkammergut. Visconti heißt jedes zweite Wort. Er hat mit ihm die letzten großen Filme gemacht, als Truccatore von Bogart »Tod in Venedig« und bei Helmut Berger »Götterdämmerung.« Er schminkt mich beim ersten Mal, als hätte ich »Medea« zu spielen. Von drei Stunden Schminkzeit verbessert er sich nach einer Woche auf eineinhalb. Nicht ohne mir alle zehn Minuten zu versichern: »Gleich sind wir fertig. Bin ich nicht toll?« Das Anbringen einzelner Wimpern ist jeden Tag aufs neue eine Katastrophe. Ich bin sicher, Bärte klebt er besser. Dirk Bogart hat ihm eine Uhr mit eingravierter Widmung geschenkt, die er provozierend bei Beginn der Arbeit in meine Sichtweite legt. Ich danke ihm mit einem Händedruck.

Salvio ist Sizilianer. Er soll um 8 Uhr 30 bei mir sein, er erscheint um 9 Uhr 30 ohne Entschuldigung. Schwarzer Lockenkopf, die dralle Figur in einen écru-farbenen Anzug mit doppeltgeknöpfter Weste gezwängt. Gelbgestickte Röschen mit hellblauen Ranken und Spitzenvolants an Manschetten und Brustlatz des Hemdes, eine Uhrkette aus Gold über dem Bauchansatz, wie zu Großvaters Zeiten. Er kommt nicht allein. Sein Assistent Angelo begleitet ihn, auch »feingemacht«, in Anzug und Krawatte.

Während Salvio eine Viertelstunde eingehend mein Gesicht betrachtet, häufen sich vor mir die Pinsel, Dosen, Tiegel, Kästchen . . . soviel Zeug beeindruckt. Zaghaft weise ich daraufhin, daß ich sehr natürlich auszusehen wünsche, zuviel Schminke im Farbfernsehen sei nicht gut. Schließlich haben die Italiener ja nur Schwarzweiß-Programme. Salvio wirft sich in die Brust: »Das ist alles kein Problem, Signora! Ich kenne mich aus.«

Die Feuchtigkeitscreme, die er mir als Grundlage reicht, ist sehr fett. Er wischt sie, einen beleidigten Zug um den Mund, auf meinen Protest hin wieder ab, trägt Teint auf.

»Viel zu dunkel, bitte!«

»Aber Signora, der helle Puder deckt das ab!«

Ich weiß, daß dem nicht so ist. Ein resignierter Seufzer. Dann überlasse ich mich den Händen, die mein Gesicht betatschen. Salvio spürt meine Kapitulation. Er kommt in Fahrt. Mit drei verschiedenen Farben zieht er die Kontur meines rechten Augenlides nach. Verwischt mit breitem Pinsel, steckt ihn quer in den Mund, schnalzt mit den Fingern, Angelo reicht ihm einen anderen . . . nein, nicht den richtigen . . . er stampft mit dem Fuß . . . ja, den. Er sieht dem Pinsel, den er zwischen den Lippen hält, ähnlich aufs Haar. Ein Hin und Her, ein Auf und Ab, hier noch ein Pünktchen, da ein Strich, nach einer halben Stunde ist mein Auge blau wie ein Veilchen.

Nun wiederholt sich die Schau auf der anderen Seite. Angelo betrachtet seinen Chef voll Bewunderung. Langsam verliere ich die Geduld. Die vielen Handbewegungen, das Betrachten des Werkes im Spiegel, das Retuschieren, Paradieren, Voltigieren mag ihn befriedigen, leider frißt es meine Zeit. Noch sind die Wimpern nicht angeklebt . . .

Nach weiteren 120 Minuten bin ich fertig. Endlich. Salvio strafft seine Weste. Er ist zufrieden. Das Telefon klingelt: Das Interview ist abgesagt. Gott sei Dank.

Der Regisseur, der mich wenig später sieht, hält mich für einen Clown aus Fellinis »Satyricon«. Salvio ahnt, was da in fremder Sprache gesprochen wird. Er geht, gekränkt. Angelo, stets zwei Schritte hinter ihm, desgleichen.

Wir haben uns nie wiedergesehn.

Die stolzen Römer legen Wert auf ihr Äußeres. Nirgendwo sonst in Europa kleiden sich die Männer aller Altersklassen so farbenfroh, fast stutzerhaft. Am Tiber und nicht in London oder Paris holt sich der modebewußte Herr seine Information. Hier wird bestimmt, ob schmale oder breite Revers, Mao- oder Napoleonkragen, Zweireiher, Rückenschlitz oder Falte, Hosen mit oder ohne Aufschlag en vogue sein werden.

Einige der italienischen Herrenschneider genießen Weltruf. Zu ihnen gehört Litrico, der Elegante. Seine Lebensgeschichte klingt wie ein Märchen.

Es war einmal ein Fischer, der lebte mit seiner Frau und sechzehn Kindern in einem kleinen Dorf an der sizilianischen Küste. Sie waren so arm, daß sie an vielen Tagen nicht genug zu essen hatten. Eines Mittags gebar die Fischersfrau das siebzehnte Kind. Es war ein Knabe. Er wurde Angelo getauft. Seine Mutter weihte sein Leben der Madonna und gelobte, er solle Pfarrer werden, hätten nur die vielen hungrigen Mäuler das tägliche Brot.

Angelo, ein aufgeweckter Knabe, lernte beim Ortsgeistlichen Lesen und Schreiben. Seine Großmutter, mit dem sechsten Sinn begnadet, weissagte ihrem Lieblingsenkel eine glänzende Karriere als Würdenträger im

Vatikan. Als er 13 Jahre alt war, hielten Großmutter, Eltern und Pfarrer die Zeit für gekommen, ihn nach Rom ins Kloster zu schicken. Mühsam wurde das Geld für die Fahrkarte zusammengekratzt. Einmal Sizilien–Rom hin . . . und nicht zurück. Es war am Tage von Mariä Geburt, als der schmächtige Junge mit einem Bündel Habseligkeiten in Roma Termini stand und wartete. Aber kein Bruder des hl. Franz von Assisi holte ihn ab. Da war er allein in der Riesenstadt.

Drei Tage und drei Nächte streunte er wie eine Katze umher, drückte sich an den Schaufenstern der reichen Geschäfte die Nase platt. Seine Hand umklammerte das Madonnen-Medaillon, das ihm die Großmutter zum Abschied gegeben hatte. »Heilige Mutter, hilf!« Mühsam entzifferte er den Namen der Straße, die ihm so sehr gefiel: Via Vittorio Veneto. Hier wollte er leben und ein großes Haus sein eigen nennen. Da geschah es, daß Angelo sich von einer Kraft vorwärts getrieben fühlte, um eine Ecke, vor ein vornehmes Gebäude. In großen Lettern stand an der Tür »Schneiderlehrling gesucht.« Angelo faßte sich ein Herz und klopfte an. Ein freundlicher alter Herr öffnete ihm, nahm ihn auf und später an Kindes Statt an, und was daraus geworden ist, weiß man in der Welt.

Angelo Litrico bekreuzigt sich: »Die Madonna hat geholfen.«

Und wie, geht es mir durch den Sinn. Ein fünfstöckiges Patrizierhaus unweit der Via Veneto, eine Villa auf dem Land, Werkstätten und Fabriken, unschätzbare Skulpturen, Gemälde, Antiquitäten, Schmuck...

Die Damen und Herren des Jet Set beeilen sich zuzusagen, wenn der König der Herrenmodemacher zu Tisch lädt. Man ißt exquisit von vergoldetem Geschirr, Diener in Uniform sorgen für das Wohl der Gäste. Litrico, untersetzt und zur Fülle neigend, mit wachen, kohlrabenschwarzen Augen im bleich-schwammigen Gesicht, redet viel und gern . . . aber schließlich hat er auch etwas zu sagen.

An seinem Barocktisch saßen bedeutende Staatsmänner: John F. Kennedy, Haile Selassie, Tito, der Schah von Persien; ebenso Herzdoktor Barnard und ungezählte Film- und Theaterstars. Die Widmungen der Großen, denen der sizilianische Fischerknabe in anderen Ländern Maß genommen hat – Adenauer, de Gaulle . . . pflastern die Wände des Ateliers im Erdgeschoß.

Litrico zerteilt mundgerecht eine Orange und tauscht seinen Teller mit dem meinen: »Ich möchte, daß Sie sich wohlfühlen.«

Wie war das mit Chruschtschow, diese Geschichte, die Schlagzeilen machte?

«Ja, ich sah ihn im Fernsehen. Der verkrumpelte Anzug paßte nicht zu ihm. Ich besorgte mir seine Maße und schickte ihm per Post eine Tages- und eine Abendmontur. Die Anzüge paßten. Chruschtschow bedankte sich mit einer Einladung. In Moskau wurden wir Freunde. Ich habe bis zu seinem Sturz einen Teil der Garderobe für ihn gemacht. Die alte Balalaika dort drüben ist ein Geschenk von ihm.«

Litricos Haus ist ein Museum, Schätzwert einige Milliarden Lire. Das Schlafzimmer des Schneidermeisters wirkt dagegen wie ein Grab, ausgeschlagen mit schwarzem Samt: ein gewaltiges Bett, überdacht von einem Baldachin, ein Betschemel vor einer kitschigen blau-weißen Marienstatue aus Porzellan. Angelo, der Engel, ist zwar kein Pfarrer geworden, aber er hat sich den kindlich-naiven Glauben bewahrt.

Derbe Hände halten meine: »Litrico ist ein guter Mensch. Ein Sizilianer. Aber er ist nicht dumm!«

Nach jedem Satz drückt er einen schmatzenden Kuß auf meine Wangen. Seine Art der Verabschiedung.

»Ciao, Angelo!«

Litrico ist Junggeselle. Sein Herz schlägt für arme, elternlose, herumlungernde Knaben, an denen er – wie einst sein väterlicher Gönner – Not und Elend gutzumachen sucht.

Eingereiht in den nachmittäglichen Strom der römischen Sonntagsfahrer holpert das Taxi im 30-Kilometer-Tempo über die pinien- und gräbergesäumte Via Appia Antica. Das Wetter ist nicht gerade schön zu nennen, aber wie bei uns zu Hause, gondelt man auch in Italien durch die Gegend, den Tag des Herrn zu genießen.

Ich halte Ausschau nach einem Sonnenschirm, unter dem ein schnauzbärtiger Südländer Spanferkel und Landbrot feilhalten soll. Dann noch etwa 400 Meter, links . . .

Ein verwahrloster Lattenzaun zwischen knorrigen Ölbäumen.

Keine Klingel, dafür wird vor dem Hunde gewarnt. Mein Gehirn assoziiert Bißwunde – Blutvergiftung – Krankenhaus – Tetanus – Sonntag – Rom. Sei eine Löwin, kein Hasenfuß!

Vogelgezwitscher im verwilderten Garten, keine Hundeseele.

Das Haustor steht halb offen. Hallo!!? Niemand. Im Vestibül rustikale Steinfliesen, unverputzte Wände, ein paar Krüge in der Ecke, Geranien am Fenster. Auf Stufen zum tieferliegenden Raum eine Perserbrücke. Schritte schlurfen. Ein ältliches, blaßblondes Wesen winkt mir, schiebt eine Lederportiere zurück, dann eine Schiebetür. Zwei Meter im Quadrat: ein Lift. Der Kasten bewegt sich ruckartig aufwärts. Später erfahre ich, daß der Gärtner den mittelalterlichen Komfort an einer Seilwinde in die Höhe zieht. Bei Bedarf.

Das burgähnliche Gebäude aus dem 13. Jahrhundert hat zwei Stockwerke und einen wehrhaften Turm. In der ersten Etage angelangt, tritt der Besucher in einen Salon, groß wie ein Saal, spärlich möbliert. Marmorboden, Rokokosofas, venezianische Leuchten, Spiegeltische, Gobelins bis zur Decke, ein Kamin, die Statue eines nackten Knaben, mit einer schwarzen Langhaarperücke schräg auf dem Kopf. Am Ende des Raums eine kunstvoll geschnitzte Treppe, die zu einer Empore führt. Die Wirkung ist irgendwie feierlich, es fehlen nur Orgelklang und Weihrauchduft.

Auf der Galerie schnappt ein Schloß zu. Ich registriere ein weißes Seidenhemd mit Jabot, lässig in superengen Jeans, einen breiten Gürtel, silberne Schwäne als Verschluß, wasserblauen Blick unter buschigen Brauen: Klaus Kinsky. Dynamisch hüpft der Schmächtige mit ein paar Sätzen die Stufen herab.

Er verabscheut Interviews. Warum hat er bloß zugesagt. Für die Zeitung, das ist etwas anderes. Es ist ihm egal, was die schreiben. Aber so direkt . . . auf Tonband, vor der Kamera. Man entkleidet sich so leicht mit Worten, die man dahinsagt auf Fragen, die man nicht kennt. Er kokettiert mit Schüchternheit.

Mittlerweile sind auch das Team und die zwei Fotografen angekommen. Fotografen . . . fabelhaft!! Er liebt es, im Bilde festgehalten zu werden. Nachdem ihm die beiden schriftlich bestätigt haben, daß sie alle Fotos zur Auswahl vorlegen werden, gefällt er sich in Posen.

Endlich bin ich an der Reihe.

Ist es dieses alte Haus, der Beruf, oder ist es die Liebe? Was bindet ihn an Rom?

»Rom ist 2000 Jahre alt. Ist das nicht genug?«

Nein, es muß doch in seinem Leben wichtigere Dinge geben.

»Die Arbeit ist das Wichtigste für mich.«

Sonst nichts?

»Nun ja, die Liebe, wenn Sie wollen.«

Kinskys neue Hausgenossin heißt Geneviève und kommt aus Vietnam. Sehr hübsch, sehr exotisch. Er schmust mit ihr ganz ungeniert. Gesteht dann zwischen zwei Küssen, Heimweh nach Deutschland sei ihm fremd. Geneviève muß ihm eine Zigarette anzünden. Er krault ihr das Haar. Unvermittelt ereifert er sich lautstark über die Kirche, die die Leute zu Spießern mache, wettert gegen das Publikum, das er – wie bekannt – vor Handke beschimpfte.

»Diese Banausen, die gar nicht wissen, warum sie ins Theater gehen, doch nur um dabei gewesen zu sein, um vom Nachbarn, vom Vorgesetzten gesehen zu werden, ohne Verständnis für die Schauspieler, für die Kunst.«

Er boxt gegen Gefühle, gegen die Vernunft, gegen alles, alle und sich selbst. Eine kleine Kinsky-Philosophie ist stets parat. Keinen seiner bisherigen Filme läßt er gelten. Seit langem schwebt ihm ein Projekt vor, in dem er die Hauptrolle spielen und auch Regie führen will: das Leben von Paganini. Derzeit denkt er sich mit einem Stab Gleichgesinnter das Drehbuch aus. Fanatismus glitzert in den Pupillen, mit Schweißperlen auf Nase und Stirn . . . ja, ja, ich glaube ihm, daß er den Teufelsgeiger vollendet mimen wird.

Geneviève ist wieder dran.

Wie locke ich ihn zurück in meine Interview-Gegenwart?

Autos?

Rolls Royce. Er hatte dreizehn im Laufe der Zeit. Jetzt ist er auf Ferrari umgestiegen.

Ist er ein Snob?

Sein lasziver Mund rundet sich, er schnappt nach Luft wie ein Fisch, zweimal, dreimal . . . nein, er glaubt nicht: »Was ist schon ein Snob?«

Für Extremes habe er Sinn. In jeder Hinsicht. In der Mode auch. Pelzmäntel, lange, russische, Kosakenmützen. Samt . . . ein fast körperliches Gewebe. »Frauen in Samtanzügen sind so sonderbar erregend.«

Geneviève wird vom Schoß gehoben.

»Champagner!«

Mandeläugige Ergebenheit bringt ihrem Gebieter die Flasche. Er gibt sie mir. »Öffnen Sie bitte, ich bin zu ungeschickt . . .« Hat er Angst? Ich übrigens auch. Ich reiche den Sekt zum Öffnen an den Kamera-Assistenten weiter.

»Es ist das, was aus der Flasche drängt, das Unheimliche . . .«

Gibt es Dämonen in der Gegend? Wohnt man nicht gefährlich an der Gräberstraße, so weit von Rom?

»Ich bin nicht allein. Meine Lotosblüte . . .« Klaus und Geneviève küssen sich ausgiebig . . . ach so, da bin ich ja immer noch . . .

«Ich habe außerdem mein Personal und einen deutschen Schäferhund, auf Einbrecher dressiert. Angst? Wovor also?«

Mittlerweile ist Klaus Kinsky mit Geneviève verheiratet und in ein Penthouse auf einem der römischen Hügel umgezogen.

Hie Champagnerknall, hie Mann ohne Furcht und Tadel. Wie soll man ihn fassen?

Man sagt, er sei verrückt. Ich glaube, das ist eine Masche von ihm.

Kommst du mit zur Trippelstunde?« Flaminia reißt mich aus meiner mittäglichen Sonnenanbeterei.

»Du willst doch nicht spazierengehen?« frage ich mißtrauisch. Nach dem gestrigen Gewaltmarsch durch das Forum Romanum, die Thermen des Caracalla und bis auf die Spitze des Denkmals von Viktor Emanuel an der Piazza Venezia, den ich kunstbeflissen allein unternommen hatte, schmerzen meine Füße.

Flaminia blickt entsetzt. Jeder Römer gerät in Zorn, wenn vom Monument Viktor Emanuels, dem pompösen Prunkbau, die Rede ist. Der Volksmund hat die verrücktesten Bezeichnungen dafür erfunden . . . Zuckertorte, Schreibmaschine, Gebiß . . .

»Du willst kunstbeflissen sein und schaust dir so etwas an!«

Schuldbewußt überrede ich La Donna zu etwas Alkoholischem.

Also, wie war das mit der Trippelei? Flaminia will sich nicht beruhigen. Das antike Rom und dieser scheußliche Bau.

»Noch zwei strega, per favore.«

Beim dritten Hexen-Likör kehrt ihr Frohsinn wieder.

»Apropos Trippelstunde. Das Neueste für Damen der Gesellschaft ist ein Kursus in ästhetischer Bewegungskunst.«

Pino Lancetti, Mitte Dreißig, Modeschöpfer von Rang, brachte zu Beginn der Maxi-Mode-Zeit seinen Kundinnen »Grazie im Langen« bei. Maßvolle Gesten, gemessenes Schreiten, elegantes Röckeraffen treppauf und -ab, anmutiges Einsteigen in ein Automobil und dergleichen Raffinessen.

Wir kommen zu spät. Meister Pino drillt bereits im Spiegelsalon. Ich zwänge mich in ein Komplet aus seiner Kollektion, knöchellang. Schnitt, Farbe, Stoff, ein Dreiklang! Das muß ich haben, schwöre ich mir insgeheim.

»Mehr Ernst, meine Angebeteten.«

Gekicher im Gänsemarsch.

»Und noch einmal . . . Lektion A: Graziös wie Großmutter . . . kleine Schritte, nicht hüpfen, nein, nein . . . Sie müssen sich Zeit lassen . . .«

Eine halbe Stunde lang. Welche Idee! Man beglückwünscht Signore, den scheuen, schmalen, dunklen. Mit gespielter Atemlosigkeit sinken die gold- und platinklirrenden Geschöpfe in die Samtpolster, an der Peripherie des Raumes angeordnet.

»Übermorgen um die gleiche Stunde.«

»Wie schön. Sehen wir uns nachher im *Greco*?«

»Vielleicht zum Dinner?«

»Ach nein, Donnerstag ist schon besetzt.«

Sie haben eben auch Schwierigkeiten mit dem Terminkalender, diese berufslosen Luxusfrauen, den Zeitaufwand für Lancetti-Kleider nicht gerechnet.

Ein Modell des römischen Alta-Moda-Meisters kostet mindestens zweieinhalbtausend Mark, ohne Zierat, ohne Spezialfutter und andere extravagante Details. Die Preis-Skala nach oben ist unbegrenzt. Man steht sich bei den Anproben ein Loch in den Bauch, weshalb diese Tätigkeit in eingeweihten Kreisen sinnigerweise Sitzung heißt. Eine Sitzung ist ein-, manchmal zweimal täglich angesetzt.

Empfang durch den Manager des Hauses. 15 Minuten Wartezeit, verkürzt durch einen Drink nach Wahl. Die Direktrice erscheint. Hinter ihr zwei Vasallen mit den Teilen, die später einmal ein Kleid sein sollen. Nähte werden geöffnet, ein Streifchen Stoff weggeschnitten, eine Nadel piekt . . . »Verzeihung, Signora!«, noch einmal geheftet, wieder aufgemacht und neu gesteckt.

»Das Wetter ist schön!« Ablenkungsmanöver.

Hier wird gezupft und da gezogen. Der Meister persönlich erscheint. Streicht über die Naht am Rücken, am Busen, setzt den Ärmel höher, flüstert Anweisungen. Sie ist voller Geheimnisse, die hohe Kunst der Schneiderei. Sechzehnmal wiederholt sich die Prozedur.

In einem Karton mit rosa Schleife und einem Bund Rosen wird das maßgemachte Stück dann übersandt, die Rechnung dezent im Ärmel verborgen, ein reinseidenes Tuch als Präsent des Hauses auf dem Grund des Pakets. Grazie tante.

An der Stimme erkennt man den Menschen. Die Gleichzeitigkeit von Bild und Stimme, der Synchronismus, ist das große Geheimnis von Film und Fernsehen – aber auch die große Lüge. Die »geliehene« Stimme, der falsche Ton, verändert leider oft den Charakter der dargestellten Person oder, was schwerwiegender ist, die Persönlichkeit einer Schauspielerin, eines Schauspielers.

Im Playback-Verfahren wird Ausländisches verdeutscht, Deutsches verschönt. Die Nach-Sprecher bringen es bisweilen zu meisterhafter Übereinstimmung ihrer Lautartikulierung mit den Lippenbewegungen der Kino- oder Fernsehstars. Dabei gibt es positive und negative Überraschungen, wenn man fremdländische Leinwandidole zum erstenmal im Original, also in ihrer Muttersprache im Kino hört oder ihnen privat begegnet. Sofia Loren in de Sicas Monsterfilm »Sonnenblumen« auf italienisch und auf deutsch, das waren zwei Darstellungen, zwei verschiedene Frauen. Die deutsche Sofia, das heißt ihre Synchronstimme, war übrigens um Klassen besser als die echte.

Ihre Landsmännin und Busenkonkurrenz, Claudia Cardinale, Eingeweihten bekannt als stimmliches Sorgenkind, hatte in allen ihren großen Filmen ein Ton-Double, auch für Italienisch und Französisch, obwohl sie beide Sprachen perfekt beherrscht.

Mein Rendezvous mit C. C. fand an einem frostigen Frühlingstag statt. Treffpunkt: einer der verfallenen Ränge im Amphitheater der Flavier, dem Kolosseum. Claudia Cardinale ist nicht sehr groß. Ihre Sexsymbole sind nicht so umfangreich, wie es Großaufnahmen auf Breitleinwand glauben machen. Meine Fernseh-Mitarbeiter, alle männlichen

Geschlechts, sind offensichtlich enttäuscht. Trotzdem ist sie betrachtenswert. Volle Lippen über ebenmäßigen Zähnen, dunkle Samtaugen, kupferfarbener Teint – ein Meisterbild. Sie hat den Weg nach oben, zu einem der höchstbezahlten Stars Italiens, auf der simplen Achse via Schönheitskönigin gemacht.

C.C. weiß sich anzuziehen. In ihren senfgelben Gauchohosen, der kakaofarbenen, gegürteten Tunika darüber, dem braun-schwarz gemusterten, zum Bande gefalteten Schal, mit dem sie sich die Flut brauner Locken aus der Stirn gebunden hat, könnte man sie für ein Top-Modell von Yves St.Laurent oder dem römischen Couturier Valentino halten.

Sie ist ungeschminkt. Ich bemerke es erst, als sie mich bittet, Make-up auflegen zu dürfen vor dem Interview. Sie sagt es stockend, ihre Stimme will nicht zu ihr passen. Der Ton »scheppert« und überschlägt sich im Diskant, wie bei Jungen, die im Stimmbruch sind.

Schminke oder nicht Schminke – da gibt es für mich keine Frage. Bei der Modellierkunst römischer Visagisten müßten wir wohl eine geschlagene Stunde warten. Dazu fehlt mir die Lust, außerdem bekämen wir Lichtprobleme . . . also ziehe ich sie einfach von ihren Managern fort vor unsere Kamera.

Wie ein kleines Mädchen läßt sie es geschehen. Sie erzählt von ihren letzten Filmen und daß sie zur Zeit in der imposanten Kulisse des Kolosseums bei einer italienisch-russischen Gemeinschaftsproduktion mitwirkt. Die Geschichte der Arktisexpedition des italienischen Generals Nobile wird verfilmt. Morgen geht es weiter nach Moskau.

»Ich mag nicht daran denken. Der Abschied von Rom fällt mir immer schwer. Sehen Sie, ich habe eine Gänsehaut, wenn ich an den russischen Winter denke!«

Nun ja, hier in Rom ist es im Augenblick auch nicht gerade warm.

»Ich mußte bei Außenaufnahmen barfuß durch tiefen Schnee waten, bei Temperaturen um 20 Grad unter Null. Seit damals weiß ich, was Kälte ist.« Sie kreuzt die Arme über der Brust und trippelt auf den Zehenspitzen hin und her.

»Für die Frostbeulen kam die Versicherung nicht auf«, gickst sie. Ich blicke auf die überschmalen spitzen Stiefeletten, die sie trägt. Ganz so schlimm kann es nicht gewesen sein.

Claudia Cardinale tanzt plötzlich ein paar Schritte nach rechts, die

Kamera kann ihr kaum folgen, hüpft dann auf einen Gesteinsbrocken, breitet theatralisch die Arme aus ...

»Ich hätte gern in der Antike gelebt. Solange das Kolosseum steht, wird Rom stehen. Wenn das Kolosseum fällt, fällt Rom, wenn Rom fällt, fällt die Welt. Huhuuuuuu ...« ein Echo kommt zurück.

Sie faltet die Hände zum Trichter: »Huuuuuuh ...« und noch einmal, weil's so schön war. Kommt daher der Stimmdefekt?

Sie amüsiert sich königlich über mein verblüfftes Gesicht.

Übertreibt sie gern? Ja, es kommt darauf an, wann, wie und wo.

»Manchmal macht es mir Vergnügen, die Leute zu schockieren.«

Ein Beispiel? Es fällt ihr nichts ein. Aber mir.

Jene Papstaudienz, eine jährliche Einrichtung für Künstler, bei der man in streng vorgeschriebener Kleidung zu erscheinen hat – Damen verschleiert, lang, in Schwarz –, bei der Claudia Cardinale sich einen unverzeihlichen Fehltritt leistete. Ihr Rock endete zwei Handbreit überm Knie. Was Courrèges in Paris und Mary Quant in London gerade eben auf den Markt gebracht hatten, trug sie als erste Römerin gleich vor den Heiligen Stuhl. Es war ein viel und lang besprochener Skandal in der Gesellschaftsgeschichte der Ewigen Stadt. War es ein Reklamegag? Ich muß an Luccherini denken.

Die in Tunis geborene Wahlrömerin lächelt wie für Zahnpasta.

»Es hat mir nicht geschadet.«

»Beruflich oder privat?«

»Wie meinen Sie das?«

Ich meine gar nichts. Ich weiß, daß sie verheiratet ist mit dem millionenschweren Signor Cristaldi. Genausogut hätte ich fragen können, ob sie glücklich ist.

Habe ich unbewußt einen wunden Punkt berührt?

Claudia wird der Antwort enthoben. Einer ihrer Betreuer unterbricht unser Gespräch. Die für das Interview eingeräumte Zeit ist um. Diese Leute kommen immer im »richtigen« Augenblick!

Ob er das Tonband hören kann?

»Natürlich, gern«, antworte ich. Und denke: natürlich nicht gern. Was soll die Kontrolle?

Später erfahre ich, daß er den Auftrag hat, Claudias Stimme zu kontrollieren. Bei jedem unschönen, heiseren Ton seines Schützlings zuckt er ein wenig zusammen. Er zählt die Stellen. Note: Gerade noch erträglich. Gut. Erledigt.

Die deutschen Fernsehzuschauer hatten die Ehre, C.C. so zu hören, wie sie wirklich spricht.

Rosafarbene Borsten am Fußabstreifer, in der Mitte ein großes verschnörkeltes E. In den Milchglasscheiben der Mahagonitür ... ein E. Auf dem Klingelknopf: E. für Emilio.

Ein Zerberus im rosa Arbeitskittel stürzt sich auf mich. Wer bin ich? Was will ich? Den Meister persönlich? Ausgeschlossen.

Angemeldet? Ach so... »Mariaaa!«

Eine große, dunkle Schöne erscheint. Anfang Dreißig oder mehr. Schlank, 1 Meter 75.

»I bin d' Maria, Schuberths Starmannequin. Grüß Gott. Sie san vom Fernsehen, ned?« Geburtsland unverkennbar Österreich, irgendwo zwischen Villach und Klagenfurt.

»Wartens a bisserl im Salon, bittschön gnä' Frau.«

Altrosa, wie zu erwarten. Der Bodenbelag ist abgetreten, die Seide der Fauteuils verschlissen. Glasperlenumrankte Arm- und Deckenleuchter, ovale Spiegel und zwischen Samtportieren über einem kleinen Sofa Emilio Schuberth, lebensgroß als Torrero, in Öl gemalt.

»Nehmens Platz!« Maria ist wieder da.

»Danke, ich stehe ganz gern.«

»Naa, i bitt' Sie, nehmens Platz!«

Ich richte mich auf Wartezeit ein. Plumps. Die Knie reichen mir bis zum Hals. Ich mag diese weichen Sessel nicht leiden, in denen man wie in einem Sumpf versinkt. Kaum habe ich Rock und Beine einigermaßen schicklich arrangiert, erscheint im kamelhaarigen Morgenrock der Ungekrönte, um dessen Gunst noch vor einem Jahrzehnt die Reichen und die Schönen buhlten. Nun ist mir klar, warum ich sitze. Er mißt nicht viel mehr als eineinhalb Meter. Das Gesicht ist lang und faltenreich, sorgfältig gepudert, mit einem Hauch Rouge auf den Wangen, das schüttere Haar kunstvoll über die Schädelblöße gekämmt. Einen Fuß leicht vor dem anderen, mustert er mich aus angemessener Entfernung ... und eilt dann mit überschwenglichen Gesten auf mich zu.

Das Bemerkenswerte an Emil Schubert sind nicht die beigefügten Namensendungen Emil-io, io, das italienische Ich, und Schubert mit h, im Gegensatz zu Franz, dem Tonsetzer aus Wien, den der Meister von Nadel und Schere übrigens nicht so schätzt wie Wagner und Berlioz, nein, bemerkenswert sind seine Hände. Runzelig, das sind manch älterer Herren Handrücken auch. Brillanten und Rubine, vielleicht nicht in der Größe, funkeln bei diesem oder jenem. Aber Nägel, abgesehen von dem dezentrosa Lack, Nägel in zwei Zentimeter Länge, am kleinen Finger sogar zweieinhalb, wer kann das als Mann schon sein eigen nennen? Wer kann es sich leisten?

Er spricht leise, tief, sucht ab und zu nach einem Wort, wie man das macht, wenn man eine Fremdsprache nicht perfekt beherrscht. »Mit Deutsch tut er sich a bisserl herb«, hatte mir Maria vorsorglich zugeflüstert.

Soll ich ihn fragen, wo seine Wiege stand? Bei Dresden oder Zwickau oder sonst im Sachsenland? Aah, er ist in Perugia aufgewachsen? Ja, und da träumte er, Kleider für Fürstinnen, Königinnen, Kaiserinnen zu entwerfen. Ein reicher römischer Gönner erkannte sein Talent. Und von da an öffneten sich dem Jüngling Villen, Paläste und Clubs.

Der Maestro wird ans Telefon gerufen. Leider hat er heute wenig, morgen viel Zeit. Hoffentlich kann ich ihm verzeihen! Wir verabreden uns für den nächsten Nachmittag.

16 Uhr. Am kleinen See im Park der Villa Borghese. Auf der anderen Seite steht der Tempel des Äskulap. Das ist unser Ziel.

Emilio Schuberth, der sie alle in Dessous gesehen hat... er zählt mit dem rechten Daumennagel an den Fingern der Linken: Soraya, die Lollobrigida, Paola von Belgien, die Königin von Griechenland, die Königin von Thailand – eine lange Liste weiblicher Prominenz . . . er rudert mich in einem wackeligen Kahn über den künstlich angelegten Teich.

»Die Wasser ist tief hier, angstigen Sie sich nicht. Schuberth ist bei Ihnen.«

Was denkt er über die Mode?

»Ach, das wechselt. Mode geht rauf und runter. Ich habe das erlebt oft und oft. Eine wirkliche Dame schaut nicht auf Mode, wenn es ihr nicht steht.«

Waren seine exklusiven Kundinnen schwierig?

»So und so. Viel öfter waren ich schwierig. Ein echter Künstler hat Launen. Einmal kam Gina Lollobrigida und sagte ›Maestro, ein Abendkleid, ein Traum von Abendkleid muß ich haben.‹ Gern, sagte ich. Kommen Sie übermorgen zum Stoffaussuchen. ›Übermorgen? Morgen Abend brauche ich es!‹ Aber Gnädigste, das kann nicht mal ein Zauberer. Sie wirft mir Schmuck auf den Tisch. ›Alles, nehmen Sie. Geben Sie mir Ihre schönste Idee für mich.‹«

»Und? Haben Sie es geschafft?«

»Nein, nein. Alles handgenäht und mit Stickerei. Ich bin doch nicht verruckt. Sie ist trotzdem treu geblieben. Eine wunderbare Frau.« Das Boot stößt unsanft ans Ufer.

Kavalier Schuberth hilft mir über die Planken und führt mich zu einer Bank im Schatten.

Was ist das für ein Parfüm, nach dem er duftet?

Er tritt einen Schritt zurück, betrachtet mich verzückt. Die Augen nach oben gerichtet, drückt er die Hände gegeneinander wie zum Gebet, haucht es nur: »Schuberth.«

Der kleine alte Mann und die Vergangenheit.

Gesten und Tonfall erinnern an große Zeiten, in denen er Gast bei gekrönten Häuptern war und selber Hof hielt im hermelinverbrämten Samtmantel, von sechs weißen Pudeln und einem Schwarm Bewunderer umgeben. Weiß er, daß sein Stil, seine prunkvollen Roben passé sind? Wenn nicht, wer sagt es ihm? Seine »Freunde«? Sie haben ihn verlassen, noch ehe der Modezar ganz aus der Mode war. Die Hyänen der Gesellschaft wittern meilenweit das tödliche »out«. Mit untrüglichem Spürsinn setzen sie auf den neuen Favoriten.

Schuberth ist einsam, unwirsch. Böse auf die anderen, die Jungen.

Was war das Schönste in seinem Leben?

Sein Rücken strafft sich, selbstsicher, wie er wohl früher eine Falte, eine Passe, einen Ärmelansatz diktierte, formt der flache Mund zwei Worte: »Die Leben!«

Frühaufstehen lohnt sich in Rom, besonders im März oder April. Und im Oktober. An durchsichtigen Tagen hält manchmal eine Glückssekunde lang die Zeit den Atem an. Silenzio! Das Firmament ertrinkt in

Blau. Kirchen-, Brunnen-, Brücken-Silhouetten dehnen sich in unermeßliche Weite, Häuser verwandeln ihr eckiges Gesicht.

Die Ewige Stadt kann wie eine Droge sein, manchmal . . . und für einen Augenblick. Verliebte, Künstler, Archäologen werden es bestätigen. Mich überfiel das Blitzgefühl nach einer durchwachten Nacht, hoch über Rom in einer mehrstöckigen Villa auf dem Gianicolo, an die Brüstung eines Steingeländers gelehnt, zwischen wohligem Vor-mich-hindösen und dem Warten auf Kaffee.

Eine kalte Hundeschnauze in der Kniekehle beendet meinen »Trip«. Sanft legt sich eine weiche Hand um meinen Ellenbogen.

»Ein Cappucino gefällig?« Italiens Busen-Nachwuchsstar hat eine Stimme wie ein Vögelchen. »Frühstücken wir im Ankleideraum? Die Sonne scheint so schön hinein.«

Der klägliche Rest der Party-Gäste hockt bereits auf Kissen am Boden. Maria Grazia Bucella, unsere Gastgeberin, mimt die Unschuld vom Lande. Dabei hat sie es faustdick hinter den Ohren. Nicht wegen der Sonnenstrahlen allein hat sie uns in diesen Raum gelockt. Er ist tapeziert mit faunischen Skizzen und lebensgroßen Fotos ihrer selbst. Nackt, das versteht sich. Aus ihrem jüngsten Film »Wohin gehst Du ganz nackt?« nach einer Komödie von Feydeau. Maria Grazia auf dem Rücken, auf dem Bauch, stets mit naivem Augenaufschlag.

Den praktiziert sie auch im Moment. In durchsichtigem Batist, mit nichts darunter als ihrer eigenen Haut, weil eigentlich Schlafenszeit ist, denn sie steht nie vor 12 Uhr mittags auf . . . kredenzt sie Kaffee und Honigtoast. Anschließend schmauchen wir aus einer Wasserpfeife. Die Herren finden das sehr originell.

Wie alle römischen Partykätzchen kennt sie sich aus im Unterhalten. Sie überrascht mit einem Puzzlespiel aus Sofakissen, auf denen in fleischfarbenem Chintz Teile ihres Körpers prangen. Man wirft die Polster durcheinander und ein Gast – Freiwillige vor! – muß im Wettlauf mit dem Sekundenzeiger die anatomische Reihenfolge finden. Orlando, Maria Grazias Favorit der vergangenen Nacht, schafft es in genau eineinhalb Minuten. Wir beklatschen das Porträt, das Maria Grazia in der Bauchlage zeigt.

Unsere, von männlicher Seite sicher echte, Begeisterung bringt das Sexbömbchen zur Explosion. Sie stößt einen hellen Schrei des Entzückens aus, rafft mit Verve den Batist, und ordnet ihre blanken Gliedmassen, wie auf den Kissen abgebildet.

Was hat sie noch zu bieten?

»Ich singe auch. Man hat sogar eine Schallplatte gemacht. Soll ich sie vorspielen?«

Natürlich soll sie, wollen die Männer. Sie hoffen auf den Genuß der Grazien-Vorderfront. Aber im Aufstehen packt die Sammetpfötige ihr Maskottchen, den ihr vor Jahren zugelaufenen, hinkenden Pudel Letta, und hält ihn so vor sich, daß ihre Attraktionen im Verborgenen bleiben.

Nach fünf Minuten werden wir in den Salon gebeten. Signorina trägt jetzt ein Tüll-Negligé, und über Stereo verbreitet sich ihre Sangeskunst. Sie kommt auf mich zu: »Mögen Sie es?«

»Ja, es klingt nicht schlecht.«

Lächelnd, ein wenig verlegen . . . wenn das gespielt ist, wird sie es als Filmdarstellerin noch zu etwas bringen . . . packt sie Letta und gibt mir den strampelnden Hund in die Arme.

»Ich liebe München und Berlin. Ich habe dort viel getrunken, mich unterhalten und getanzt wie eine Verrückte. Leider spreche ich nur ein paar Worte deutsch: ›Ich habe German in der Schule gelernt‹« . . . sie bläst ihre Wangen voll Luft und patscht sie mit beiden Händen prustend heraus.

Man muß sie loben.

Wieviele Kunststücke mag sie wohl auf Lager haben, einen Mann um den Finger zu wickeln?

Vittorio Gassmann, einer ihrer Partner in dem besagten Nackedei-Film, hat seine eigene Meinung über den Oberweiten-Star: »Sie ist wie ein mit Samt und Seide ausgeschlagener Korridor. Bedauerlicherweise halte ich mich aus Prinzip nur in Zimmern auf.«

Primavera. Der Frühling läßt Antonella Lualdi ratlos vor überfüllten Kleiderschränken stehen. Sie hat ein sehr weibliches Problem: 6 Kilogramm Übergewicht.

»Nichts paßt mehr. An Röcken und Hosen fehlen Zentimeter!« Verzweifelt beißt sie in ein trockenes Brötchen: »Heute ist der dritte Tag der Fastenkur. Die Brösel stauben mir schon aus den Ohren.«

Antonella Lualdi zieht die ärmellose Strickweste über der Seidenbluse zusammen – ich schätze Oberweite 100 – , verschränkt die Arme, schmunzelt: »Meine Töchter haben die Überpfunde auf dem Gewissen. Sie verleiten mich zum Naschen. Die beiden schließen Wetten ab, ob ich schwach werde oder nicht. Nun kommt schon herein!«

Ein schlaksiger Teenager erscheint. Was, schon 13 Jahre?

»Mhm. Und die Kleine ist neun.«

Filmschauspielerin und Hausfrau, kann man beides sein?

»Wenn Kinder da sind, gibt es Schwierigkeiten. Ich erinnere mich mit Schrecken an die Zeit, als sie klein waren. Soll ich sie zu Hause lassen, soll ich nicht, das war vor jeder Auslandsreise neu zu entscheiden. Meistens habe ich sie mitgenommen. Wir fuhren dann wie in einer Karawane: meine Mutter, ich, die Kinder und das Kindermädchen. Es hat jedesmal ein kleines Vermögen gekostet. Aber ...« Signora Lualdi, verheiratete Interlenghi, klatscht sich mit der brillantenbestückten Linken temperamentvoll auf den Schenkel... »Geld ist zum Ausgeben da. Aus Antiquitäten oder teuren Kleidern mache ich mir nichts. So haben die Gören halb Europa bereist. Meine kleinen Zigeunerinnen.«

»Glauben Sie, daß Ihre Kinder sich erinnern können?«

»Die Große bestimmt. Für mich war wichtig, daß sie nicht ohne Mutterliebe aufwuchsen. Kleinkinder brauchen viel Zärtlichkeit. Das macht groß und stark.«

Antonella zieht ihre Stirn schmerzlich in Falten und dann mit einem gemurmelten »Entschuldigen Sie« die attraktiven goldenen Kugelgehänge vom Ohrläppchen, rechts wie links. Sie lacht gern und viel. Zweiunddreißig makellose Zähne blitzen.

»Himmel, was bin ich für eine Hausfrau. Sie mögen Zabaione, das sehe ich Ihnen an.«

»Nein, vielen Dank.«

Leicht verwirrt sucht ihr Blick Enthaltsamkeit an mir zu entdecken. Eine kleine Prozession aus der Küche klärt die Situation. Die Haushälterin serviert in Kristallschalen den besprochenen warmen Eierpunsch, das Kindermädchen eine Karaffe Weißwein, die Töchter bringen Gläser, Tischdecke und Servietten.

»Ich hoffe, Sie entspannen sich ein bißchen. Wir haben dieses Zuhause erst vor kurzem gekauft und da fehlt noch so manches. Sitzen Sie bequem? Sie trinken doch ein Glas Weißwein mit mir? Das gehört zu meiner Kur.«

Klaus Kinsky und Geneviève aus Vietnam vor einem seiner Rolls Royce.

»Trippelstunde« für Damen der römischen Gesellschaft. Pino Lancetti brachte ihnen Anmut in langen Kleidern bei.

»Gina Nazionale« zeigt dem deutschen Fernsehteam die Trümmer ihres Unfallwagens.

Die schöne Veruschka beim Interview. Freund Franco Rubartelli nahm übel.

Alle Römer lieben Isabella. Bei Fernsehaufnahmen knipst die Biagini auch selbst gern mal.

Zigeunerkinder ziehen sich erst von der Szene zurück, wenn sie genügend Lire ergattert haben.

Meine Pupillen spiegeln gelben Schaum. Die feinfühlige Antonella folgt meinem Blick: »Zabaione stärkt Muskeln und Willen, hat meine Großmutter immer gesagt.«

Gut. Gut. Wir lachen. Ich gebe mich durchschaut. Süßigkeiten sind tatsächlich eine Schwäche von mir. Mit Genuß verspeise ich das italienische National-Dessert, meine Portion und die von Antonella. Wenn es um anderer Leute Schlankheit geht, bin ich hart.

Filmpläne? Nichts bestimmtes. Vielleicht Fernsehen. Die erste Fernsehrolle als hinterhältige Lady in der deutsch-französisch-italienischen Co-Produktion »D'Artagnan« hat ihr viel Spaß gemacht.

»Im Augenblick beschäftigen mich andere Dinge. Ich hatte eine Fehlgeburt vor ein paar Monaten. Wahrscheinlich der Grund für die Fettpolster um Taille und Hüften. Ich muß mich operieren lassen, meint der Arzt.« Antonella schüttelt sich. »Ich habe Angst. Aber was hilft's. Der Doktor hat mir eine Frist gesetzt. Bald.«

Leise fügt sie hinzu: »Ich will noch Kinder haben.«

Und dann die Schauspielerei aufgeben?

»Nein, warum? Es sind ja genug ›Kinderschwestern‹ hier.«

Die Neunjährige schmiegt sich an ihre Mutter. Sie ist ihr wie aus dem Gesicht geschnitten. »Du bleibst trotzdem meine Liebste.«

Das hört Tochter Nr. 1, der Backfisch, und kauert sich vor Mamma hin, reibt den Kopf an ihren Knien . . . »und du bist meine Beste.«

Signora Lualdi zwinkert ein paarmal herüber zu mir: »So wahre ich den Proporz.«

Sexbombe. Mutter. Superfrau. Die italienische Filmgeschichte hat das Idealbild der Römerin erfolgreich kreiert: Die Magnani, die Loren, Lollobrigida, Mangano, Pampanini und wie sie alle heißen.

Busen, Bauch und breite Becken. Barocke Bilder überall. Die Kuppel des Petersdoms, das Rund der Engelsburg, die Wölbungen der Berninibrunnen, die satten Gestalten Michelangelos, Orangen, Melonen, sanfte Hügel.

Rom ist eine weibliche Stadt.

Und Adam?

Der römische Adam läßt sich noch immer gern Lorbeeren um die Stirne kränzen. Dolce far niente heißt sein Lieblingswort. Das Temperament geht täglich mit ihm durch. Auf seiner macchina, dem Auto oder Motorrad, veranstaltet er den Lärm, ohne den er nicht existieren kann: Hupen, Gasgeben, Schreien, Toben . . .

Eva hat keine Rechte. Aber sie hat Pelzmäntel, Brillanten und Kinder. Und – sie ist allgegenwärtig. Immer und überall ist irgendwann von ihr die Rede. Mamma hat gesagt . . . Mamma muß gefragt werden . . . Mamma führt das Regiment. In Mammas Schoß weint man sich aus. Mamma mia.

# Paris

Ich mag Paris bei Regen. Wenn der Westwind die Springbrunnen am Rond Point über Autokolonnen und Gehsteige peitscht, einem die Worte vom Munde reißt, die Kleider beutelt, die Haare zerfetzt... dann die Champs-Elysées sich hochkämpfen, an den Boulevardcafés und den großen Kinos vorbei... Atem holen in der Passage des Lido, eine Weile in Boutiquen stöbern... und weiter ziehen in Richtung Arc de Triomphe... beim letzten Fußgängerüberweg die breite Straße überqueren, im Drugstore eine wärmende Schokolade trinken, Zeitungen kaufen, neue Schallplatten hören...

Ich mag Paris bei Regen. Man kann immer etwas mit sich und der Stadt anfangen. Ein Schlechtwettersonntag in Rom dagegen erzeugt Selbstmitleid. Wind peitscht die Palmen, monoton plätschert überschüssiges Dachrinnenwasser auf den Balkon. Das Ocker der Nachbarvillen ist grau. Das Telefon schrillt, ein Funken Hoffnung springt auf: Ja?

Anna.

Ob ich was...?

Gern. In einer Stunde. Bis dann.

Eine Einladung, eine Erlösung.

Pariser Regen züchtet keine Einsamkeitskomplexe, hat nicht das Trostlose, das Düstere, das Endlose solcher Tage von London im Schlepptau.

Und natürlich mag ich Paris bei Sonnenschein... außer im Monat August. Das ist dann das Paris, das die Touristen kennen: Denkmäler, Brücken, Plätze, Brunnen, der Eiffelturm, die Seine, Montmartre und Montparnasse – ein Paris ohne Pariser. Denn am 14. Juli, dem Nationalfeiertag, beginnt ihr Auszug in gelobte Ferienlande. Spätestens am 1. August prangt an Bistros, Restaurants, Fleischerläden ein unerbittliches »Fermé«. Geschlossen vom 1. – 20. August.

Freilich, der Verkehr fließt nun zügig, Parkplätze bleiben leer. Dennoch: Paris im August gleicht einem verstimmten Klavier, ist fremd und leer und triste. Wer zurückbleiben muß, wird den Schatten der Gärten suchen und abends eine Ausfahrt in den Bois de Boulogne machen, jenes Waldgebiet, das Napoleon III. im 19. Jahrhundert nach dem Vorbild des Hydeparks zu einem öffentlichen Park herrichten ließ. Breite Autostraßen durchqueren die Grünanlage, lauschige Alleen wechseln über in schmale Waldwege, Seen laden zum Bootfahren, Luxusrestaurants zum Verweilen ein.

Meine Freundin Marie-Claire mustert mich fassungslos, als ich ihr vorschlage, der Glut der Mauern zu entfliehen und in einer Waldwirtschaft im Bois zu Abend zu essen, die ich auf einer Spazierfahrt mit Freunden entdeckt hatte.

»Mon dieu! Mit wem bist du in diesem Lokal gewesen?«

»Mit Annabelle und ihrem Mann.«

»Na ja, ich dachte schon...«

»Was?«

»Ah, nichts.«

»Marie-Claire, du weißt, ich kann halbe Andeutungen nicht vertragen!«

Aber sie zuckt nur abwehrend die Achsel.

Man muß, wie überall, auch an der Seine Beziehungen haben. Eine richtige Freundin ist das halbe Paris. Über den Freund einer Freundin dieser Freundin und dessen Freundes Freundin oder Bekannte gelingt es fast immer, die Türen der Hautevolee oder der Demimonde zu sprengen. Halbwelt und Obere Zehntausend sind manchmal verflochten, wie Kette und Schuß, fadenscheinig natürlich. Noch immer spielt die Maitresse eine größere Rolle als die Ehefrau. Man beachte sorgfältig die Änderungen im Liebesleben der Zeitgenossen, um keinen Fauxpas zu begehen.

Also, Marie-Claire will nicht in den Bois de Boulogne.

»Warum? Sag es endlich!«, bohre ich.

»Du bist schrecklich. Über solche Sachen spricht man nicht als Frau.«

Wenn sie hastig an ihrer Zigarette zieht, muß man ihr Zeit geben.

»Laß uns zum Montmartre fahren«, bittet sie, »in die Eckkneipe vor der Place du Tertre, an der Abzweigung nach links, weißt du wo?«

Wir brausen los.

Zwei Evas in einem Kabriolett wirken auch in Paris auf Männer. Das flatternde Blondhaar meiner Beifahrerin zieht wie des Rattenfängers Flöte abenteuerlustige Motorisierte nach. Die letzte Ampel vor der Abzweigung in die Rue Lepic zeigt gelb ... gelb ...rot, als wir gerade passieren. Abgehängt. Marie-Claire schüttelt sich vor Lachen. Wir benehmen uns wie alberne Gänse. Der laue Fahrtwind mit seiner Dusche aus Staub, Benzin und Parfum macht halbtrunken.

Im Restaurant ist noch ein Tisch frei. Der Wirt kommt persönlich: »Beaujolais oder Bordeaux?«

»Bordeaux.«

»Artischocken?«

»Artischocken.«

»Lammkoteletts mit grünen Bohnen?«

Es schmeckt gut bürgerlich. Beim »Baba au rhum«, einem ungeheuer süßen, alkoholgetränkten Biskuit, findet Marie-Claire anscheinend den Aufhänger für die Bois-Geschichte. Hat die Assoziation »Rum« oder »süß« oder die Ringform des Kuchens sie inspiriert? Ich werde mich hüten, sie auf den Arm zu nehmen.

»Du ... das mit dem Bois de Boulogne ... mich wundert es, daß du darüber nichts weißt ...«

Ich bestelle Kaffee und zwei Benedictine, für den Fall, daß es eine längere Geschichte wird.

»Du kennst doch die Längs- und Querstraßen im Bois.«

»Wo? An den Seen?«

»Nein. Ich sagte doch hinter dem Restaurant, wo du essen wolltest. Da kurven sie jeden Abend.«

»Wer? Callgirls?«

Marie-Claire schenkt mir einen mißbilligenden Blick, holt umständlich ein Taschentuch aus dem Lederbeutel, schneuzt sich. Es muß etwas sehr Extremes sein. Sie beugt sich zu mir und raunt hinter vorgehaltener Hand: »Partnertausch. Dreieckspiele.«

»Im Auto? Na, laß sie doch, wenn sie daran Spaß haben!«

Marie-Claire kaut verlegen an ihrer Kleinfingerkuppe.

»Und deshalb soll ich nicht in das Gartenlokal?«

»Das Restaurant ist doch der Schlüssel zum Ganzen. Ist dir, als du dort warst, nicht aufgefallen, wieviele Damen hinkommen? Allein! In Paris geht man als Frau nicht solo in ein Eßlokal, wenn man dort nicht sehr gut bekannt ist.«

»Weiß ich, ich war ja auch nicht allein da.«

»Aber du wolltest mit mir hin. Und abends. Zwei Frauen gelten in solchen Kreisen als eine.«

»Sei mir bitte nicht böse, aber du übertreibst. Verabreden kann man sich überall. Und diese rue d'amour wird schon nicht so ausgefallen sein.«

Sie schluckt beleidigt. »Die Verabredung trifft man nicht offiziell. Im Restaurant sieht man sich um und folgt dann den Leuten, die einem zusagen, zum Auto. Man merkt sich die Nummer des Wagens, es wird kein Wort gewechselt. Auf der bewußten Straße fährt man dann hinter seinem Favoriten her. Bekannte Mitglieder der Gesellschaft verschaffen sich auf diese Weise ihre Privatorgien.«

»Wie verständigen sie sich denn?«

»Sie unterhalten sich per Lichthupe, nach dem System, das der verrückte Baron erfunden haben soll, den ich dir neulich im *Casino de Paris* vorstellte.«

»Und? Wie lauten die Spielregeln?«

»Chérie, ich fahre nachts nicht in den Bois. Den Baron kenne ich so gut auch wieder nicht. Wenn es dich interessiert, kannst du über Hugo, den Mann von Yvonne, etwas in Erfahrung bringen. Von dem habe ich die Geschichte.«

So, so. Marie-Claire und Hugo. Interessant.

Auf der Heimfahrt vom Montmartre in den achten Bezirk mit einem Umweg über den Bois de Boulogne (weil man im Stadtverkehr keine Lichtspielereien machen kann) haben wir uns mit der Zusammenstellung eines Blinkcodes aus Abblend-, Aufblend- und Fernlicht köstlich amüsiert. Zu unserer Ehre sei gesagt, daß wir die »bewußte« Straße mieden.

Die Februarsonne malt mit den kahlen Ästen der Kastanienbäume Buffet-Bilder in die Regenpfützen auf dem ungepflasterten Mittelweg der Tuilerien.

Ein Spaziergang in kalter Luft wirkt Wunder, hatte meine Mutter mir heute früh am Telefon geraten. Sie kennt meine Wehwehchen. Überarbeitung. Nervosität. Tapfer marschiere ich im eisigen Nordost vom Concordeplatz zum kleinen See und die Baumallee entlang. Nach einem Kilometer möchte ich umkehren, aber zurück ist es genauso weit wie bis zur Galerie der Skulpturen im Rund immergrüner Hecken um den Arc de Triomphe du Carrousel, den kleinen Triumphbogen auf der Höhe des Louvre. Der Weg zieht sich hin. Endlich bin ich auf der Straße und biege nach links. Die vergoldete Statue der Jeanne d'Arc glänzt wie frisch geputzt. Ein Mietwagen kommt mir entgegen. Ich winke: »Taxi!«

Soll ich ins Hotel fahren oder doch zum Tee zu Viviane, die so geheimnisvoll von einem Ehrengast in ihrem Cercle redete? Ich fühle mich viel besser. Mama hatte recht, wie immer.

Also: »Avenue Foch, bitte« – trotz der Augenringe. Wimpern nachgetuscht, Lippenstift, Puder... es wird schon gehen.

Die Türglocke stimmt die Marseillaise an, »Allons, enfants...« was jeden Patrioten bewegt, den Rest der Anfangszeile weiterzusingen. Das schafft Stimmung. Es wird geöffnet: langbeinig, kurzberockt, schwarzes Haar bis zu den Schultern... Freundin oder Dienstmädchen? Bei Viviane weiß man nie. Vielleicht beides.

»Komm herein!« Viviane kreischt es aus dem kleinen blauen Salon. »Hierher!«

Mich trifft fast der Schlag. »O Gott, mein müdes Gesicht«, ist alles, was ich denken kann. So etwas kann auch nur mir passieren. Aber der Ehrengast hat sich bereits aus dem von Weiblichkeit umlagerten Sessel erhoben, kommt auf mich zu, schüttelt mir die Hand, daß die Gelenke knacken.

Er fletscht seine Zähne zum amüsierten Grinsen. Fühlt er, wie mir zumute ist? Jean Paul Belmondo, »Bebel«, wie man ihn in Frankreich zärtlich nennt, sagt: »Kommen Sie, trinken wir Calvados, das hilft.« Ein Getränk, das vorhanden sein muß, überall da, wo er ist. Aus einem werden zwei, drei, vier, die folgenden habe ich nicht mehr gezählt. Er trinkt immer einen doppelten, wenn ich noch beim vorletzten bin. Die Aufputschtabletten der letzten Stunden lassen mich leidlich nüchtern bleiben.

Er starrt einer attraktiven Blondine nach in enganliegenden Lederjeans und noch engerem Pullover. »Gefällt Ihnen diese Mode?« frage ich.

»Was Ihr nur immer mit Mode habt. Eva war nackt im Paradies.« Belmondos Rechte beschreibt eine Wellenlinie. Er lehnt sich zurück, streckt die langen Beine in den Raum.

»Ich mag langes Haar.« In Zeitlupe fährt er sich mit dem Daumen über die Oberlippe. »Überhaupt Haariges. Frauen in... oder besser auf Pelzen... das ist erotisch.« Er schnalzt mit der Zunge. »Nackte Frauen, versteht sich.«

Die Mädchenrunde um ihn lacht hysterisch. Gleich schmeißt eine die Bluse fort... Viviane scheucht sie: »Los, los, meine Hühnchen«, zum Tischdecken.

Er, der Häßliche, Faszinierende, blickt treuherzig in die Runde.

»Für mich ist nicht so wichtig, wie eine Frau aussieht...« Aufschneider, wo doch jeder weiß, daß er die Ursula Andress hat »...das hier«, er klopft an die linke Brustseite, »muß sie auf dem rechten Fleck haben. Jeder Mann braucht was für's Herz!«

Noch einen Calvados.

Ist es die undefinierbar braun-grau-blaue Augenfarbe oder der zu große fleischige Mund, was ihm das gewisse »Etwas« verleiht? Er steht auf, dehnt sich. Der saloppe Rollkragenpulli kleidet ihn. Ursula Andress hat ihn handgestrickt. Bemerkenswert.

Jean Paul Belmondo gehört zur Spitzenklasse französischer Stars und damit zur Pariser Hautevolee. Die Oberen Zehntausend der Seinemetropole setzen sich aus Geld- und Show-Adel zusammen, selten nur trifft man Angehörige alter Herrengeschlechter. Frankreichs Aristokraten pflegen keinen Kontakt mit der modernen »in«-Gesellschaft. Sie leben zurückgezogen auf dem Lande oder im vornehmen XVI. Arrondissement der Stadt. Ihre Namen tauchen kaum in den Klatschspalten der internationalen Presse auf, eher in wissenschaftlichen oder Fachzeitschriften. Bestenfalls liest man in den Gazetten, wie die Comtesse de Ribes in der Modenschau-Premiere bei St. Laurent gekleidet war oder daß die Marquise de Vilmorin einen Empfang für Freunde des Hauses Dior auf der Terrasse ihres Schlosses gab, zwischen 18 und 20 Uhr.

Belmondo verbreitet Wärme, Sympathie. Wie er so dasteht mit trägen Lidern... kein Wunder bei dem Konsum an Alkohol... hat er Ähnlichkeit mit einem Bernhardiner.

»Ade, ade, du holde Weiblichkeit...« er schmettert den charmanten Abschiedsgruß auf die Melodie der französischen Nationalhymne.

Vielleicht ist das Ur-Französische das Geheimnis seines Erfolges.

Beinahe wäre ich mit der Herzogin von Windsor zusammengeprallt. Sie kam aus dem Lift bei Alexandre, ihrem Leibfriseur, ich fuhr hinauf. Man munkelt, die Herzogin habe ihn in Cannes seinerzeit entdeckt, als er ihr, noch Assistent, anstelle seines Chefs die Haare kämmen durfte. Er tat dies so zu ihrer Zufriedenheit, daß sie nie wieder einen anderen Haarkünstler aufsuchte und ihm zum Dank das Haus am Faubourg St.Honoré als Präsent zukommen ließ. Aber wer weiß schon bei solchen Geschichten, was wahr ist oder nur der Reklame dient.

Alexandre, so war ausgemacht, sollte mich während des Fernsehinterviews frisieren. Man hört ihn reden und sieht seine Kunst, schlägt also zwei Fliegen mit einer Klappe.

»Zunächst möchte ich Ihren Typ verändern«, sagt der Meister-Figaro und streicht sich sein Menjoubärtchen glatt. »Ich sehe Sie blond.«

Gesagt, getan. Schon habe ich eine ungeschnittene Perücke im Farbton zwischen tizian und wasserstoffsuperoxyd auf dem Kopf. Ich hole Luft, um zu protestieren, lächle aber nur gequält... die Kamera surrt.

Nun beginnt er, assistiert von zwei engelsgleichen Knaben, die ihm jetzt eine andere Schere, dann einen Kamm mit Stiel, einen ohne, eine Klammer reichen müssen, mit dem Schnitt. Aus dem halblangen Zottelhaar schält sich unter Alexandres flinken Händen... die Kamera surrt längst nicht mehr... nach knapp zwei Stunden, ganz recht: zwei Stunden, ein Pagenkopf, halb Jeanne d'Arc, halb Mireille Mathieu heraus. Ich finde mich nicht gerade unansehnlich, aber fremd. Meine Crew ist begeistert.

Alexandre doziert: »Das sind Sie! Emanzipiert, trotzdem weiblich, ich sehe die Peitsche in der Hand, mit der sie Ihre Männer treiben!«

Der Coiffeur empfiehlt mir, die blonde Pracht für den Rest des Tages zu tragen, um mich an das »andere Ich« zu gewöhnen. Die Schaufensterfronten auf dem Nachhauseweg spiegeln eine Unbekannte. Ich spüre Blicke. Vogelscheuche? Blondine? Mannweib? Was ist es, was die andern denken? Obwohl die hundert Nadeln, mit denen mein langes Eigenhaar in winzige Schneckchen aufgerollt ist, unter der Perücke entsetzlich drükken, erprobe ich standhaft noch den ganzen Abend lang das Gefühl des Andersseins.

Tags darauf bringe ich den Fernsehkopf zurück. Monsieur Alexandre, von Liz Taylor nach London gerufen, läßt sich empfehlen und ausrichten, ich könne den blonden Skalp zum halben Preis erwerben, für 1000 Mark.

Ich sage: »Vielen Dank!« Und verzichte auf eine Veränderung meines Typs.

Aller Augen am runden Tisch hängen an ihrem Mund. Eine Nerzkappe verhüllt ihr Haar, ein kleines schwarzes Kleid die schlanke Figur. Als einziger Schmuck schimmert auf Schulterhöhe eine rosa Heckenrose mit grünem Blättergerank, ein Meisterstück Wiener Goldschmiedekunst. Sie ist es gewohnt, Mittelpunkt zu sein: Sissy, die österreichische Film-Kaiserin, alias Romy Schneider, verheiratete Meyen.

Liebt sie die Romantik?

Nein, eigentlich nicht. Das wurde ihr immer angedichtet. Sie ist eher ein sachlicher Typ. Man glaubt es, wenn man sich mit ihr unterhält. Beim Plaudern verblaßt der Schein bloßer mädchenhafter Anmut. Die Ehe mit dem Regisseur Harry Meyen und das Kind aus dieser Verbindung haben sie verändert. Am deutlichsten sichtbar wird diese Metamorphose in den jüngsten Leinwandstreifen mit Alain Delon und Michel Piccoli. Die Pariser Pressekritiker sprechen von Romy Schneiders Weltkarriere.

Ihre grünen Augen glänzen. Ist es der Burgunder oder der Widerschein der Kerzen? Wie ist Romy Schneider privat? Kocht sie eigentlich gern? Nein. Überhaupt nicht. Das einzige, was sie machen kann, ist Zitronencreme, die Lieblingsspeise ihres Mannes. Aber von Zitronencreme kann man nicht leben... wenn also keine Köchin im Haus ist, dann wird es schlimm. Zum Glück kocht ihr Mann ein wenig.

Und ihr Kind?

»Mein kleiner David«, fällt sie sofort ein. Der warme, mütterliche Zug steht ihr gut zu Gesicht. Es gibt hundert Erlebnisse, täglich neue, die sie erzählen könnte. Von Tag zu Tag wird der Junge frecher, er tanzt nach den Beatleplatten... immer nach ein und derselben Melodie... sie und ihr Mann können die Musik schon nicht mehr hören.

»Dann sagt das Kind ›Nervensäge‹ zu uns, wie Kinder in dem Alter das aussprechen, ohne ›r‹ und das ›s‹ mit etwas zu langer Zunge.«

Möchte sie noch mehr Kinder haben?

»Vielleicht noch eins, nicht im Moment, der Beruf geht vor. Später...«

Es ist weit nach Mitternacht, als wir aufbrechen.

»Wir könnten doch zusammen eine Fernsehgeschichte machen?«

»Ja, sicher.«

»Wann?«

»Morgen.«

An jenem Morgen steht bei mir das Telefon nicht still. Romy Schneiders verschiedene Managerinnen wollen dieses nicht und jenes so und einen Batzen Geld. Ich bin drauf und dran, das Interview und den geplanten Modebummel einfach abzusagen.

In dieser Stimmung treffe ich mich mit Romy Schneider, dem Star, zur vereinbarten Zeit. Natürlich ist sie noch nicht fertig. Sie überschaut sofort die Lage, bietet mir einen Kaffee und eine jener Beruhigungstabletten an, die binnen Minuten die berühmte rosarote Brille suggerieren. Alle Achtung, klug ist sie.

Nach einer kleinen Diskussion sind wir uns einig. Bei Yves St.Laurent wartet man auf ihr Erscheinen: die Friseuse, Vendeusen und ein halbes Dutzend Damen ohne Funktion, die Garde für Jet-Set-Kundinnen.

Eine Stunde später ... das Team ist warten gewohnt ... dreht sie sich im dunkelblauen Chiffon-Abendkleid vor unserer Kamera, Wogen durchsichtigen Stoffes um den schlanken Körper.

Was tut sie, daß sie noch immer die Maße einer 17jährigen hat?

»Diät. Ich esse salzlos. Jeden Tag eine Stunde spazierengehen. Viel Schwimmen ... was man so macht, wenn man jung und gesund bleiben will.«

Frau Schneider-Meyen feuchtet ihren Zeigefinger an der Zunge und streicht ein paar Haare glatt. Noch drei Roben finden ihr Gefallen. Ein Patchworkkleid, bunt wie ein Flickerlteppich, ist für die nächste Filmpremiere bestimmt.

Sie ist nicht mehr Sissy, die romantische, unglückliche Kaiserin, sondern eine junge Frau mit Katzenaugen, Perlenzähnen, Bewegungen voll Charme ... freundlich, verbindlich, wohlüberlegt, sachlich ... kühl bis ans Herz hinan.

Heute abend Einladung in die Villa von Monsieur Robinet. Illustre Gäste sind angekündigt. Schon so spät. Ich muß mich beeilen.

Was ziehe ich an? Es muß chic, elegant sein. Overdressed, das mögen die Pariser gar nicht, im Gegensatz zur High Society von Rom.

Die Abendgesellschaft ist schon fast vollständig bei meinem Eintreffen. Der Gastgeber stellt mich vor.

»Ich wollte Sie immer schon kennenlernen...« sie duftet nach Calêche. Ihr Dekolleté zeigt eine makellose Pfirsichhaut, das Gesicht ist das einer Enddreißigerin. Vera Kálmán, die Witwe des Operettenkomponisten, versteht es, wie andere berühmte Ungarinnen, sich zu pflegen, das Altern zu bannen. Die Gabor-Damen, Eva Bartók, Maria Rökk sind Beispiele. Wenn sie, wie an diesem Abend, mit ihrer Tochter erscheint, könnte man die Jahre errechnen. Aber bei der temperamentgeladenen Vera denkt man nicht daran. Die Brillanten an Ohren und Fingern funkeln mit den Zähnen um die Wette.

»Einen Wodka.«

Man beeilt sich, ihr zu Diensten zu sein.

»Auch einen für Sie?« wendet sie sich an mich... »wir müssen plaudern zusammen.« Ihr österreichisch-ungarischer Singsang mit dem harten »R« versetzt Monsieur Robinet in Entzücken.

»Sie müssen sich noch gedulden, Vera. Ich möchte erst die Vorstellung beenden.« Er imitiert ihr Deutsch. Alles lacht, obwohl die Hälfte der Anwesenden unsere Sprache gar nicht versteht.

»Das ist Georgette Plana, unsere Volkssängerin... Riquita, Riquita...« er wiegt sich im Walzerrhythmus.

»Marie France Boyer... das holde Wesen.« Die Schauspielerin ist noch schöner, als ich sie aus der Fernseh-Filmserie »Ich heirate einen Millionär« in Erinnerung habe. Sehr blaß, sehr blond, mit Mona-Lisa-Lächeln. Sie soll gerade ihren dritten Selbstmordversuch hinter sich haben.

»Ihn kennen Sie natürlich, meinen Freund Jean Claude Pascal.«

»Bon soir...«

»Wie geht's? Geht's gut? Es geht«, sagt er in einem Atemzug. Applaus für seinen deutschen Wortschatz.

»Das ist Dieter, mein Adoptivsohn... die Tochter von Vera Kálmán... Monsieur D., Antiquitäten... Monsieur L., Management... Gérard... Antoine... Louis vom Ballett der Oper. Mademoiselle Birgit Bergen... Sie kennen sich?«

»Nein, nicht persönlich. Wie hieß doch Ihr Film, ›Nackt wie Gott sie schuf‹ oder so?«

Langmähnig, in hautengen Hosen aus schwarzem Satin, flötet sie:

»Fabelhaft. Ich habe alle meine Filmtitel schon wieder vergessen.« Bei jeder Bewegung zeigt sie in der fast bis zum Hosenbund geöffneten Bluse einen makellosen Busen vom Ansatz bis zur Spitze. Und sie bewegt sich oft. Sie muß es geübt haben vor dem Spiegel, so geschickt verhüllt und enthüllt sie sich.

»Und hier... pardon, Paul Louis...« der so Angesprochene ist graumeliert, hat ein hageres, verlebtes Gesicht, schwer zu schätzen... er kann 50, aber auch schon 60 Jahre alt sein. Er beobachtet intensiv, die dunkle Hornbrille nervös auf der Nase rückend, Birgit Bergens Bewegungskünste.

»Cher ami...« Monsieur Robinet klopft ihm auf die Schulter.

»Je suis désolé...« der Mann springt auf und macht sich mit »Paul Louis Weiller« und einer Verbeugung bekannt. Er braucht sich nicht zu entschuldigen. Alle Welt weiß, daß der Milliardär als wahrer Kunstmäzen seit Jahren fördert, was blond und sexy ist.

Vera Kálmán gesellt sich zu uns. Sie ist zwischen New York und Rom nur kurz an der Seine, um über Musical-Weltrechte zu verhandeln. »Sie müssen sich demnächst ein paar Tage aussparen, damit man sich in St. Moritz, in Megève oder in St. Tropez mal trifft.«

Ohne Antwort abzuwarten, schleppt sie mich aufs Sofa, wo schon Birgit Bergen sitzt. »Was, du gehst jetzt mit ihm? Er ist ganz passabel, ich kenn' ihn ja gut von früher...«

»Von wo?«

»Von Amerika oder... warte... nein, ich weiß nicht mehr... wollen wir ihn fragen?«

»Nein, laß... bitte... erzähl' mir lieber...« Zwangsläufig belausche ich Reminiszenzen an Intimitäten.

Dazwischen noch einen Wodka. Und noch einen. Den wievielten? Vera Kálmán hat eine beneidenswerte Natur.

»Wissen Sie, daß Pascal eben zum elegantesten Mann Frankreichs gekürt wurde?« wendet sie sich nach einer Weile wieder an mich. »Kommen Sie, wir gratulieren ihm.«

Auf der Suche nach Jean Claude Pascal erfreue ich mich an Möbeln von Seltenheitswert, indirekt beleuchteten wertvollen Gemälden, Vasen, Teppichen. Es ist die Wohnung eines Kunstkenners. Im vorderen Kabinett intoniert die Kálmántochter am Flügel Vaters Melodien. Die Herren vom

Ballett summen mit. Ein bißchen zu hoch, ein wenig zu tief. Das absolute Gehör scheint keiner zu besitzen. Jean Claude Pascal hört lächelnd zu. Durchdringendes Geklingel an der Wohnungstür beendet den disharmonischen Chorgesang.

Der Begleiter von Marie France Boyer, der das Rennen zur Tür gewonnen hat, verkündet als Herold durch die Räume: »Sie ist da. Sie kommt! Die Sonne geht auf!«

Hausherr und Trabanten stürmen in den Vorraum, um den Star des Abends hereinzugeleiten: Regine, die Pariser Königin der Nacht, die Gesellschaftslokomotive, die vielbegehrte Partylöwin.

Ich bin ihr schon öfter begegnet. Das erste Mal in der Privatwohnung, die sie sich über ihrem Nachtklub *New Jimmy's* am Montparnasse eingerichtet hat, mit viel Plüsch, Jugendstil, modernen Bildern und Kleinkram, einem auf ihre schillernde Persönlichkeit abgestimmten Durcheinander. Und dann natürlich in ihrem Club. Der Club hat Nischen, rote Polster, eine Tanzfläche wie andere auch, es gibt im Souterrain noch einen intimeren zweiten runden Raum mit Jugendstilornamenten. Nicht die Aufmachung, Regine hat dieses Nacht-Etablissement bekannt gemacht. Die Stimmung . . . falls man eingelassen wird! . . . ist großartig. Nur die Spaghetti, die man um 5 Uhr morgens bekommt, sind nicht zu empfehlen.

Manche sagen, Regine sei primitiv, sie käme aus der Gosse, habe als Straßenmädchen Geld verdient. Wie auch immer, ich lernte in ihr eine urwüchsige, gescheite Frau kennen. Bei einem Interview habe ich sie gefragt, wie sie erfolgreich wurde. Sie wollte das Geheimnis nicht verraten. Bei ihr entscheide Sympathie auf den ersten Blick. Sie sei ein Skorpion.

Ihr Auftritt ist, wo immer sie erscheint, mit Eklat verbunden: »Halloooo!! Regine!« Im durchgehend geschnittenen roten Hosenanzug von Dior mit Straußenfedern als Halskrause verteilt sie Handküsse, läßt sich umarmen, verbreitet eine gelöste Atmosphäre. Gleich hat sie eine Harlekinade parat.

»O, Monsieur Robinet, ich bin enttäuscht. Ich dachte, Sie veranstalten einen Ihrer charmanten Herrenabende. Darum komme ich in Hosen.«

Wahre Lachsalven zittern durch die Räume. Wie wenig man doch in Jet-Set-Kreisen zur Fröhlichkeit braucht. Regine übernimmt die Regie.

»Alle Damen in den Salon«, befiehlt sie. »Die Herren bitte ans Buffet, Schürzen umgebunden und servieren!«

Abendgesellschaft bei Monsieur Robinet: Jean Claude Pascal mit der Tochter von Emmerich Kálmán.

Chez Dior . . . ein Name, der immer noch Inbegriff der Pariser Haute Couture ist.

Alain Delon, der Schwierige. Allen widrigen Umständen zum Trotz kam ein Interview zustande.

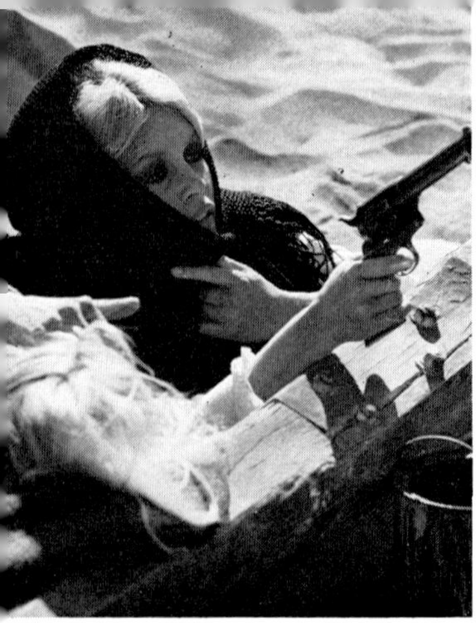

B. B. litt tapfer und revolverbewehrt für Filmaufnahmen. Bei glühender Hitze kein Vergnügen, sondern harte Arbeit.

Auch Margret Dünser mußte leiden und lächeln. Paco Rabanne bestand darauf, ihr einen seiner kühnen Kettenhelme anzuprobieren.

Regisseur Edgar von Heeringen (links) läßt den Kamera-Rundkurs für Esther Ofarim (Mitte) umbauen. Pause in der Arbeit.

Vera Kálmán ist entzückt: »So aufmerksame Ober gibt es nicht in feinste Hotel!!«

Um Mitternacht... Sachertorte, eigens aus Wien eingeflogen, und Mokka beenden die lukullischen Genüsse... werden die Herren in Gnaden entlassen. Sie ziehen sich in einen anderen Trakt der großen Wohnung zurück. Wir Evas bleiben unter uns, haben unseren Spaß am Damenkränzchen.

Erst an der Grenze zwischen Nacht und Tag finden sich die Rosaroten, wie die Upper ten an der Seine das Weibliche nennen, und die Himmelblauen, die Herren, zum Champagner wieder zusammen, den an diesem Morgen Regine in ihrem Club kredenzt.

Im Französischen reimt sich toujour auf l'amour, auf Paris, die Stadt der Liebe... »Paris by night«... Moulin rouge... Pigalle... In Paris kann man in Sachen Liebe so ziemlich alles kaufen.

Angefangen von Pornoheftchen und delikaten Dessous bis zum livrierten Hotelportier, der diskret zwischen Nacht und Morgen die geheimen Wünsche der Gäste mit Adressen befriedigt, verdient eine Großindustrie Millionen an der Lust, sprich Dummheit der Leute. Wer nicht Bescheid weiß, wird geneppt. Unzählige nach Paris reisende Männer, die in Sex-Lokalen das große Abenteuer wittern, gewinnen die Erfahrung: außer Spesen nichts gewesen!

»Noch einen Schluck Champagner?« Monsieur B., seines Zeichens Manager von Sängern, hat mich »zwecks Information« zu seinem Spezialbummel durch das nächtliche Paris eingeladen.

Die Tour beginnt mit einem Essen im *Coup d'chou.* Stil 18. Jahrhundert, Cembalomusik, ausgezeichnete Gerichte, von charmanten jungen Männern gekocht und serviert. Bei *Michou* am Montmartre trinken wir den Hauscocktail und betrachten das Transvestitenprogramm, gelungene Persiflagen auf Mireille Mathieu, Nana Mouskouri, die Callas. Dann schauen wir kurz bei *Madame Arthur* herein. Im nächsten Lokal, einer Diskothek mit Tanz, nahe der Madeleine, erhalten wir »Begleitung«. Sie will auch etwas zu trinken. Einen Cocktail. Na gut. Kaum steht er vor ihr, macht die »Dame« eine ungeschickte Bewegung, der Cocktail ergießt sich über den Tisch. Eine neue Tischdecke, ein neuer Drink. Sie unterhält sich angeregt ... bums, noch einmal der Spaß. Sie will mit mir tanzen. Ich lehne ab. Der dritte Cocktail rinnt zur Hälfte über Monsieur B.'s Hosenbein. Die Rechnung ist erklecklich. Monsieur B. läßt die Geschäftsführerin kommen und rät ihr, bessere Animier-Methoden einzuführen. Wir brauchen die Getränke nicht zu zahlen, Monsieur B. ist zu bekannt.

Was, frage ich mich, macht ein der Sprache unkundiger Tourist in solcher Lage?

Nächste Station: Montparnasse, ein Club »privée«. Man klopft an die Tür, wird durch ein Guckloch beäugt und eingelassen. Oder auch nicht. Bei manchen Nachtlokalen dieser Art muß man persönlich bekannt sein oder eine schriftliche Empfehlung, die Visitenkarte eines Prominenten beispielsweise, vorweisen als »Sesam öffne dich«.

Monsieur B. prostet mir zu. »Die Leute wollen etwas Außergewöhnliches erleben.«

»Findet man das in Paris?«

»Gegen Hamburg sind wir ein wenig rückständig, das gebe ich zu.«

»Wie managen Sie Ihre Stars?«

Er forscht in meinen Augen. Das diffuse Licht kommt mir zustatten. Vermutet er, ich könnte Gerüchte kennen? Kollegen, die auf seinen Erfolg eifersüchtig sind, behaupten, er besitze profunde Kenntnisse über Nacht-Etablissements aus früheren Zeiten, als er zwischen Montmartre und Pigalle einige gut gewachsene Blondinen im Außendienst beschäftigte.

»Ich habe meine eigene Methode. Man muß den jungen Talenten vor allem die Befangenheit nehmen, vor der Bühne, vor dem Fernsehen, vor der großen Welt. Ich manage lieber Mädchen als Burschen. Sie sind leichter zu führen. Sie erhalten eine Gesangsausbildung, aber eine ebenso gründliche Unterweisung im Umgang mit Luxus. Ich bringe sie vorübergehend in einer elegant eingerichteten Wohnung unter. Kleider, Pelze, Schmuck, Sex ... alles wichtige Dinge für eine Karriere.«

»Lohnt es sich? Es kann doch vorkommen, daß der Erfolg ausbleibt?«

Er tippt sich an die Nase: »Ich ziehe keine Nieten!«

Anders herum gefragt: »Wenn eines Ihrer Starlets seinen Wert erkennt und zur Konkurrenz überwechselt, ist das, was Sie investierten, verlorenes Geld?«

Monsieur nimmt ein paar tiefe Züge aus der Zigarette, die er ganz weit hinten zwischen Mittel- und Ringfinger hält. Er betrachtet intensiv die Innenfläche seiner Hand.

»Das wird sich keine erlauben. Im arrangierten Wohlleben habe ich kleine Fallen eingebaut. Gefallsucht und Ehrgeiz helfen ein wenig nach. Schnapp ... aber ich bin ja da und beschütze.«

»Abhängigkeit?«

Ich bekomme keine Antwort.

Blondinen bevorzugt.

Mir ist die Lust an der Zwiebelsuppe vergangen, mit der man einen Pariser Nachtbummel traditionell beschließt. Der »Bauch von Paris«, wie Emile Zola das Marktviertel nannte, atmet nicht mehr. Kein Geschrei, keine Geruchsmischung aus frischem Obst, Gemüse, Käse, Fischen und dem Blut von geschlachteten Tieren. Die neuen Umschlagplätze liegen am Rande der Stadt.

Nur in den Restaurants und Bistros der alten Hallen duftet es um 5 Uhr morgens noch immer nach soupe aux oignons, Kaffee und frischen Brötchen. Im Moment ist mir nicht danach.

Monsieur B. will mein Sektglas auffüllen. Er hat gerade eine neue Flasche bestellt. Ich schütze Übelkeit und Kopfschmerzen vor. »Danke. Würden Sie mich bitte nach Hause bringen?«

»So plötzlich?« Enttäuscht spricht er kein Wort mehr, bis wir uns am Hotel verabschieden.

Ich betrachte den gut geschnittenen Kopf, die leicht ergrauten Schläfen, die tadellose elegante Kleidung. Ein seriöser Mann. Hätte er nicht selbst aus seinem Nähkästchen geplaudert, ich hätte den Gerüchten über ihn nicht geglaubt.

Da sitzt er mir gegenüber, der interessante (weil nicht leicht durchschaubare), der schwierige (sagen seine Freunde), von Deutschlands Frauen heißumschwärmte Jean Claude Pascal.

Der Chevalier de Villemont ist nervös an diesem Morgen. Er schiebt seinen Stuhl zurück, schlägt ein langes Bein über das andere, raucht Zigaretten in Ketten. Es will kein Kontakt aufkommen.

Er nennt sich nach dem großen Philosophen Pascal, sein Familienname de Villemont ist dem Privatleben vorbehalten. Adelstitel zählen nicht im französischen Show-Geschäft, so wenig wie Show-Leute beim französischen Adel.

Wir trinken Chablis. Uns zur Seite sitzt sein Manager. Der redet ununterbrochen, auch mit den Händen. Das Glas fällt, der Wein rinnt über die Tischdecke und Jean Claude Pascals Anzug. Ich bin auf ein Donnerwetter gefaßt. Nichts dergleichen. Pascal reibt sorgfältig mit der Serviette die feuchte Stelle, erhebt sich langsam zu stattlichen 1 Meter 90, zieht die Weste des dunkelgrauen Flanellanzuges glatt ... er ist in Habitus und Kleidung stets comme il faut ... und geht mit dem ihm eigenen superaufrechten Gang hinaus. Sein Adlatus, bleich, den Tränen nahe, ringt verzweifelt die Hände, folgt dann dem Meister. Nach 15 Minuten ist Monsieur trockengelegt. Er kehrt breit lachend, eine vollendete Zahnfront zeigend, zurück.

Das Eis ist gebrochen. »Die meisten Journalisten sind eine Plage. Die ewig gleichen Fragen über Liebe, Glück, Beruf. Aber ...« er blickt wohlwollend unter langseidigen braunen Wimpern » ... man braucht sie eben.« Er genießt es offensichtlich, ein gutaussehender Mann zu sein.

Wir »flirten« über sein Lieblingsthema Geschichte. Er kennt die Historie und Histörchen ganzer Epochen. Täglich liest er ein Buch. Am liebsten biographische Romane. Was war doch Lady Hamilton für eine interessante Person.

»Ich freue mich«, sinniert er vor sich hin, »wenn ich in den Büchern Neues entdecke oder, was ich schon weiß, bestätigt finde.«

Liebt er die Melancholie, die er in seinen Chansons so oft besingt?

»Nein, ich schreibe die Texte ja nicht. Die Leute mögen das. Man ist öfter traurig als glücklich. Ein französisches Sprichwort sagt: ›Un jour de bonheur, dix jours de pleurs‹ ... für einen Tag Glück zehn Tage Tränen.«

Manchmal scheint Monsieur Pascal aber auch selbst sentimentale Anwandlungen zu haben. Ein Gärtner erscheint ihm beneidenswert: »Blumen hegen, ihren Duft atmen, das Zarte, Zerbrechliche, die Schönheit der Farben ...« darüber kommt er ins Schwärmen.

»Blumen sind wie Frauen ...« er verbessert sich rasch: »Frauen sind wie Blumen. Ein wenig. Leider können sie sprechen und sie haben Launen!«

»So schlechte Erfahrungen?«

»Mhm. Ich war Mode-Designer für Pierre Cardin und Christian Dior.

Mäntel und Kostüme. Da lernte ich die Frauen kennen!« Pascal mimt mit hängenden Mundwinkeln und aufwärts gerichtetem Blick seine Gefühle.

Aber es war eine Frau, die berühmte französische Schauspielerin Edwige Feuillère, die ihn aus der Modebranche zum Theater holte?

»Ausnahmen bestätigen die Regel. Edwige hat mich zu ihrem Partner in ›Kameliendame‹ erwählt, nachdem ich mich zuerst einige Zeit als Bühnenbildner versucht hatte. Das Stück lief ein Jahr en suite im Theater Sarah Bernhardt. Dann kam der Film.«

»Sie sind mit Mode erblich belastet, mütterlicherseits?«

»Ja, ja...« es kommt unwillig »... ich bin ein Nachfahre des Modehauses Worth.« Des weltberühmten Modehauses zwischen den beiden Weltkriegen.

Ich lasse nicht locker: »Was würden Sie heute für eine Mode machen?«

»Gar keine. Ich habe damit nichts mehr zu tun.«

Nun bin ich zu weit gegangen. Der Wein ist ausgetrunken.

Pascals Landhaus ist ein einstöckiges, efeuumwuchertes Gebäude, dessen Grundriss ein Dreieck bildet. Ein runder Turm, ein alter Ziehbrunnen, knorrige Bäume, Rosen, die sich an eisernen Rundbögen hochranken, steinerne Putten im Gras geben dem Anwesen etwas Verträumtes. Innen ist alles massiv, rustikal, männlich. Braune, verwitterte Balken an Decke und Wänden, als Treppengeländer eine Chorbank aus dem 12. Jahrhundert. Dunkelroter Plüsch im Turmgemach, ein Himmelbett mit Quasten und Kordeln, Löwenköpfe, silberne Leuchter. Der Hausherr hat eine Vorliebe für Louis XIII.

Die Sessel fallen mir auf, 13 an der Zahl, mit kunstvoller Petit-Point-Stickerei bespannt.

»Handgemacht von Jean Claude Pascal, gestickt in Mußestunden oder im Flugzeug, um sich abzulenken«, bemerkt der Manager indiskret. »Er entwirft die Muster selbst, wählt die Farben. An einem Bezug stickt er oft ein Jahr...«

Pascal steht hinter uns, hat die Unterhaltung mit angehört. Ich kann es nicht lassen: »Also doch ein Hang zur Mode?«

Spott liegt in seiner Stimme: »Es ist ein Zeitvertreib, Madame, nicht mehr!«

Inzwischen sind die Vorbereitungen für die Filmaufnahmen getroffen. Wir sitzen uns gegenüber. Pascal zündet eine frische Zigarette an.

Jean Claude Pascal zum ersten...

Wie ist er zum Schauspielberuf gekommen?

»Wie Sie wissen, war ich in der Modebranche tätig. Eines Tages kam...«

»Kamera aus!« Sie läuft nicht synchron mit dem Ton. Pascal schmunzelt. So etwas kann vorkommen. Kabel werden gewechselt.

»Wir können... Klappe!« Pascal zum zweiten...

Wie ist er zum Schauspielberuf gekommen?

»Eines Tages kam die französische Charakterdarstellerin Edwige Feuillère zum Kleideranprobieren zu Dior...«

»Pardon, die Kamera streikt!«

Pascal klopft ein Trommelfeuer auf der Sessellehne, wippt mit dem Schuh des übergeschlagenen Beins. Beratschlagen. Kamerawechsel. Die eigens für Interviews vorgesehene geräuschlose Filmkamera wird gegen eine normale, laut surrende ersetzt. Umbau. Das Stativ steht jetzt sieben Meter entfernt von Pascal und mir.

Klappe. Pascal zum dritten...

Seine gute Laune ist dahin. Fluch der Technik. Ich muß das Interview umkrempeln, ganz neue Fragen stellen.

Ich erinnere ihn an seinen Titel, der eleganteste Mann Frankreichs zu sein, den er kürzlich errungen hatte.

»Es war nicht das erstemal«, geht er darüber hinweg.

»Benutzen sie Parfum?«

»Nie.«

Trotzdem besitzt er die größte Sammlung wohlriechender Essenzen, die ich je in einem Badezimmer gesehen habe. Flakons, groß, klein, mittel, in allen Formen und Marken. Wieviele es sind, möchte ich wissen.

»Alle, die es in Frankreich im Handel gibt.«

Soll ich das glauben?

Sekundenlang setzt er die perfekte Maske des Gekränkten auf, läßt mich fürchten, ich hätte ihn verstimmt... dann lacht er über mein ratloses Gesicht. Wenn er solche Späße macht, ist er in Stimmung... weiß ich vom Manager.

Seine Liebe zum Rollenspiel macht es ihm leicht, die Persönlichkeit zu teilen: einen Pascal für's Volk, einen für seine Freunde... und einen, wie er wirklich ist?

Er schenkt sich neuen Whisky ein. »Bring mir eine Tablette«, winkt er seinem Manager, »ich habe Kopfschmerzen«, und zu mir gewendet: »... obwohl seit Blaise Pascal die ›Pascalse‹ nicht mehr denken.« Dabei klopft er sich mit dem Knöchel des Mittelfingers an die Stirn, sagt auf Deutsch: »Holz.«

Charmant, schlagfertig, nimmt er scheinbar nichts ernst. Wie ernst muß er das nehmen, was er verschweigt.

Per pedes ... eine anstrengende, aber die abenteuerlichste Art, eine Stadt kennenzulernen. Wer unternehmungslustig genug ist, irgendwo anzukommen, wo er nicht hinwollte, kann in Paris auch die Métro benutzen, an einer x-beliebigen Station aussteigen, durch Gänge, über Treppen den Weg ans Tageslicht erklimmen und weiter pirschen. Diese nach der Jahrhundertwende gebaute Untergrundbahn darf für sich in Anspruch nehmen, das schnellste Verkehrsmittel der französischen Hauptstadt zu sein. Egal welchen Weg ins Ungewisse man wählt, es lohnt sich immer!

Meine Fußsohlen brennen. Der Streifzug durch die Gassen und Sträßchen hinter dem Palais Royal, das Kardinal Richelieu als Wohnsitz erbauen ließ, macht müde. Ein kleines Café-Tabac kommt gelegen. Vor der Tür zwei Tische, ein paar Stühle auf dem Trottoir, ein wenig schäbig, aber der Patron braut einen frischen Kaffee und Madame, die an der altmodischen Kasse thront, eine von der Sorte, die den lieben, langen Tag die Zunge wetzen, verläßt ihren Platz und erkundigt sich, was mich wohl in diese, einem Nichtpariser unbekannte Gegend verschlagen habe. Daß es der Zufall war, will sie nicht glauben.

»Sicher gehören Sie zur Kundschaft« ... Mißbilligung liegt im Ton » ... von der da drüben. Heute geht es wieder zu wie in einem Taubenschlag.«

»Wen meinen Sie?«

In ihre Habichtaugen tritt etwas Lauerndes. »Kann mir denken, daß man nicht gerne zugibt, dazu zu gehören. Neuerdings kommt weniger feine Gesellschaft. Sie lockt die Gammler von den Seinebrücken hierher, das lichtscheue bärtige Gesindel mit den ausländischen Dirnen. Die übernachten bei ihr. Es ist eine Schande.«

Über einer brüchigen Toreinfahrt, auf die sie zeigt, entdecke ich auf dem gewölbten Mauerbogen in verschnörkelten Buchstaben, die nachts wahrscheinlich ein paar Glühbirnen von hinten erhellen, die Aufschrift *Galerie Vivienne.*

Ich bezahle.

Neugierig schlage ich den mir von der keifenden Alten zugedachten Ab-Weg ein.

Ein dunkler Hausflur. Dann eine überdachte Ladenstraße, ähnlich wie die Lido-Passage oder eine der zahlreichen anderen zwischen Faubourg St. Honoré und Boulevard Haussmann, nur in eigenartigem Licht, das durch ein in 30 Meter Höhe angebrachtes Glasgewölbe einfällt, bläulich schimmernd an Regentagen, orange bei Sonnenstrahlen. Der Mosaikboden, die bunten Boutiquen, die holzverzierten Fassaden der winkeligen Häuser passen dazu. Eine Puppenstube für Erwachsene. Rechts finde ich ein Kurzwarengeschäft, eine Kunsthandlung... im Schaufenster stehen überlebensgroße geschnitze Figuren... ich lese »Besitzerin: Madame Huguette Spengler« ...dann folgen eine Schneiderei, ein Stoffladen, Briefmarkengeschäfte. Auf der anderen Seite reihen sich Mode-Boutiquen aneinander, eine japanische, eine marokkanische, eine englische. Aller drei Eingänge sind fantastisch bemalt. Die Schaufenster gewähren Einsicht auf ausgefallene Lampen, Nippfiguren und barocke Lehnsessel zwischen dem Kleiderkrimskrams. In großen gemalten Buchstaben prangen die Anfangsbuchstaben H. S., klein darunter steht »Huguette Spengler«. Weiter vorn entdecke ich noch einen Laden, der ihr gehört.

Gestalten in wallenden Capes, eine Inderin im Sari, ein junger Bursche im lindgrünen Samtanzug verschwinden hinter einer Tür, an der außen eine Glasharfe hängt.

Eine Superblonde, vielleicht 17, in bodenlangen Tüll drapiert, schenkt mir einen interessierten Blick.

»Pardon, Mademoiselle, wo finde ich die Besitzerin der Boutiquen?«

»Madame Huguette? Begleiten Sie mich. Es ist Zeit.«

Jeden Nachmittag empfängt Madame Spengler um die bestimmte Stunde im bizarren Durcheinander von Ramsch und Kunst, hingegossen auf eine ausgebeulte, mauvefarbene Chaiselongue. Ihr Alter ist schwer zu schätzen. Sie mag 50 oder 70 sein. Klein, zur Fülle neigend, slawische Backenknochen im maskenhaften Gesicht, angetan mit besticktem Leinenrock und Chiffonbluse, darüber attraktiv den schwarzen Häkelschal geschlungen, reicht sie mir gnädig eine ringstrotzende, mit Lavendelcreme einbalsamierte Hand. Sie fragt nicht, wer ich bin, was ich will, warum ich komme.

»Spengler ...«

Nein, sie hat nichts mit dem Untergang des Abendlandes zu tun. »Mein Mann«, das leichte Doppelkinn zittert, ein weher Zug umspielt ihren Mund und die großen, falschbewimperten Augen ... »mein Mann ist längst bei den Engeln. Er kam aus dem Elsaß.«

Sie spricht kein Deutsch.

Wie gefallen mir ihre kleinen Freundinnen? Sind sie nicht reizend zurechtgemacht? Die anwesenden Jünglinge erwähnt sie nicht.

Auf dem Teppich, auf Kissen, Stoffwürfeln, Ledersätteln schart man sich um Madame. Vasen voll brennender Kerzen verbreiten eine schummrige Atmosphäre.

»Man muß die Kinder bewahren vor der bösen Welt. Die billigen Kaufhäuser, die Métro, die Autos ...« Madame hebt voll Jammer die fleischigen Arme » ... ich bin völlig down von all dem.« Wem hat diese Ansprache gegolten? Mir? Oder gehört das zum einleitenden Ritual?

Man schmaucht ein bißchen Hasch oder nimmt einen Zucker im Tee. Madame genießt und schweigt. Sie hockt wie eine satte Spinne im Netz. Chopin-Etüden rieseln über Stereo.

Seit wann lebt sie hier?

»Oh, schon lange. Zehn Jahre ... fünfzehn? Ich wußte in jener Zeit nicht, wohin ich gehen sollte. Eines Tages kam ein Gewitter. Ich nahm ein Taxi, der Fahrer irrte sich in der Straße und setzte mich hier ab. Ich fand die Galerie. Es war ein Schock ... eine richtige Liebesheirat zwischen mir und diesem Innenhof.« Madame Huguette preßt die Hände auf ihren Busen. »Seit damals ist es ein ewiges Drama. Ich ruiniere mich für die Galerie. Sie ist mein Bakkarat, mein Leben!«

Echauffiert läßt sie sich in die Polster sinken. Dann erhebt sie sich wieder, lächelt mich an: »Sie sind charmant. Sie gehören jetzt zu uns. Kommen Sie morgen doch ein wenig früher zu mir.«

Täglich um die Dämmerstunde verbringt Huguette Spengler viel Zeit im Bad. Sie hat es mit Dachrinnen dekoriert, hinter denen Glühbirnen stecken. Diese indirekte Beleuchtung umrahmt zwei Meter hohe Spiegel, mit deren Hilfe die »Mutter der Galerie« Toilette macht. Sorgsam zieht sie, beginnend am linken Ohr, ihre Haut an Wangen und Stirn so glatt es geht und klebt sie Stück für Stück mit Heftpflaster fest. Ihr Haar, eine Perücke, verbirgt den kosmetischen Trick. Ob das schmerzt? Bestimmt sehr.

»Wie erklären Sie sich das Geheimnis Ihrer Jugend, Madame Spengler?«

Ein hoher Schrei, dem ein tiefer Seufzer folgt. »Das ist eine Frage, die man mir immer wieder stellt. Es ist keine Sache von Essenzen«, sie ordnet die Löckchen an Stirn und Schläfen... ich denke an das Heftpflaster, wenn sie wüßte, daß ich weiß... »es ist ein inneres Licht. Ich glaube, ich habe eine Seele. Und alle Wesen, die eine Seele haben, wie Picasso und alle diese Wunderbaren, besitzen eine schöne glatte Haut bis ins hohe Alter.«

Kennt sie die Geschichte der Galerie?

Nun gerät sie ins Schwärmen: »Es ist ein wunderbarer Ort, die schönste Passage von Paris. Früher, zu Königs Zeiten, war die Galerie ein Korso der Heimlichkeiten. Die luxuriösen Läden bildeten eine Art Treffpunkt der Aristokratie. Die adeligen Damen sagten ihren Männern, sie gingen in die Vivienne, um eine Schleife oder einen Hut zu kaufen. In Wirklichkeit trafen sie ihre Liebhaber, ihre geheimen Verehrer zum tête-à-tête. Es war leicht, sich im Labyrinth der Geschäfte zu verbergen. Vidocq, der berühmte Gangster, wohnte im Haus Nr. 13. Der Polizei gelang es nicht, ihn zu fassen. Man kann in den Buchhandlungen noch Briefe von ihm kaufen, in denen er über das ideale Versteck berichtet. Leider ließ der Bruder des Königs die rückwärtigen Gebäude abreißen, die prächtigen Pferdeställe, die Kellergewölbe. Zur Zeit der Revolution hat Hector Berlioz hier die Marseillaise gesungen. Sein Geist lebt in den Mauern.«

Madame Huguette zieht die Beine auf den Diwan. »Für mich ist die Galerie die Welt, der Anfang, das Ei. Eine poetische Insel inmitten von Paris. Ich führe das Leben einer Orientalin: Dahindämmern in Liebe und Schönheit.«

Hier wird sie unterbrochen. Wai-Lin, ihre kleine chinesische Haustochter, berichtet mit einer anmutigen Verbeugung, daß die Gäste warten.

»Oh, mein Nachmittags-Cercle... verzeihen Sie bitte, aber ich kann meine Schäfchen auch nicht eine Minute warten lassen... was wäre ich ohne sie?«

Madame vergißt, sich zu verabschieden.
Ach, all die unerfüllten Sehnsüchte.
Wanderer kommst Du nach Paris, Madame Huguette lädt dich ein!

Paris hat einen neuen Modekönig«, jubelten die Damen des Jet Set, als Jean Bouquin mitten im Künstlerviertel St.Germain-des-Près, nahe *Café Flore* und *Café deux Magots* und *Bilboquet,* eine Boutique eröffnete.

Nun jubeln ja die Damen in jeder Saison über irgend etwas oder irgendwen. Wer Jean Bouquin völlig unvorbereitet gegenübertritt, glaubt jedoch an den Bären, den ihm einer aufgebunden hat. Keine Spur von Eleganz, Oscar Wilde oder wohnlicher Exklusivität. Selbst der Name Bouquin unterbricht in seinem Doppelsinn – altes Buch, aber auch alter Bock – schockierend die Galerie sensibler Bekleidungskünstler.

Jean Bouquin kommt der Weiblichkeit nicht zart entgegen. Er provoziert die Augen, den Kreislauf und die Riechorgane. Sein Atelier liegt im 5. Stock, im XI. Arrondissement. 49 ausgetretene Stufen in steilem Winkel, durchweht von Küchendunst und Moder, vorbei an blinden Fenstern zum Hof, münden an einer wurmstichigen Tür. Kein Namensschild. Dafür zwei dickgedruckte Zeilen »Schlagt uns nicht, wir legen keinen Wert darauf.« Also kein Masochist.

Ein snobistischer Seufzer hilft mir über die vielgerühmte Schwelle und gliedert mich dem Reigen der Modepriesterinnen ein. Ich versuche, ihren Enthusiasmus zu teilen. Fabelhaft, dieses Durcheinander! Welche Farbenpracht, achtlos auf dem Fußboden verstreut! Seiden aus Thailand, Leinen aus Pakistan, Spitzen aus Tibet, Stickereien aus Peru, Batik aus Java. Pikant der Geruch von abgestandenem Bier in fettverschmierten Gläsern. Grandios die Mischung von Zigarettenstummeln, Speiseresten und Spitzenjabots! Ich wandle, nein, ich hüpfe wie im Kinderspiel, die freien Lücken im Wirrwarr nützend, auf den Spuren der Bardot, der Callas, von Liz Taylor, Jacqueline Onassis, Paola von Belgien, Eliette von Karajan, der Begum ... wer zählt die Reichen und die Schönen.

Eine kräftig-weiche Männerhand mit trauerumflorten Nägeln hilft mir über die letzte Hürde. Küsse feuchten meine Wangen. Zwei Arme drücken mich. An breiter Brust im Polohemd komme ich in den Genuß urwüchsiger Männlichkeit. Man muß ihn riechen können, den Bouquin. Er jedenfalls verläßt sich auf seine breite Nase im bartstoppeligen Angesicht. Wen er nicht auf Anhieb mag, der hat wenig Aussichten auf ein Kleid.

Die Kreide zeichnet Linien auf den Samt. Zugeschnitten, eins, zwei... ein Zettel dran... »Hosen mit Soufflé für Françoise Hardy. So mit Volants.« Er wirft das Stoffpaket einer seiner vier matronenhaften Näherinnen zu. »Hosen mit Auflauf«, er lacht aus vollem Hals über den eigenen Witz.

Ausgiebig kratzt er sich im wolligen Haar, das ihm in Naturstöpsellokken auf die Schultern fällt. Der Schneider mit der Lockenpracht ist so fix wie keiner. In einer Stunde eine Hose. Gezeichnet, zugeschnitten, genäht, gebügelt mit einem vorsintflutlichen Kohleneisen, kontrolliert, verkauft. In drei Stunden ein Kleid. Er schneidert ohne Anprobe, direkt auf den Leib.

Mit Zwanzig hatte er eine kleine Ramschboutique in St. Tropez, handelte mit Seidenschals. Brigitte Bardot kam des Weges, mochte den stämmigen Hippie auf den ersten Blick, lud ihn ein in ihre Villa. Und Bouquin war ein gemachter Mann.

Jetzt zieht seine Pariser Boutique Leute mit extremem modischen Geschmack in ihren Bann. Sie ist bis 2 Uhr morgens geöffnet. Serge Gainsbourg, Jane Birkin, Johnny Hallyday, die Beatles, Richard Burton, die Martinelli, die Deneuve... sie drängen den ideenreichen 26jährigen, ihre Garderobe fürs Theater, den nächsten Film oder eine Show zu machen. Das Staatsopernballett hat er schon zweimal für klassische Tänze ausgestattet.

Wo nimmt er nur all die Ideen her? Bouquin zupft an seinem knielangen Halstuch aus alter iranischer Seide. Dieses Stoffstück ist sein Fetisch, er legt es auch nachts nicht ab.

»Mode-Ideen? Sie sind mir stets gegenwärtig, so wie andere Männer an Frauen denken. In meinem Kopf drehen sich Kleider und Dessins ununterbrochen wie in einem Kaleidoskop. Fröhliche Farben und natürliche Menschen inspirieren mich.«

Reist er viel?

Statt einer Antwort springt er auf den Tisch, wirft Kissen und indische Tücher in die Luft. Man erzählt sich, Jean Bouquin sei über Lyon und St.Tropez nicht hinausgekommen.

Geht er oft in Klubs?

»Nein.«

Sieht er sich neue Filme an?

»Nein.«

Liebt er die Malerei?

»Nur die Bilder, die mein Bruder malt.«

Liest er?

»Selten.«

Musik?

»Als Berieselung. Alle diese sogenannten schönen Dinge lenken ab vom Wesentlichen.«

Was ist wesentlich für ihn?

»Stoffe.«

Nimmt er Drogen?

»Nein. Höchstens ab und zu ein Aspirin im Kaffee.«

Autos?

»Ich besitze keinen Führerschein.«

Er raucht nicht, trinkt nicht, tanzt nicht, schläft knapp zwei, drei Stunden. Hat er Angst?

»Nur davor, nicht mehr Nr. 1 in der Mode zu sein.«

Liebe?

»Keine Zeit.« Schnell lenkt er ein: »Meine Mutter liebe ich. Meine Frau, meine Tochter. Sie ist fünfeinhalb.«

Politik?

»Zurück zur Natur im Denken und Fühlen.«

Madame Pompidou zählt auch zu seinem exklusiven Kundenkreis?

»Ja, sie und ich, wir beten zum gleichen Gott.« Dunkel ist seiner Rede Sinn.

Gleichberechtigung?

»Strikt dagegen. Minikleider sollte man verbieten. Nur verhüllte Reize erregen.«

Hat er Freunde?

»Nein. Ich bin mir selbst genug.«

Sein Stern ging im Zeichen des Löwen auf. Und so ist er zur Alleinherrschaft geboren. Glaubt er.

»Ich bin ein Genie.« Sagt er.

Paris ist eine Modestadt.

Ludwig XIV., der Sonnenkönig, beeinflußte mit seinen Kleiderallüren eine ganze Epoche. Marie Antoinette, die österreichische Kaisertochter, hielt sich am Hofe von Versailles eine eigene Modeschöpferin, Rose Bertin. Diese gilt als Ahnfrau der Haute Couture. Sie gründete den ersten Mode-Salon an der Seine, exportierte auf hölzernen Puppen ihre Kleiderideen an deutsche Fürstenhäuser, an die Höfe Englands, Spaniens, Rußlands. Die Holzpuppen nannte man Mannequins. Getreu den Vorbildern gleichen die Vorführdamen in Pariser Couturehäusern auch heute noch Brettern, vorne nichts und hinten glatt.

Es ist der Wunschtraum von zahllosen Europäerinnen, Amerikanerinnen, Japanerinnen, ein Etikett eines Pariser Salons im Kleiderfutter zu tragen oder nach dem Parfum eines der großen Namen zu duften.

Im Modeviertel rund um den Rond Point findet man an jeder Ecke einen berühmten Namen: Yves St.Laurent, Balmain, Cardin, Lanvin, Patou, Ricci, Chanel, Givenchy, Courrèges, Ungaro, Dior und wie sie alle heißen. La Mode zählt zu den repräsentativen Aushängeschildern von Paris. Die Modeschöpfer und ihre Designer haben seit dem Zweiten Weltkrieg ihren festen Platz in der Society. Jeder der bekannten Pariser Couturiers hat seinen eigenen Stil in der Präsentation der Modeschauen. Zu Zeiten eines Poiret, Jacques Fath, Christian Dior oder Balenciaga verdiente man an den Aufträgen der exklusiven Kundinnen. Seit einem knappen Jahrzehnt muß man sich schon etwas einfallen lassen, um das Geschäft mit der Mode zu machen.

Die einzige Ausnahme war Mademoiselle Coco Chanel. Während der Premieren saß sie oben auf der Treppe in ihrem traditionellen Kostüm, ein Pfund selbstentworfenen Modeschmucks um den Hals, in der Aura ihres berühmten Parfums Nr. 5: klein, bescheiden, das Mädchen aus der Auvergne bis zuletzt, voll eiserner Energie. Sie brauchte keine Experimente, keine Gags, um im Gespräch zu bleiben. Sie hat die Mode unseres Jahrhunderts revolutioniert, uns die miederlose Linie beschert, den Hosenanzug, den Bubikopf, weiche fließende Stoffe und last not least das Chanel-Kostüm. Von ihr stammt der Satz: Ein Kleid, das nicht bequem ist, ist immer ein mißratenes Kleid.

Das »nach Paris der Mode wegen« hat an Exklusivität verloren. Trotzdem kann nicht jedermann die Modeschauen der Haute Couture besuchen. Man braucht einen Ausweis mit Lichtbild, der gegen eine Gebühr von der französischen Modekammer in jeder Frühjahrs- und Herbstsaison erneuert wird. Und so verstehen es die Pariser bis heute, den Couture-Kollektionen ein – in unserer Zeit längst überholtes – Fluidum des Außergewöhnlichen, der Einmaligkeit zu verleihen, dem man sich auch als »alter Hase« nicht ganz entziehen kann.

9 Uhr 45. Premiere bei Dior. Kritisch beäugt, eventuell mit einem Lächeln bedacht, läßt einen der Presse-Zerberus, Monsieur Donati, passieren. Man erklimmt die Stufen, die zu den »heiligen Hallen« führen. Ein kleines Heer verhuschter Wesen verteilt Programme, weist die Plätze an.

Sitzt man im »grand salon« in der ersten Reihe, gehört man zu den Arrivierten. Jeder von ihnen hat sich in Jahren »hochgedient« von einem Platz auf der Treppe, auf dem Balkon oder in einem der schmalen Gänge. Grund genug, von zehn Dutzend Hintangesetzten beneidet zu werden. Bis die Schau beginnt, beherrscht ein Durcheinander gestikulierender, schnatternder, rauchender Journalistinnen aus der ganzen Welt die Szene. Eine Handvoll Männer, meist Fotografen oder Zeichner, fällt unter ihnen kaum auf. Der Nachwuchs hat wenig Chancen. Die Mittelalter- und Altertumsjahrgänge dominieren. Von raffinierter Eleganz bis zum Typ Vogelscheuche sind alle Garderoben vertreten.

Die Ansagerinnen, die die Nummern der Modelle verkünden, postieren sich. Alles auf die Plätze... der Lärm sinkt zum Raunen herab... da kommen noch zwei Damen. Die eine kommt mir irgendwie bekannt vor ... sie ist es tatsächlich: Gina Lollobrigida! Drei Stühle von mir entfernt nimmt sie Platz. Der weiße Gabardine-Mantel ist leicht verschmutzt (wie sich das so gehört), ein V am Gürtel bedeutet die Marke des römischen Prominentenschneiders Valentino. Das mag noch hingehen. Peinlich wird es, wenn Madame Rochas bei Dior im St. Laurent-Anzug erscheint oder Comtesse de Ribes hier ein Ricci-Kostüm trägt.

Die Lollo bei Dior! Und kein Kamerateam! Für eine Fernsehjournalistin eine fatale Situation. Eine von den Platzanweiserinnen schaut aufmerksam zu mir herüber. Ich mache ihr ein Zeichen, kritzle schnell Telefonnummer, Namen, Termin auf eine abgerissene Ecke des Programms. Sie hat begriffen.

Da sind auch schon die ersten Mannequins. In die respektvolle Stille tönen die Nummernansagen auf Französisch und Englisch.

Gina tuschelt mit ihrer Begleiterin, streicht in ihrem Programm ein bleumarine Redingotemäntelchen an, streicht es wieder aus. Man starrt sie an. Sie weiß es. Sie benimmt sich wie jede Frau, die sich beobachtet fühlt: Man tut so, als merke man nichts, und setzt sich gerade dadurch in Positur, wirkt exaltiert. Eigentlich müßte sie es in vielen Ruhmesjahren gelernt haben, gelassen auszusehen. Sie macht eine Notiz bei einem aprikosenfarbenen plissierten Seidenkleid ... es ist, weiß Gott, nichts für sie. Da malt sie auch schon ein Fragezeichen vor die Nummer im Katalog, so groß, daß ich es aus der Entfernung sehen kann. Auch die Abendkleider dieser Kollektion bieten kaum etwas für ihren Typ Geeignetes. In den apart gezeichneten Mundwinkeln hängt ein Schatten der Enttäuschung.

Das Hochzeitskleid, das traditionelle Ende jeder Modenschau, kann nicht mehr lange auf sich warten lassen. Hat meine Kameracrew die Nachricht bekommen? Da sehe ich den Regisseur um die Ecke winken.

Applaus... Applaus für die Braut. Jetzt geht es um Sekunden. Ich stürze nach vorn. Das Mikrophon! Im beginnenden Gewühl arbeite ich mich mit einigen unfreiwilligen Tritten auf Zehen und Fersen durch. Dann versperre ich der Lollobrigida den Weg. Ich mag solche Überrumpelungen gar nicht, aber was tut man nicht alles für sein Metier...

»Verzeihung, Signora...« ein Scheinwerfer trifft ihr Gesicht.

Ihr Nüstern weiten sich. Wenn Blicke töten könnten ... ein fauchender Laut löst sich aus dem Gehege weißer Zähne. Ihre Hände haben sich um den Henkel der Krokotasche zu Fäusten geschlossen.

»Nur eine Frage, bitte. Es ist für das Fernsehen in Deutschland.« Was sie keineswegs milder stimmt.

»No«, möchte sie sagen. Sagt es aber nicht.

»Sind Sie eigens nach Paris gekommen, um die Kollektion von Dior zu sehen?« Unsere Augenpaare, kaum 40 Zentimeter voneinander entfernt, liefern sich ein Gemetzel.

Noch immer keine Antwort.

»Werden Sie etwas kaufen?«

»Ich, ich, ich, ich...« sie schaut um sich. Hilft niemand?

Ein Knäuel Neugieriger steht wie eine Wand. Alle starren. Auf sie. Auf mich. Eine Glocke von Feindseligkeit deckt uns zu. So muß es sein, wenn man aussätzig ist. Ich helfe ihr: Sie weiß also noch nicht, ob und was sie aussuchen wird?

»Ja. So ist es.«

Ein kleiner erleichterter Atmer ihrerseits. Ich bedanke mich. Sie packt ihre Freundin am Arm, eine schmale Gasse bildet sich. Das Team stürmt hinterdrein, die Stiegen hinunter, rechts herum, in die Boutique. Ich folge langsam, bleibe auf der Treppe stehen.

Habe ich sie erschreckt? Gibt sie nicht gern Interviews? Fragen, auf die ich erst Jahre später die Antwort weiß.

Gegen Mittag erreicht mich im Hotel ein Anruf vom Pressebüro Dior: Madame Lollobrigida läßt ausrichten, es täte ihr leid, das mit dem Interview. Aber ihr Make-up sei nicht fernsehgerecht gewesen.

Wie verschieden doch die Atmosphäre im gleichen Haus zu verschiedenen Gelegenheiten sein kann! Es ist Dienstag. Dienstag ist mein Glückstag. Regisseur und Kamerateam warten schon vor dem Dior-Palast an der Ecke Avenue Montaigne und Rue François Ier. »Barbra Streisand ist in unserer Boutique, wollen Sie ein Interview mit ihr machen?« hatte man mir sagen lassen.

Über silbergrau velours-bespannte Stufen steigen wir zu den Ankleideräumen hinauf, die bis vor ein paar Jahren ausschließlich der exklusiven Privatkundschaft des berühmten Modehauses vorbehalten waren. Fußboden, Wände, Stuhlbezüge... alles silbergrau, mit den Initialen CD (Christian Dior) gezeichnet. In malerischer Unordnung liegen Kleider, Blusen, Mäntel, Kostüme, Schals, Schuhe, Hüte, Taschen, Handschuhe, Wäsche auf und unter den Sitzgelegenheiten. Aufgeregte Direktricen, Pressemädchen und Vendeusen eilen treppab, treppauf. Es riecht nach Miss Dior und Diorissima.

Madame Vandermarck, die Pressechefin, begrüßt uns: »Bitte keine großen Umstände mit dem Licht.«

Von dem Stimmwunder ist nichts zu sehen.

Da teilt sich ein Vorhang am Ende des langgestreckten Raums. Ich notiere: eine bemerkenswerte Nase, mandelförmige Samtaugen, ein großer Mund. Alles ist in Bewegung an der zierlichen, energischen Person. Marc Bohan, der Dior-Designer, der hinter ihr aus der Kabine getreten ist, nähert sich seiner prominenten Kundin... Scheinwerfer an! Kamera... zupft an den Ärmeln. Der linke muß angehoben werden.

»Diese Korrektur ist notwendig, Madame.«

Barbra Streisand macht eine abwehrende Handbewegung. Sie kauft nur, was sofort paßt. Keine Änderungen, keine Anproben. Und das bei Dior!

Aus dem Kleiderhaufen, den zwei Mädchen gerade ordnen, zerrt sie ein rotes Leinenkostüm, entschwindet in den Vorhängen, Bohan ihr nach.

»Hallo, da bin ich wieder!«

Bohan streicht über die aufspringenden Plissees an den recht weiblichen Kurven. »Man müßte ...« Er kommt nicht zum Weitersprechen.

»Chic! Nicht?« ruft sie begeistert. Sie sieht mich mit dem Mikrophon auf sich zukommen. Ihr Silberblick strahlt mich an. »Gefällt es Ihnen?« Sie vollführt eine Drehung für die Kamera.

»Wissen Sie, ich war früher arm. Das Leben hat mir lange Zeit nur die Kehrseite präsentiert. Jetzt nütze ich den Vorzug, reich zu sein, eben auf meine Weise.«

Marc Bohan kommt mit einem Arm voller Modelle zurück, mischt sich in das kleine Gespräch: »Das sind Sachen, die ich Ihnen empfehlen möchte« ... Ein nachtblauer Abendhosenanzug aus Satin; ein Raglanmantel, rosé mit weißer Gardenie; ein braun-orange-beige kariertes Cape; blaßfliederfarbene Blusen. Seine Assistentinnen halten passende Taschen, Hüte, Schmuckstücke bereit.

»Einkaufen bei Dior ist wie ein heißes Bad. Ich tauche noch einmal in die Fluten. Sie entschuldigen mich doch?« Zwei Grübchen sitzen in der matten Haut dicht neben ihrem lachenden Mund.

Eine bedauernde Kopfbewegung in Richtung Kamera... »Sorry« ... dann hat die silbergraue Samtportiere sie verschluckt.

Macht Reichtum nun glücklich oder unglücklich? Auch Pierre Cardin hatte als Knabe den sehnlichen Wunsch, einmal reich zu sein.

»Leider wußte ich damals nicht, wie es ist, sehr reich zu sein«, seufzt Monsieur heute bleich.

Der Wintergarten gibt durch große Fenster den Blick auf die Seine frei. Das Standbild eines Mohrenknaben äugt aus dem Gewirr exotischer Pflanzen. Eine silberne, abstrakte Skulptur will nicht recht zu den echten Teppichen, dem verstaubten Plüsch der Wände und dem Samt der altmodischen Sessel und Sofas passen.

Cardins Stammsitz liegt am Quai d'Orsay. Er ist Italiener von Geburt, fühlt sich aber als Franzose. Ehe er Modeschöpfer wurde, war er Student der Archäologie, Schauspieler, Angestellter einer Bank; seine Laufbahn ist vielgestaltig.

»Es gefällt mir hier«, schmiegt sich Thomas Fritsch in einer hautengen Cardin-Montur aus Silberleder, das kurze Jackett wie ein Schachbrett gewürfelt, in die Polster. Er hatte in unserem Film den »Edel-Dressman« gespielt und mich nach Ende der Dreharbeiten zu dem Couturier begleitet.

Cardin hat Freude an der frischen, unbekümmerten Art von Thomas Fritsch. »Ich mag eigentlich die alten Sachen nicht mehr«, meint er mit einer Handbewegung in den mit Antiquitäten vollgestopften Salon. »Aber ich lebe schon zu lange darin, um mich von den Dingen zu trennen. Heute würde ich mich mit strenger Sachlichkeit, Plexiglas und Aluminium umgeben.«

»So wie manche Ihrer Geschäfte eingerichtet sind? Im Stil, wie Sie Ihre Astronautenmode präsentierten?« fragt Thomas interessiert.

Cardin nickt. »Die Mode der Zukunft wird in Labors entstehen. Eine Handvoll Kreateure werden wie Wissenschaftler ›am Objekt‹ Neues erproben, und von Zeit zu Zeit wird einem von ihnen ein Wurf gelingen. Die Haute Couture ist tot. Man sollte auch nur noch einmal im Jahr eine Kollektion herausbringen, nicht jeden Sommer und Winter.«

Ein Vorschlag, den man in Paris öfter hört. Und doch zeigen die Modefürsten gewissenhaft zweimal im Jahr ihre Schau ... auch Cardin. Man muß am Ball bleiben, um mit der Konkurrenz Schritt halten zu können.

Pierre Cardin fragt Thomas Fritsch, ob er sich im Mond-Dress wohlfühle.

»Ja, sehr.«

»Auch in einer deutschen Stadt?« werfe ich ein.

»N-nein ... Nicht einmal in München oder Berlin würde ich damit ausgehen.« Er fährt sich mit den Fingern vom Halsansatz hinterm Ohr hoch und lockert seine Haarflut ... täglich Föhnen gehört zur Pflege.

»Sie verstehen das doch, Monsieur«, wendet er sich an Cardin.

Über dessen feingeschnittenes Gesicht huscht etwas wie Traurigkeit. »Sie sagten eben ›Monsieur.‹ Das tut ein bißchen weh. Wenn man jung ist, duzt man sich oder nennt sich beim Vornamen. Dann kommt plötzlich jemand und sagt zum erstenmal ›Monsieur.‹ In diesem Augenblick fängt man an zu altern.«

Sensibilität ist eine sehr französische Eigenschaft. Die Sprache läßt eine Fülle feiner Unterschiede zu, die man im Deutschen gar nicht kennt. Ehe man sich's versieht, hat man einen Fehltritt begangen ... den berühmt-berüchtigten Fauxpas.

Alain Delon sieht aus, wie Lieschen Müller sich den unwiderstehlichen Liebhaber vorstellt. Er spielt den Gangster überzeugend. Im Film. Ob auch im Leben, bleibe dahingestellt.

Die Kantine des großen Pariser Filmstudios ist überfüllt. In Paris ißt man zwischen 12 und halb 3 Uhr. Ohne Essen keine Arbeit. Und gut muß es sein. Vorspeise, Hauptgericht mit Beilagen, Getränke nach Wahl, Käse, Dessert, Kaffee. Als ich einer französischen Fernsehcrew einmal vorschlug, wegen schlechter Lichtverhältnisse keine Mittagspause zu machen, sondern mit ein paar belegten Broten und Wein oder heißem Kaffee vorlieb zu nehmen, starrten mich verständnislose, fast erschrockene Gesichter an. Erst ein zusätzliches Trinkgeld von 20 Frs. pro Mann (das ist etwa der Preis für ein einfaches Essen) konnte sie zum Durcharbeiten bewegen. Es war ein echtes Opfer, das sie brachten.

Mein Aufnahmeleiter deutet im Gedränge nach vorn. Ja, ich habe ihn schon gesehen. Delon lehnt an der Theke.

Soll er ihm sagen ...

Nein, bitte, ich muß erst einen Tee und ein paar Tabletten haben und meine schnupfengerötete Nase etwas restaurieren. Kalte Schauer jagen mir den Rücken hoch. Ich fühle mich alles andere als wohl. Aber als heute früh ganz überraschend die Zusage für das Star-Interview kam, wollte ich nicht passen. Für den smarten Alain Delon muß ich es riskieren, redete ich mir ein.

Der Tee tut gut. Die Pause scheint vorbei zu sein. Das Lokal beginnt sich zu leeren, Delon steht jetzt fast allein. Er rührt und rührt in der Tasse. Fröhlich sieht er nicht gerade aus.

Im Spiegel, der um die Wand läuft, treffen sich unsere Blicke für Sekunden. Eine böse Falte wächst steil von der Nasenwurzel in seine glatte Stirn. Er stürzt den Rest des Getränks hinunter. Absatz kehrt ... mit energischen Schritten verläßt er die Kantine.

Ich starre erschrocken in mein blasses, fiebriges Gesicht, das der Spiegel reflektiert. Wahrhaftig, ich bin keine Augenweide. Zwei Verschnupfte, das kann ja heiter werden...

Eine halbe Stunde später ist es soweit. Herr Delon läßt bitten. Fünf Minuten stehen zur Verfügung. Nur Fragen über den Beruf sind erlaubt.

Warum tue ich nicht, was mein Instinkt mir rät: Geh weg. Begegne ihm ein anderes Mal. Du bist krank, du hast einen Grund.

Aber... sagt mein Fernsehgewissen... vielleicht bietet sich die Chance kein zweites Mal, er gehört, wie jedermann weiß, zur Gattung »äußerst schwierig«.

Sei's drum. Ich bin schon auf dem Weg.

Wir schütteln uns die Hand, wechseln ein paar Platitüden.

Spricht er deutsch?

»Couramment, Madame, couramment.« Fließend, fließend... eine Floskel, die man im Französischen als Beleidigung werten darf.

Liebe deinen Nächsten! Ich stecke den Backenstreich ein und parliere französisch.

Fünf Jahre war er mit Romy Schneider verlobt, fünf Jahre verheiratet mit Nathalie, mittlerweile geschieden, neuerdings verkehrt er mit Mireille Darc. Was ist diesen Frauen gemeinsam?

»Können wir anfangen?«

Natürlich. Kamera läuft, höre ich das Kommando. Die Klappe fällt dicht vor seiner Nase.

Hingelümmelt auf einen Ledersessel, eine dicke Zigarre zwischen den Lippen, kehrt er den Flegel heraus: »Wo ist die Kamera? Ich dachte das ist Fernsehen und nicht Fern-Sehen.«

»Hier bin ich«, ruft Guy, der Pariser Kameramann. Er arbeitet, einige Meter entfernt, mit einem längeren Objektiv.

»Ach so...« Delon lacht unwirsch. Die Fragen über Beruf, Pläne und den neuen Film beantwortet er so kanpp wie möglich, auf dem Sprung gleich einem Tiger. Zum Verletzen bereit.

Ich möchte das Interview ein wenig auflockern, mache also doch einen kleinen Vorstoß ins Private.

»Ihren Gedankensprüngen kann ich nicht folgen«, geifert er mich an, »Sie kommen von mir als Produzenten und als Schauspieler, über die Story des neuen Films und meine Lieblingsrollen, mir nichts, dir nichts auf Frauen zu sprechen?«

»Sie sind doch ein Mann. Darf ich nicht wissen, was Sie von Frauen halten? Oder von der Gleichberechtigung der Geschlechter zum Beispiel?«

Er schnappt nach Luft. »Ich bin hier, um berufliche Fragen zu beantworten. Ihre Neugier interessiert mich nicht.«

Wohl denn. »Merci beaucoup, Monsieur Delon!«

Hat er gefürchtet, ich könne die zu jener Zeit akute Affaire Markowic zur Sprache bringen? Aber was weiß er, der große Star, schon von Taktgefühl. Es ist ihm offenbar weder angeboren noch anerzogen worden.

Merke: Nicht jeder Teutone ist taktlos... nicht jeder Franzose charmant.

Ereignisse, die man herbeisehnt, haben es in sich. Es war Montag. Der Friseur hatte zu, das für »very important persons« gedachte Sommerkleid kam nicht rechtzeitig aus der Reinigung, und der Taxifahrer fuhr mich nach Versailles, statt nach Marne la Coquette. 20 Kilometer zurück, dreimal nach der Straße fragen, Einbahnstraße und noch einmal die Tour, das kostete außer 40 Frs. kostbare Zeit. Doch noch auf die Minute pünktlich stehe ich vor der Hausnummer 4, einem verschnörkelten schmalen Eisentor in der Mitte einer Front sichthindernder Mauern.

Ich klingle. Summen. Drücken. Michel, der Tonmann, spurtet um die Ecke. Wie die verlorene Tochter werde ich begrüßt.

Wo ist Maurice Chevalier?

Hinten im Garten.

Noch ein Kontrollblick in den Taschenspiegel, durchatmen und... los! Eine französisch-charmante Begrüßungs-Floskel memorierend eile ich über breitangelegte Kieswege und, um abzukürzen, quer über den Rasen, zwischen üppig rotblühenden Rosenbeeten hindurch. Sagte Michel »Garten«? Garten ist gut: Der Park des Chevalierschen Besitzes gleicht an Ausmaß den Tuileriengärten. Wieviel Hektar mag er haben? Hoffentlich vergesse ich nachher nicht zu fragen.

Aus der Herrengruppe vor einem Seerosen-überwucherten Teich löst sich eine Gestalt, kommt näher, breitet einladend die Arme aus. Il est grand, il est beau, heißt es in einem Lied über ihn. Das ist er, groß und gutaussehend. Rüstigen Schrittes strebt er in meine Richtung, im dezent gemusterten Anzug mit Weste. Bei 30 Grad im Schatten! Das bekannte Lächeln um den smarten Mund, graublaue Spitzbubenaugen unter akkurat gescheiteltem Silberhaar... Maurice Chevalier, ein Grandseigneur vom Scheitel bis zur Sohle.

Handkuß. Galant bietet er mir den Arm. Meine etwas atemlose Taxistory, und daß ich um ein Haar zu spät gekommen wäre, schiebt er mit einem eleganten Bogen seiner Linken in den Sommertag: »C'est la vie, Madame... ein Wettlauf mit der Zeit.«

Das rotbackige, fast faltenlose Gesicht erinnert mich an eine Sorte Winteräpfel, die, im September gepflückt, saftig und vollaromatisch bis zur neuen Ernte bei uns zu Hause im Keller lagerten, sicher länger noch, wenn wir Kinder sie nicht aufgegessen hätten. Chevalier stellt mir die anderen Herren vor. Unter ihnen ist Philippe Bouvard, den Chevalier zu den besten Journalisten Frankreichs zählt. Die Freundschaft der beiden wuchs mit der Zahl der Interviews. Nur Bouvard darf sich erlauben, den Star an labile Charakterzüge zu erinnern. Wie war das doch... da hatte er unlängst gelobt, das Zepter des Chansons an Jüngere abzugeben, nie mehr aufzutreten...

»Das Publikum beschwor mich in Tausenden von Briefen zurückzukehren.«

Bouvard stichelt: »Man machte Ihnen wohl gute Angebote...?« Chevalier war einmal der höchstbezahlte Artist der Welt. In den dreißiger Jahren erhielt er 20.000 Dollar Wochengage.

»Nein, nein«, er steckt seine Krawattennadel tiefer, »es war nicht das Geld, das mich reizte. Es sei denn, unser Planet ginge in Flammen auf und ich müßte in meinem Alter noch einmal von vorn anfangen und wieder jeden Sou dreimal umdrehen, bevor ich ihn ausgeben darf...« er seufzt... »es gab Zeiten, in denen ich arm war, nicht wußte, wovon ich leben sollte.«

Er blickt mit einem Anflug von Melancholie in das Lichtgewirr der alten Linde, unter der wir stehen. »Schließlich war ich bei meinem ersten Auftritt ganze 12 Jahre alt, mitleiderregend dürr. Ich war der Jüngste, hatte neun Geschwister. Hunger ist schlimm. Da bin ich von zu Hause fortgelaufen. Das Milieu der Artisten, das ich dann kennenlernte, hat mich für alles entschädigt. 65 Jahre lang stand ich auf der Bühne und jeden Tag sehnte ich den Abend, die Begegnung mit dem Publikum herbei ... verstehen Sie, die Zuneigung der Menschen in den Vorstellungen, der Applaus, der wie eine Woge auf mich zurollte und mich trug, das war Nahrung und Medizin für mich.«

Wie wird er fertig mit dem Alleinsein in seinem 25-Zimmer-Haus, in dem riesigen Park?

»Ich schreibe meine Memoiren.«

Genügen Erinnerungen?

Elastisch springt er auf, eilt zu den Rosen, pflückt eine eben erblühte für mich. »Es ist schön sich zu erinnern, wenn man dabei nur an angenehme Dinge denkt.«

Die Blume duftet.

»Sie haben viele Frauen gekannt. Wie waren sie, wenn sie Ihnen besonders gefielen?«

»Sie mußten schön sein, ich habe immer Wert auf das Äußere gelegt ... und sie mußten ...« er sucht nach Worten »... eine sehr starke moralische Einstellung haben. Beides zusammen ist rar. Und so hatte ich nicht das Glück, eine Frau zu treffen, mit der ich mein ganzes Leben hätte verbringen können. Ich war, glauben Sie mir, Madame, und ich bin es immer noch, ein großer Bewunderer des weiblichen Geschlechts – und jetzt werde ich ein noch größerer Bewunderer ...« das Schmunzeln rundet die Apfelbäckchen »... wenn es möglich ist!«

Wir schlendern auf das Haus zu. »Ich habe die nächsten zehn Jahre meines Lebens geplant«, fährt er fort. »Jeden Herbst beginne ich ein neues Buch. Sieben Bände Lebenserinnerungen gibt es schon von mir, einer meiner letzten heißt ›Gassenjunge mit weißen Haaren.‹ Man bleibt, was man war ... vielmehr, man wird es wieder. – Kommen Sie«, lädt er mich ein, »ich zeige Ihnen Bilder aus der ›großen Zeit.‹ «

Im Empfangszimmer seiner Villa sind die Wände von oben bis unten voll Bilder gehängt. Das Sitzmobiliar aus braunem Leder bildet ein Geviert in der Mitte. Wie in einer Galerie kann man in den vier Himmelsrichtungen zahllose Chevaliers in Lebensgröße betrachten, stehend, sitzend, jeden Alters, allein, mit Frauen, Freunden, Künstlern, in Öl, Tempera, radiert, skizziert, fotografiert. Jedes Bild hat eine Geschichte.

Ebenso jeder der zahllosen Spazierstöcke in den chinesischen Vasen links und rechts von der Tür. Ach ja, der mit dem Entenkopf, und der mit dem Schlangenhals ... all diese Erinnerungen harren der Feder.

Besitzt er noch Strohhüte, mit denen er in den zwanziger Jahren Mode machte?

Die Originale hat er verschenkt. Aber sie spielen natürlich auch eine Rolle in seinem jüngsten Buch.

Er blickt auf die Uhr. Gleich vier. Pünktlich um vier Uhr am Nachmittag setzt sich der ungekrönte König des Chansons an seinen antiken Sekretär. Er ist pedantisch, ja. Disziplin ist der Grundstein des Erfolges. In einem Essayband, den Chevalier vorbereitet, will er erzählen, wie man sich das Leben einrichten soll. Titel: »Meine kleinen Gesetze.«

»Ich will den Typ eines alterslosen Menschen schildern, der den Leuten Geschmack daran gibt, 80 zu werden, und mit 81, 82, 83 oder 90 Jahren zu wissen, welche Dinge ein Mann dieses Alters gutheißen kann, ohne Unmögliches zu fordern.«

Sind es eigene Erfahrungen, die zugrundeliegen?

Chevalier gibt sich scherzhaft mit dem Zeigefinger ein paar Nasenstüber. »Vorsätze, Madame. Aber ich übe fleißig. Ich will so etwas wie ein Weiser werden, der gute Werke tut, anderen Leuten Mut gibt. Wie früher in meinen Liedern. Ich habe nie Botschaften verkündet, ich habe immer nur von den angenehmen Seiten des Lebens erzählt, die das Schicksal jedem irgendwann einmal schenkt. Daran muß man glauben. Auf das Schöne zurückblicken! Zucht der Gedanken ist eine meiner Lebensregeln.«

Die Rokokouhr auf dem Kaminsims schlägt vier.

Maurice Chevalier, das Idol einer ganzen Epoche, der alte reiche Mann mit der naiven Seele eines Vorstadtkindes, geleitet mich zur Gartenpforte: »A bientôt.«

Philippe Bouvard und die anderen Herren erwarten mich dort. Maurice Chevalier bleibt zurück, in freiwilliger Abgeschiedenheit. Freunde kommen, helfen, kochen, leisten ihm Gesellschaft, übernachten auch ... er hält bewußt kein ständiges Personal. Ein Fremder würde seinen Stundenplan im falschen Moment durchkreuzen.

In jeder Branche gibt es solche und andere. Ein Könner auf seinem Gebiet und ein Mann von Format ist Jonny Stark. Er ist der Entdecker und Manager von Mireille Mathieu.

»Kommen Sie heute gegen 18 Uhr ins Studio *Moulin de la Galette.* Mireille hat Fernsehaufnahmen. Vielleicht bietet sich Gelegenheit für ein kleines Interview«, hatte er mich telefonisch wissen lassen.

Ich fahre mit dem Kamerateam. Der Pförtner will uns abweisen: kein Vermerk in seiner Liste, kein Rendezvous. Ein Trinkgeld ebnet den Weg.

»Geradeaus und dann links.«

Durch schmale, halbdunkle Korridore, vorbei an eisernen Türen, herumliegenden Kulissenteilen, Requisiten und eilenden Menschen, erreichen wir Halle IV.

»Wer sind Sie? Wie kommen Sie hier herein?« Ein gewichtiger Mann versperrt den Eingang.

Wir zeigen die Kamera als Ausweis, was ihn noch mißtrauischer macht. Er ruft einen zweiten »Wichtigen« zu Hilfe, dieser einen dritten. Während die drei offensichtlich Beschäftigungslosen ihre Kompetenzen debattieren, mogeln wir uns bis an eine offene Hintertür.

Der Aufnahmeleiter kommt. Er weiß Bescheid. »Gedulden Sie sich bitte, die Probe ist gleich zu Ende.«

»Pardon, Madame!« Der alte Bühnenarbeiter bietet mir einen wackeligen Stuhl an. Aufmerksam, diese Franzosen. Danke.

In einer Ecke hinter mir stehen eine Riesencouch und ein paar futuristische Sitzgelegenheiten, mit korrallrotem Kunststoff bezogen, vollbesetzt mit unterbekleideten Ballettratten. Ablenkung für das deutsche Team. Drei davon sind Landsmänninnen, finden sie schnell heraus. Wenigstens wird ihnen so die Zeit nicht lang.

Ich mache mich auf die Suche nach den Garderoberäumen. In der Flucht grauer Eingänge finde ich eine Visitenkarte mit einer Nadel festgesteckt: Jonny Stark, Manager.

Ich klopfe.

»Herein!«

Vor mir steht ein stattliches Trumm von einem Mannsbild.

»Ich schätze, Sie sind der berühmte Monsieur Stark?!« Sein rundes Gesicht wird runder. »Mireille«, befiehlt er.

Im himmelblauen Frotteemantel mit schwarzen Blenden knickst sie artig, gibt das Händchen, zerbrechlich, ohne Gegendruck. »Entschuldigen Sie, ich ziehe mich gerade um.«

Wir gehen hinaus.

Ich habe in der Garderobe eine ganze Hut-Kollektion gesehen, die Mireille Mathieu offensichtlich in der Show tragen wird. Kann sie mir diese Kopfbedeckungen anziehen, damit wir eine hübsche Bild-Geschichte machen können?

»Das wird nicht gehen«, höre ich Jonny Stark seufzen, »die Frisur leidet darunter zu sehr.«

»Aber bei Mireilles Pagenkopf ist doch nicht viel zu zerdrücken«, erlaube ich mir zu entgegnen.

Widerspruch kann er nicht leiden. Immer diese Schwierigkeiten, signalisiert ein Zucken von den graumelierten Ohrenbärten zum markanten Kinnansatz ... er schüttelt den Kopf.

Nein, er möchte nicht. Er sagt es mit leiser Stimme. Den Tonfall kenne ich doch ... Mireille! Sie ist ganz sein Werk. Er läßt sie das schüchterne Ding sein mit dem gewaltigen Organ. Trommelt Reklame mit armen Eltern, dem guten Dutzend Geschwistern, ihrer Kindhaftigkeit. Was am Anfang zugkräftig war, Mireille – die zweite Edith Piaf, der Ersatz-Spatz von Paris, davon darf nicht mehr die Rede sein. Die neue Parole lautet: »Mireille Mathieu ist Mireille Mathieu.« Und Jonny Stark ihr Manager, fügt jeder still hinzu. Er ist der Baum und sie der Apfel. Ein goldener Apfel, millionenschwer. Herr Stark hat für sie die Gagen eines Charles Aznavour gefordert . . . und bekommen!

Ich schlendere zurück zum Team. Der Flirt mit den Ballettmädchen scheint keinen sonderlichen Spaß gemacht zu haben. Müde lehnen sie herum.

Die Dekoration ist eingeleuchtet. Man wartet auf Mireille. An ihrer Stelle erscheint Jonny der Große. Er tuschelt mit dem Regisseur der französischen Show, kommt dann zu uns. Also heute, das wird wohl nichts mehr. Mireille ist zu nervös für ein Interview. Sie muß sich ganz auf die Sendung der ORTF, der französischen Fernsehgesellschaft, konzentrieren.

Also wann?

Morgen – vielleicht.

Und sicher?

Am nächsten Freitag. Ach so, nein. Besser übermorgen. Gegen 16 Uhr bei Modeschöpfer Louis Feraud. Sie probiert neue Kleider an. Ist dieser Termin uns angenehm?

Möglich. Ich habe meinen Terminkalender nicht dabei.

Ich bin wütend. Verlorene Zeit, verlorenes Geld.

Am nächsten Vormittag erkundige ich mich bei Feraud. Es stimmt, die Mathieu ist angesagt; erst im Mode-Atelier, dann gibt Louis Feraud einen kleinen Empfang in seiner Privatwohnung. Der Couturier lädt mich ein, dort zu filmen.

Die Scheinwerfer werden aufgebaut, ein kleines Kunststück im Gewinkel der zwei Stockwerke, die Feraud in der Rue Faubourg St. Honoré sein eigen nennt. Unterm Dach gelegen, verbindet eine geländerlose Treppe, schmal wie eine Hühnerleiter, den unteren mit dem oberen Wohnungsteil. Das Tageszimmer überrascht mit relativ viel Platz, trotz der schrägen Wände und der tiefen Fensternischen. Rosa Geranien blühen vor den Scheiben, über die man in den von der Straße her unsichtbaren Innenhof des Elyséepalastes sehen kann. Staatsbesuche, Ausfahrten, Paraden zu Ehren des französischen Staatspräsidenten und dessen Gattin genießt man hier oben freien Auges, besser noch mit dem Fernglas, das Feraud auf dem Fenstersims bereitliegen hat, für Zuschauer ohne Laissez-passer. In der Mitte des Salons mit Spitzweg-Atmosphäre hängt eine primitive Kinderschaukel, zwei Stricke und ein Brett, des Meisters Lieblingsplatz. Wippenderweise fliegen ihm die besten Mode-Ideen zu. Man lagert sich auf Kissen mangels Stühlen, sitzt auf Stufen. Hinter einem Mauervorsprung entdecke ich das Schlafgemach, dort ein Zwei-mal-zwei-Meter-Bett, in einer Bauerntruhe versenkt eine Bar, und einen langen Zeichentisch, auf dem Mode-Skizzen durcheinanderliegen, Selbstporträts in Öl, Bilder von Mia, Ferauds zweiter Frau, von der er mittlerweile schon wieder geschieden ist.

Die ersten Gäste trudeln ein: ein Mannequin, Vicky, die Hausfreundin, und Lilo und Hugo Fink aus Darmstadt, Ferauds deutsche Kompagnons. Lilo Fink, blond und ätherisch, im bodenlangen schwarzen Seidentrikot, mit handgemalten surrealistischen rot-grünen Motiven auf Brust und Bauch, probiert erst die Schaukel, dann den Champagner, der ihr mehr zuzusagen scheint.

Ein graubrauner Zottelhund, Schnauzer-Bernhardiner-Verschnitt, gefährdet Gläser, Flaschen, Scheinwerfer und Kamerastativ. Im Quadrat der Falltür, durch die man den Raum betritt, taucht Louis Ferauds wirre Mähne auf, verschwindet wieder. Cäsar, das Tier, drängt nach ...

Gepolter, Geschrei, eine Schimpfkanonade. Der Modeschöpfer, den Hund im Arm, zwängt sich durch die Öffnung. Wie sich Herr und Hund im Ausdruck gleichen!

Jetzt holen Ferauds starke Arme den Ehrengast ans Licht: Mireille, lachend, plappernd, fast selbstbewußt, im langen Kleid. Himmelblau-perlmuttfarbene Jugendstilornamente, wie auf den Lampenschirmen jener Zeit, sind kunstvoll aus Pailletten aufgestickt. Hinter ihr in prallen Jeans, weizenmähnig, sexy, klettert Madame Stark die Treppe hoch, Freundin mehr als Anstandsdame. Sie ist hilfreich, redet ihrem Schützling zu, sich für das Interview doch auf die Schaukel zu setzen.

»Nein, bitte, ich habe Angst.«

Mit ein wenig Orangensaft, Haargestreichel und Küßchen bringt Feraud das süße Kind schließlich doch dazu. Wer bei den Aufnahmen nichts zu tun hat, muß außer Sicht. Sie ist schüchtern, wir wissen.

Hat sie Lampenfieber?

»Ja sehr.«

Ich bewundere die neue Robe. Was hat sie sich sonst noch gekauft?

»Keine Hosen, ich bin zu klein dazu.«

Ihre Lieblingsfarben?

»Blau, Weiß, Rot.«

Was tut sie in ihrer freien Zeit?

»Singen.«

Und die Liebe?

»Gehört dem Chanson.«

Nur?

»Vor allem dem Chanson.«

Gibt es jemanden, den sie besonders verehrt? Feraud, der Mireille auf der Luftwiege bei jeder Frage einen sanften Schubs gibt, vor und zurück und vor und zurück, zwinkert mir zu. Wieviele mag er schon so verschaukelt haben?

O, pardon, Mireille hat schon geantwortet: »Maurice Chevalier«, hat sie gesagt.

Pläne?

»Ich weiß noch nicht...«

Lassen wir's gut sein. Ich bedanke mich.

Wovor fürchtet sie sich? Aus der Jonny-Stark-Rolle zu fallen?

Ihr Kindsein wirkt nicht immer echt. Die zierliche Person ist wie ihre Stimme: voll Energie, Ehrgeiz und Willen.

Wer kann, fährt nach Cannes . . . heißt es in bestimmten Herrenkreisen. Cannes bietet mehr als Badefreuden: Clubs, das Casino, nächtliche Kreuzfahrten, Palm-Beach-Cocktailstunden, Theater und täglich ein Unterhaltungsprogramm mit internationalen Show-Stars.

»Ist sie nicht süß?«

Die Frage gilt mir.

»Ja, sehr süß sogar.«

Und sehr jung. 13, 14 Jahre, höchstens 15, schätze ich. Fast könnte man neidisch werden auf soviel Unschuld vom Lande. Nein, sie ist nicht vom Lande. Sie kommt aus der Stadt. Aus Hamburg. Ihre Freundin auch. Jetzt machen sie Ferien an der Côte d'Azur. Sie sind bei französischen Familien untergebracht, als eine Art Haustöchter oder so.

Heute haben sie frei. Beim Bummel über die Croisette, die berühmte Uferstraße, fielen ihnen Plakate von Udo Jürgens auf. Und vor ihnen ging einer . . . wie Udo, haben sie sich gedacht. Er war es. Er war's! Ein blaues und ein braunes Augenpaar folgen fasziniert dem schwungvollen Bogen der kleinen, auf einer Gabel aufgespießten schwarzen Olive, die zwischen weißen Zähnen verschwindet. Eine Olive müßte man sein!

Verhaltene Seufzer durchzittern die knospenhaften Rundungen unter dem modischen Seidentrikot, Gänsehaut überzieht die vom Minirock unbedeckten Schenkel. Und das in der Augustglut Südfrankreichs.

Die vollen Lippen der Blonden wölben sich sehnsüchtig. Udo, der Held ihrer Träume, räkelt sich wohlig auf seinem unbequemen Gartenstuhl, mit blanker Brust aus offenem Hemd die unruhigen Gedanken der Hamburger Gören eifrig nährend. Er fühlt sich wohl »im Schatten junger Mädchenblüte.«

Proust?

Ja, einer seiner Lieblingsdichter. Er seufzt: »Zum Lesen komme ich fast überhaupt nicht mehr. Die Tourneen. Komponieren. Da bleibt kaum Muße . . . und außerdem«, er zwinkert der kecken Brünetten zu, die unaufhörlich eine Strähne ihres schulterlangen Haars um den rechten Zeigefinger schlingt, ». . . träume ich im Sommer lieber meine eigenen

Geschichten. Von Bläue, Wellen, Wind ... vom Segeln. Ich bin romantisch, ich geb's ja zu.«

Udo blickt an den staunenden Gesichtern vorbei in die Ferne. »Sonnentage sind Tage zum Lieben«, tropft es aus seinem Mund.

Er besinnt sich auf mich.

O, er diskutiert viel mit seinen beiden Kärntner Freunden, die ihn auf Reisen begleiten. Der eine ist ein Hotelbesitzerssohn, der andere angehender Rechtsanwalt, im berühmten österreichischen Jesuitenkolleg *Stella matutina* erzogen. Gerade heute morgen wieder waren sie geteilter Meinung über Sex und Mode. Er ist für das Beine-Zeigen. Wo schaut ein Mann zuerst hin? Auf die Beine.

Die Mädchen von der Waterkant hören artig zu. Blondchen stopft sich voll mit einem fünfstöckigen Club-Sandwich, die Freundin läßt ihr Minikleid in einem so-nebenbei-Beinüberschlag zum Mini-Mini werden. Aber kein begehrlicher Männerblick streift die respektable Einsicht. Udo wird am Drehort erwartet.

Solchermaßen »abgeschrieben« ... schnell noch ein Autogramm vom Idol der einen auf den Unterarm, der anderen in die Hand gekritzelt ... erinnern sich die beiden Süßen an ihren letzten Bus, ab 17 Uhr 28 in Richtung Antibes. Da gehen sie hin. Wie lange mögen sie sich wohl die Hände nicht gewaschen haben?

»Sind Sie ein Frauenheld?« frage ich Udo Jürgens.

Er lacht geschmeichelt. »Das kann man schlecht von sich sagen, nicht? Ich sehe allen Frauen nach, gewiß. Ich flirte gern. Aber ist man deshalb ein Frauenheld?«

»Wie ist das, ein Star zu sein?«

»Sehr schön. Es ist beruhigend, Geld zu haben, viel Geld. Es ist angenehm, umschwärmt und geliebt zu werden.«

Er kostet es aus, das Star-Dasein. Ich habe ihn beobachtet, wie er gestenreich den Allüren lebt, lässig Befehle erteilt und sich nie ohne seine beiden Kärntner Schatten sehen läßt. Er hat gelernt, daß man im Ausland, in Frankreich vor allem, nur »wer ist«, wenn man mit Vasallen (im Dutzend möglichst) in der Öffentlichkeit erscheint.

Zwischen zwei Drehpausen verrät er noch: »Grundsätze kenne ich nicht, wenn ich auch manches aus Prinzip tue oder lasse, wo ich glaube, daß es für mich das Richtige ist.«

Meint er damit auch das Tändeln? Zieht ihn das Ewig-Weibliche hinan? Ihn, der »oben« ist? Ihn, der halbe Tage und lange Nächte damit verbringt, angestarrt zu werden, Unterschriften zu schreiben, in Gesichter zu sehen, Hände zu schütteln, mit Lampenfieber auf der Bühne zu stehen, zu singen, Klavier zu spielen, Beifall zu ernten, Lieblingsgerichte zu essen (Schinken mit Melone), Kamillentee zu trinken, zu reden, zu komponieren, zu schlafen und zwischendurch zu lieben...

»Ist es ein erfülltes Leben, das Sie führen?«

»Ich glaube schon . . .«

Die Sterne meinen es gut mit ihm. Wahrscheinlich gibt es da eine besondere Stellung der Sonne zur Venus im x-ten Haus, die ihm Frauengunst und Erfolg garantiert.

Schweißgebadet flüchtet Udo in den Schatten einer Palmengruppe. Eine südländische Schöne mit schwarzem Feuerblick fächelt ihm mit duftendem Seidenschal Kühlung zu. Wenig später macht sie noch mehr Wind. Sie hat einen Hand-Ventilator aufgetrieben . . . wer weiß, woher. Alles für den armen Troubadour, der auf der Strandpromenade in Cannes bei hohen Hitzegraden mit Piano und Schmelz in der Stimme für das Fernsehen filmt und weibliche Touristen-Massen hypnotisiert.

Heute habe ich eine Verabredung im Privathaus von Françoise Sagan. Es ist eine dreistöckige Villa mit winzigem Vorgarten im vornehmen XVI. Arrondissement. Ein Diener öffnet, dem Akzent nach ein Spanier. Ich folge ihm eine halbe Treppe hoch, durch einen Vorraum, ein Empfangszimmer, ein Musikzimmer, das auf eine Veranda mündet. Sie ist überdacht von einer alten Buche, deren dichtes Blättergewirr das Gefecht mit der sengenden Augustsonne zu ihren Gunsten entschieden hat. Es ist angenehm kühl.

»Nehmen Sie bitte Platz. Ich werde Sie anmelden.«

Ein großer runder Tisch aus Holz, weiß gestrichen, passende Sessel dazu. Über das Geländer sieht man in einen Garten, auf schmale asphaltierte Wege durch Jasminsträucher, Blumenbeete, Obstbäume. Ein Scotch-Terrier schnüffelt unter Himbeerstauden. Das lange Areal wird von einem meterhohen Bretterzaun umfriedet. Ich setze mich bequem in einen der Sessel, mit Blick in den grünen Baumhimmel. Vogelgezwitscher.

Ein leichter Wind fächelt den Duft von Blumen in meinen Atem. Wundervoll... ein Platz zum Träumen. Ob Françoise Sagan hier ihre Bücher schreibt?

»Bonjour, Madame. Gefällt es Ihnen in meiner Laube?«

»O, Entschuldigung...« ein Schäferhund schnuppert an mir.

»Laß das«, wird er zurückgerufen.

Unsere Hände finden sich in Sympathie. Sie trägt ein lavendelfarbenes Shantung-Hemdblusenkleid, kniefrei, die mageren Beine stecken in weißen Sandalen. Sie ist klein, fast schmächtig, das flächige Gesicht ist kaum geschminkt. Das Pagenkopf-Blondhaar endet am scharfmodellierten Kinn, hell gelb-grün-blau schillern die Augen unter buschigen Brauen. Der Mund ist glatt, die Oberlippe kaum ausgeprägt.

Sie hält den Blick nicht lange aus.

Der Diener bringt Whisky, Sprudelwasser, Orangensaft, Eis.

Sie fragt: »Was mögen Sie trinken?«

»Wasser bitte.«

Sie reicht es mir, etwas enttäuscht, wie mir scheint. Sie selbst gießt sich das hohe Glas dreiviertel voll Whisky pur.

Der Hund stößt seine Schnauze unter meinen Maxirock. Sie zerrt ihn am Halsband zurück. »Er hat nichts übrig für Modekapriolen. Bei Leuten, die er mag, pflegt er den Kopf auf die bloßen Knie zu legen.«

Ich habe Mühe, sie zu verstehen. Leise, genuschelt kommen die Worte aus ihrem Mund. Wir unterhalten uns über Bücher. Ihre Bücher. Wieviel ist aus persönlichem Erleben darin?

Beim Lächeln zeichnen Fältchen Tannenzweige auf die Tränensäcke. »Natürlich ist in allem, was ich geschrieben habe, Autobiographisches enthalten.«

Wie und wann schreibt sie?

»Ich schreibe, wenn ich eine Idee habe. Das geschieht nicht alle Tage. Ich bin nicht einmal sicher, ob ich je eine wirkliche Idee hatte . . . die Einfälle jedenfalls kommen mir meistens am Nachmittag. Dann hole ich die Schreibmaschine und fange an. Erst ist es ein Skelett, dann setzen die Situationen Fleisch an. Ich lasse die Personen einfach tun, was sie wollen . . .«

Nervös kratzt sie sich mal am Hals, an den Händen, am Arm, an der Stirn. In großen Schlucken trinkt sie den Whisky.

Françoise Sagan wurde in einer Klosterschule erzogen, die sie vorzeitig wegen »mangelnden sittlichen Ernstes« verlassen mußte. Sie war zweimal verheiratet, hat ein Kind.

Ich werfe das Stichwort »Drogen« in unsere Plauderei.

»Drogensüchtige langweilen mich. Ich liebe den Alkohol . . .« sie füllt ihr Glas erneut. »Ja, das stimmt. Wissen Sie, Leute, die Drogen nehmen, sind ausgepumpt und fade. Zumindest die, die ich kenne. Sie sind keine Gesprächspartner für mich.«

»Und Alkohol?«

»Alkohol beflügelt. Mich wenigstens.« Ihr Lächeln ist jetzt viel gelöster, als zu Beginn unseres Gesprächs. Ich lächle zurück. Schweigen. Der Schäferhund mag es, wenn man ihn krault.

»Kennen Sie Angst?«

»Nicht für mich. Ich habe ganz gut gelebt und eigentlich auch lange genug.« Françoise Sagan ist Mitte Dreißig. »Nur, wenn man Kinder hat oder junge Leute kennt . . . und daran denkt, daß ein Krieg das alles plötzlich auslöschen könnte, dann wird mir angst. Geht es Ihnen nicht auch so?«

»Sind Sie intellektuell?«

Schnell nimmt sie das Glas vom Mund. Sie hat sich verschluckt im Ansatz eines Lachens. »Nein, überhaupt nicht«, quält sie sich unter Husten ab. »Ich bin jemand, der Bücher schreibt. Die Intellektuellen sind Leute, die über die Bücher sprechen, die andere geschrieben haben. Leute, die Bücher schreiben, sind nur selten intellektuell.«

Ob ich noch zu einer Tassee Kaffee in die Wohnung kommen will? Gern.

Im Vorbeigehen streiche ich über den Flügel. »Spielen Sie Klavier?«

»Nein, ganz selten.«

»Lieben Sie Brahms?«

Lachen . . . aber die Sagan wirkt müde. Etwas Lethargisches ist um sie.

Im vorderen Salon nehmen uns breite Clubsessel auf. Kaffee duftet. Françoise Sagan entschuldigt sich, daß die Räume so »gewöhnlich« eingerichtet seien. Sie lege keinen Wert auf teure alte Möbel, dazu ziehe sie zu oft um.

Wie oft?

»Mindestens einmal im Jahr.«

»Sie haben in Deutschland über zwei Millionen Bücher verkauft. Kennen Sie unser Land?«

»Wenig. Irgendwann möchte ich die bayrischen Schlösser Ludwigs II. besichtigen. Vielleicht schreibe ich etwas, was da spielt... Deutschland beschäftigt mich täglich. Meine Umgebung bestätigt das« ... Daumen und drei Finger der kleinen Hand recken sich nacheinander empor ... »ich habe, wie Sie sehen, einen deutschen Schäferhund ... er heißt Werther... ein deutsches Auto, einen deutschen Radioapparat ... es sind die besten der Welt ... und ich wohne in der Rue Heinrich Heine. Das ist gar nicht schlecht, oder ...?«

»Wann verlassen Sie diese Wohnung wieder?« scherze ich.

»In zwei Monaten. Ich wechsle auch jedesmal die Telefonnummer.«

Damit streift Françoise Sagan kurzlebige Freundschaften mühelos ab. Unbekannt verzogen.

Die Schriftstellerin begleitet mich bis zum Gartentor. Sie klappt die erhobenen Hände auf und zu: »Ich mache winke, winke, wie die Kinder!«

»Bonjour, Françoise.«

Am Wochenende fährt der gutsituierte Pariser aufs Land, mit Kind und Kegel, mit Freunden und Bekannten. Je mehr Gäste, desto unterhaltsamer. Das Haus à la campagne weist mindestens denselben Luxus wie die Stadtwohnung auf. So besitzt der Nestor der Haute Couture, Pierre Balmain, eine wahre Traumvilla auf dem Lande, drei Autostunden vom Zentrum der Stadt entfernt. Er hatte mir den Vorschlag gemacht, ein kleines Fernseh-Porträt mit Hildegard Knef in dieser Oase der Ruhe zu filmen.

Kurz vor Mittag erreichen wir das weitläufige Anwesen. Der Parkplatz befindet sich gleich hinter der Einfahrt. Dann marschiert man gut eine Viertelstunde kleine Hügel hinauf, ein paar Steinstufen hinab, durch Rosen-Hecken, Rhododendronbüsche, an Birkengruppen entlang, bis im Hintergrund ein mehrstöckiges Gebäude weiß und behäbig durch das Grün schimmert. Ein japanischer Herr, in tadellosem Schneideranzug, Marke Balmain, stellt sich als Sekretär des Hausherrn vor und bittet uns nach rechts in den Obstgarten.

Vogelgezwitscher, Bienengesumm, Blütenduft ... die Natur hat ihr Brautkleid angezogen. Die Sonne lacht. Es ist Mai.

Unter alten Apfelbäumen sind weiße Tücher ins Gras gebreitet, darauf kaltes Huhn, Schinken, Leberpastete, Salate, Käse, Fruchtkörbe und in Karaffen roter Wein. Lachende Mädchen auf der Wiese, dazu einige Herren tun sich gütlich daran, Monsieur Balmain eilt zur Begrüßung auf uns zu, zwei Diener in weißen Jacken hantieren emsig, und dazwischen, wie der Dotter im Ei, thront Hildegard Knef . . . schlank, schön, langhaarig, genüßlich an einem Geflügelbein kauend. Man macht uns bekannt.

»Cameron«, ruft sie scherzhaft ihr Ehegespons.

»Guten Tag« ... »Wie war die Fahrt« ... die üblichen Begrüßungsformeln zwischen einander fremden Menschen. Wir werden verköstigt. Ich habe Zeit, zu beobachten.

Hildegard Knef ist eine faszinierende Frau. Ihre schnodderige Berliner Art mag zunächst abstoßen, später vergißt man die groben Worte, die sie im Munde führt, über ihrer Natürlichkeit, ihrer herzlichen Kumpelart.

Meine Mannen beginnen die Geräte auszupacken. Zwei Chansons soll Hildegard Knef singen, im Playback-Verfahren natürlich, einer zeit- und geldsparenden technischen Erfindung. Früher hätte man ein ganzes Orchester zur Begleitung der Sängerin in den Balmainschen Garten setzen müssen, wenn die Aufnahmen überhaupt im Freien gemacht worden wären. Der Ton hätte sich bestimmt störend mit Vogelgezwitscher, Hundegebell oder Autolärm vermischt. Heute hört der Interpret über einen großen Lautsprecher die Tonbandaufnahme des Liedes, das er Wochen zuvor in einem Studio gesungen hat. Er singt noch einmal den gleichen Text zur gleichen Melodie, parallel zur Musik und zu seiner eigenen Stimme. Die meisten Künstler beherrschen mittlerweile diese Synchron-Technik so perfekt, daß ein Laie nicht erkennen kann, ob live (also original) oder nach-gesungen wird.

Was wird sie anziehen?

»Pierre hat seine halbe Kollektion für mich mitgebracht. Wollen wir etwas aussuchen gehen?«

Wir wollen. Im Schlafzimmer von Balmain und im großen Gästezimmer liegen die Roben auf Betten, Stühlen, Sofas ausgebreitet, 20 Stück mindestens. Ein schwarzes Breitschwanz-Kleid und ein Abendensemble, bodenlang in beige und braun, beide Modelle einfach im Schnitt, finden Gnade vor den kritischen Augen des Stars.

Wir unterhalten uns über Mode, tratschen über Leute, die wir kennen, tauschen Schminkgeheimnisse aus. Hildegard Knef beginnt, mit großzügigen Pinselstrichen eine Skala von Lidschattentönen um meine Augen zu malen, schiebt unsere Maquilleuse einfach beiseite.

»Bei Ihnen muß man die Enden betonen.«

Ich betrachte ihr Werk im Spiegel, nicht schlecht, irgendwie fremd. Bei ihr sieht das »Falsche« so selbstverständlich, so echt aus. Aber ich hüte mich, etwas zu sagen, verkünde nur der Truppe laut von weitem: »Frau Knef hat mich geschminkt, gut, nicht?« Hoffentlich macht, also gewarnt, keiner eine despektierliche Bemerkung.

Während die Knef ihre Playbacks singt, führt mich Monsieur Balmain durchs Haus. Barocke Schränke, Empiretische, Rokokokonsolen, meterhohe Chinavasen in Treppennischen, fernöstliche Silbervögel, Gemälde von Picasso, Miro, Mondrian und Dali in den Zimmern im Obergeschoß und in der großen Marmorhalle, die auf eine überdachte Terrasse mündet. Balmain erzählt, daß er Vasen, Buddhafiguren, Jade-Skulpturen auf seinen Reisen durch China, Japan und Thailand gesammelt hat.

Hinter der Glasveranda beginnt eine Gartenanlage von seltenem Reiz. Inmitten eines Teiches steht ein Pagodentempelchen, kleine Stege und Steinfliesenpfade führen durch mannshohes Gras und üppiges Gesträuch.

»Sirikit war Gast in meinem Haus. Ihr zu Ehren und gleichzeitig für mich als Erinnerung an die thailändische Königin habe ich den fernöstlichen Park teilweise nachbilden lassen.«

Ist er ihr Hofschneider?

»Wenn Sie so wollen. Ich kleide sie seit über acht Jahren, seit ihrer ersten Europareise. Sie ist eine sehr treue Kundin . . .«

Er wird unterbrochen von dem Schrei: »Merde, ich falle!«

Balmain eilt der Knef entgegen und hilft ihr über die Tritte, die je einen halben Meter voneinander entfernt einzeln im Wasser stehen. Nicht ungefährlich im langen engen Rock . . . sie rafft ihn schließlich auf Schenkelhöhe und springt mutig von Klippe zu Klippe.

Der Modeschöpfer greift den Gesprächsfaden wieder auf: ». . . nicht treuer allerdings als Hildegard.«

»Wem bin ich treu?« Amüsiert zeigt sie die Reihe ebenmäßiger Zähne.

»Mir, mein Schatz.« Pierre Balmain umarmt sie.

Die Knef schenkt ihm einen dankbaren Blick, und wendet sich dann an mich: »Wissen Sie, er ist ein Meister großer und vor allem bühnenwirksamer Kleider. Er entwirft die Modelle für meine Tourneen ganz individuell beim Anhören der Chansons, die ich singen werde. Und dann ist da noch etwas, was ich ihm nie vergessen werde. Ich kam vor Jahren zu ihm, als es mir in Berlin nicht so gut ging und einige Berliner Couturiers sich gar nicht willig zeigten, mich zu kleiden ... er fragte nicht nach Geld, es machte ihm einfach Spaß, mich auszustaffieren.«

»Kaufen Sie Ihre ganze Garderobe bei Balmain?«

»Wo denken Sie hin, ich bin keine Verschwenderin! Diesen Fummel, den ich im Garten am Vormittag getragen habe, der ist aus irgendeinem kleinen Geschäft. Zu Hause ...« sie klemmt die Lippen zwischen die Zähne und schielt schnell zu Balmain »... zu Hause trage ich am liebsten Jeans ... das darf er natürlich nicht wissen.«

Das runde, ein wenig asiatische Gesicht des Couturiers zeigt einen verschmitzten Ausdruck.

»Warum nicht? Zu Hause sollen sich die Frauen entspannen und so bequem wie möglich angezogen sein.«

Hildegard Knef setzt die Unterhaltung auf Französisch fort: »Ich hab' dich im Verdacht, du hast Deutsch gelernt!«

Unser Rundgang endet vor einem offenen Pavillon mit Gartenmöbeln, auf denen sich der Rest der Weekend-Gäste niedergelassen hat und Whisky, Gin-Orange und Wodka-Tonic schlürft. Mister Cameron macht Platz in der kissenbelegten Hollywoodschaukel. Hildegard Knef kuschelt sich in seinen Arm. Ein Fuchspelz wird ihr über die Knie gelegt, eine Nerzstola um die Schultern. Man ist besorgt um sie. Die Sonne sinkt, im Mai sind die Abende noch kühl auf dem Lande.

Die Knef plaudert, wann und wo ihre Texte entstehen. Nach einem Erlebnis beispielsweise. Sie schreibt, ihr Mann redigiert, oft denken sie sich zusammen etwas aus. Das frischgewaschene Blondhaar wippt im Rhythmus des Sprechens, fällt in Locken bei jeder temperamentvollen Bewegung über Auge und Wangen. Sie wirft den Kopf zurück ... es ist ihr schon zur Gewohnheit geworden ... ein Rassegaul, der seine Mähne schüttelt.

Die Gespräche versickern. Der Abendwind trägt den Duft der Freesien vom Garten her. Der Zauber einer Maiennacht dämmert herauf.

Ein knappes Jahr später kam Christina Cameron zur Welt.

Wollen wir uns zum Mittagessen treffen? Abends habe ich leider Vorstellung, wie Sie wissen.«

»Gern. Und wo?«

»Hm... bei dem Angebot an guten Restaurants...«

»Hallo?«

»Ich bin noch dran. Ich überlege... *chez André? Fouquet?* Chinesisch? Russisch? Italienisch? Kaninchen oder Ente à l'orange?«

»Mir läuft das Wasser im Munde zusammen.«

»Hätten Sie Lust auf Ente?«

»Wunderbar!«

»Ich hole Sie ab. Sagen wir kurz nach zwölf.«

»Bis dann.«

Ich freue mich. Es macht Spaß, mit Feinschmeckern zu tafeln. Ein Gourmet ist er bestimmt. Oder ein Gourmand? Bei der Leibesfülle... Egal. Essen macht ihm Spaß. Und mir auch.

Aus dem roten Mercedes mit Frankfurter Nummernschild in Verbindung mit den Initialen »F – IR 1« wälzt sich Iwan Rebroff im langen Bibermantel, behütet mit Nerz, mehr Orlowsky als Milchmann. Er spielt im Theater Marigny den »Fiddler on the roof« en suite bei stets ausverkauftem Haus. Sein Rauschebart bringt beim Freundschaftskuß meine Frisur durcheinander.

»Ganz in Maxi?«, bemerke ich anerkennend.

»Ich habe, falls Sie es nicht wissen, die lange Mode nach Paris gebracht.«

So. So. »Wohin entführen Sie mich eigentlich?«

»Lassen Sie sich überraschen. Wahrscheinlich kennen Sie das Lokal, aber bestimmt nicht bei Tage.« Er hilft mir galant in den Wagen. Ehe er einsteigt, muß er Autogramme geben. Iwan Rebroff ist ein bekannter Mann an der Seine.

Wir fahren in Richtung Place de la Concorde. Im Gedränge des Mittagsverkehrs kommen wir nur langsam vorwärts. Ich genieße den Blick in den wolkenzerfetzten Himmel, in den wie ein Zeigefinger der 3000 Jahre alte Obelisk aufragt. Die architektonische Aufteilung des Platzes ist großartig. Hier sind die Köpfe gerollt von Ludwig XVI. und Marie Antoinette und vielen... es war die Bühne der Revolution. Hier hat die Guillotine gestanden... Rebroff summt einen Musette-Walzer.

»War es 1793, das mit Ludwig XVI.?«

»Pardon, was?«

»Der König auf dem Schafott«, schreie ich in den Lärm von Gasgeben und Gehupe.

Er antwortet nicht, sieht starr geradeaus. Was überlegt er? Ob ich wohl alle meine Tassen im Schrank habe? Wie kann er ahnen, daß Paris mir zu denken gibt.

Eine Gedichtzeile, die ich irgendwann einmal gelesen habe, geht mir seit Tagen nicht aus dem Kopf... »Man muß lachen, bevor man glücklich ist... aus Angst, man könnte sterben, ehe man gelacht hat.« Von wem ist das nur? Von wem?

Wir überqueren die Brücke in Richtung St.Germain-des-Près. Das Lachen fährt mit, es streicht um die Ecken, es weht im Flair dieser Stadt.

»Soll ich raten, wann wir abbiegen?«

Mein 240pfündiger lacht erleichtert eine halbe Baß-Oktave. »Haben Sie vorhin geträumt?«

Ich mime einen Seufzer. Das erspart Erklärungen.

Da sind wir auch schon. Rebroff bremst abrupt vor dem ältesten Pariser Feinschmeckerlokal, dem *Tour d'Argent.* Ein kordelverzierter Portier geleitet uns hinein, Autoschlüssel (für die Parkplatzsuche) und ein Banknotenröllchen wechseln in seine Hand.

Ein Stück Geschichte unserer Eßinstrumente hängt in Glaskästen, das erste handgegossene Silberbesteck, die erste Gabel, dreizackig nur. 1582 wurde sie hier zum allererstenmal benutzt. Auf diese Tatsache legt Claude Terrail, der Besitzer, großen Wert.

Ein Lift befördert uns in den obersten Stock. Der schönste Eßplatz ist der runde Tisch vor der Fensterfront. Man hat die Seine und die Kathedrale von Notre Dame wie eine Postkarte vor Augen. Nachts ist das Bauwerk aus dem 13. Jahrhundert illuminiert. Die Beleuchtung bezahlt *La Tour d'Argent* ... für die Gäste.

Rebroff streichelt selbstgefällig seinen Christusbart. Man hat uns den Prominententisch reserviert. Kellner hantieren dezent. Einen Aperitiv?

»Nein, nicht für mich...«, sagen wir im Duett.

Als Vorspeise ein Fisch-Soufflé, dann die Spezialität des Hauses: Ente. Iwan Rebroff nimmt sie à la maître d'hôtel, ich à l'orange.

Ein drittes Gedeck wird aufgelegt. Monsieur Terrail gibt uns die Ehre.

An wen erinnert er mich? An ... Yves Montand. Etwa die gleiche Größe. Nur – mehr Lebefalten im hageren Gesicht. Er hat wie immer eine frische Kornblume im Revers-Knopfloch des mausgrauen eleganten Doppelreihers.

»Sehr erfreut, Ihre Bekanntschaft zu machen.« Sein Deutsch hat einen österreichischen Akzent.

Wieso? Er murmelt etwas von k.u.k. Aber so alt kann er doch gar nicht sein? Es wäre unhöflich, ihn danach zu fragen.

Wie lange hält sich seine Kornblume frisch?

»Ich wechsle sie dreimal täglich, Madame. Unter dem Dach besitze ich ein kleines Gewächshaus, in dem sie gezüchtet werden.«

Ist er romantisch?

»Wegen der Blume? Aber wäre das Leben ohne schwärmerisches Feingefühl nicht eine Qual?«

Iwan Rebroff tupft genüßlich mit Weißbrot die Reste der delikaten Sauce des Hors d'oeuvres auf. Terrail hat erst die Hälfte aufgegessen, aber sein Besteck bereits quergelegt. Der Kellner will abservieren. Er erhält einen geflüsterten Befehl. Und schon geschieht das Unglaubliche ... er vertauscht seines Herrn Teller mit dem kahlgegessenen des Sängers.

»Da es Ihnen offensichtlich so gut schmeckt, darf ich diesen Teil an Sie abtreten?«

Ein Freundschaftsbeweis oder das Gegenteil?

Rebroff erstarrt. Wir sehen uns an. Was hätte der Freiherr von Knigge in dieser Situation getan? Ich beiße mir in die Unterlippe. Schmeißt Rebroff den Fischpudding in Terrails gelangweiltes Gesicht? Nein. Er überwindet sich. Er ißt. Hörbar, herausfordernd.

Ich verwickle Monsieur in ein Gespräch über Enten.

»Pierre, bringen Sie die Postkarten. Jede Ente, die verspeist wird, hat eine Nummer.«

Der Zeremonienmeister reicht Iwan und mir eine Ansicht des Restaurants mit den leitenden Herren. Darunter die Zahl 394 737.

»Bald ist es soweit. Jede 100 000ste Ente wird freigelassen« ... er wirft die Arme hoch ... »darf fliegen ... die Seine hinunter zum Meer. Das ist jedesmal ein Fest. Ich lade meine Freunde ein für drei Tage und drei Nächte.«

Eine kleine Prozession erreicht unseren Tisch. Die berühmten Enten werden serviert. Der Küchenchef erscheint. Iwan Rebroff mundet es. Der Russe aus Berlin hat sein seelisches Gleichgewicht wiedergefunden.

Monsieur Terrail hebt das Glas, in dem jetzt Rotwein funkelt: »Auf den großen Sänger.«

Iwan erzählt, er habe schon als Student davon geträumt, einmal im *Tour d'Argent* zu speisen.

Nach Ente mit Sauce wird Ente gebraten auf Silbertellern gereicht. Um den Geschmack zu neutralisieren, werden wir belehrt. Als nächstes Salat. Zu Salat niemals Rotwein! Nur Wasser... gewöhnliches Wasser aus der Leitung... darf man zu Salat trinken. Der Redefluß lähmt die Geschmacksnerven, könnte man entgegnen.

Monsieur Terrail verabschiedet sich, empfiehlt uns nach dem Kaffee das Verließ.

Also abwärts in den tiefen Keller. Feuchte Mauern umgeben uns, verstaubte Flaschen stehen in Nischen, Mauerwinkeln, Höhlen, Spinnweben davor. Alte Dokumente schimmern undeutlich hinter Glas. In einem Winkel gibt es derbe Holzbänke, einen rustikalen Tisch. Kaum sitzen wir, ertönt über Stereo die Stimme von Monsieur Terrail, der die Geschichte vom *Tour d'Argent* erzählt. Von der ersten Gabel ist die Rede, die man zunächst nicht zum Munde führte, sondern als Hilfsgerät benutzte, um die Bissen über die großen Mühlsteinkragen zu jonglieren. Einmal hochgehievt, nahm man das Essen von der Gabel und schob es mit der Hand in den Mund. Ab und zu wird Monsieurs Stimme durch Musik von Händel und Gluck unterbrochen. Man kredenzt uns diese und jene Sorte Wein. Andere Gäste gesellen sich zu uns. Gelächter füllt den Raum.

Schnee hängt in der Luft, als wir das Feinschmeckerlokal verlassen. Im aschblonden Rauschebart des Sängers hängen ein paar Tröpfchen.

Toi, toi, toi für die Vorstellung. Er intoniert: »Wenn ich einmal reich wär...«

Ich bedanke mich für das Mittagessen und empfehle ihm, ein Taxi zu nehmen. Sein Wagen wird nachher beim Theater stehen. Iwans Abschiedskuß hinterläßt einen feuchten Fleck auf meiner Wange.

Auf dem Weg zurück zum Hotel tanzt in meinem Hirn die Melodie »dadadadadampam... dadadadadadadadadadam...« Ich hab' einen Schwips! Wenn ich einmal reich wär'... könnte ich tagaus, tagein von Essen zu Essen, von Parties zu Empfängen, zu Tees und Quicklunchs und

Soireen eilen. Immer gut frisiert, matt gepudert, verbindlich lächelnd, munter plaudernd. Geld ist schon etwas Schönes. Und ein paar Gläschen am Nachmittag erleichtern das Leben sehr.

Im Hotel ernüchtern mich Bündel von Nachrichten, Bitten um Telefonrückrufe ... und das an einem Samstag. Wenn ich einmal ... aber ich bin es nicht. Himmel, das hatte ich ganz vergessen!

Eine Glasveranda mit Wolkenstores, darüber eine rotsamtene Bordüre mit goldenem Namenszug: *Maxim's*, das Pariser Vergnügungslokal, 1892 von Maxim Gaillard eröffnet, in der Rue Royal. Es gelangte in der Belle Epoque zu legendärer und späterer Operettenberühmtheit: »Heut' geh ich ins Maxim ...«

Zwei Lorbeerbäume flankieren die Tür. Abends, wenn Gäste kommen, öffnen mausgrau Livrierte mit weißen Handschuhen und dicken militanten Kordeln auf der Brust ... Affenschaukeln sagt man in Österreich dazu ... die Pforte zu kulinarischen Genüssen. Man speist an kleinen Tischen vor rotem Samt. Das Restaurant ist überdacht von einem gläsernen Plafond in pastellfarbenen Jugendstilornamenten.

An diesem Donnerstag darf man nur mit Eintrittskarten das einstige Halbwelt-Paradies betreten. Komisch, daß es bei solchen Anlässen immer mehr Billetts gibt, als Plätze vorhanden sind. Mit Schmiergeldern kann man viel erreichen in Paris.

Kleopatra mit Gefolge! Das anschwellende Stimmengewirr, zunehmendes Gedränge künden ihr Nahen. Ich habe einen rückenfreien Platz auf einer Polsterbank, von der aus man das ganze Lokal gut übersehen kann. Dann aber schieben sich mehr und mehr Leiber, hochgereckte Arme mit Fotoapparaten, Kameras, Hüte, Glatzköpfe vor die gute Aussicht. Nur keine Platzangst kriegen. Nicht nervös werden, rede ich mir zu. Direkt vor mir bildet sich eine Gasse. Zwei prügeln sich. Hysterische Schreie, Flüche, Lachen.

Die Uniformierten vom Eingang schaufeln mit kräftigen Armen Platz. Endlich hocken die »Überzähligen« eng geschachtelt auf dem Boden. Schräg übers Parkett treffen meine Augen die der schönsten Frau der Welt: Liz Taylor. Lächelnd residiert sie, ihr zur Seite Richard, der fünfte Ehemann, und als Hofschranze Alexandre, der Friseur.

Uns, ihren Untertanen für zwei Stunden, wird sie zeigen, was künftig Mode ist. In der Mitte des Raumes sind etwa noch 10 Quadratmeter freie Fläche. Beat dröhnt. Liz' kleine brillantengeschmückte Hand klopft den Takt am Whiskyglas. Die Show beginnt. Die Mannequins sehen aus wie Cherubim im langen blonden Lockenhaar, mit Flitterkram behangen. Im Tanz zeigen sie die Modelle. Molières kleine Marquis standen Pate für Hosenanzüge mit Krausen und Jabots. Die Ärmel haben üppige Volants, so lang, daß man mit ihnen keine Zigarette rauchen kann, wenn man nicht eine Spitze von 1925 hat. Mode für gesellschaftlichen oder häuslichen Männerfang.

Die Entwürfe stammen natürlich nicht von Liz Taylor, sie gab nur ihren Namen und 750 000 Mark. Mia, die gewesene zweite Frau von Couturier Louis Feraud, und ihre Freundin Vicky hatten eines Sommers die Idee, Mode zu gestalten. »Zufällig« kam Liz Taylor vorbei ... wie das so ist, wenn man zur High Society gehört ... sie fand Gefallen an den beiden, und Mädchenträume wurden Wirklichkeit.

Von Liz stammt nur das Hochzeitskleid, ein weiter Hänger aus Tüll mit Orangenblüten bestickt.

Richard Burton kippt den achten Whisky pur. Ich habe mitgezählt. Beifall brandet auf. Journalisten belagern die Stars.

Jetzt bin ich mit dem Interview dran. Weiß wie Schnee und schwarz wie Ebenholz sitzt sie vor mir, das Schneewittchen mit den dunkelblauen Augen und dem perlenlächelnden Mund.

Ich frage sie nach der Mode. Sie atmet glücklich, sieht mich an ... lange ... wortlos ... sucht sie nach einer geeigneten Formulierung? Bis ich merke: Ihr Strahlen gilt den Fotolinsen, die aus jedem Winkel auf sie gerichtet sind.

Burton hat ein schadenfrohes Grinsen im Gesicht. Läßt sie mich hängen? Antwortet sie nicht? Er füllt das Glas von Liz mit Whisky und Wasser. Sie rührt seelenruhig mit dem Mittelfinger in der Flüssigkeit. Keiner achtet darauf, alle blicken gebannt in das Ebenmaß des Gesichts.

Ihre Pupillen kreuzen die meinen. Sie erinnert sich, schiebt mit dem Whiskyfinger eine widerspenstige Locke aus der Schläfe ... »ach, wissen Sie, das Hochzeitskleid habe ich gemacht, weil ich auf diesem Gebiet nicht ganz unerfahren bin.«

Sie wiegt den Kopf von rechts nach links und zurück. »Ich hasse kurze

Röcke, weil nur wenige Frauen mit schönen Knien gesegnet sind. Lieber Hosen und lange Kleider, nichts Anliegendes. Alles muß fließen, das macht schlank und ist bequem ...«

Ein Seitenblick zu Richard Burton. Er hat nicht zugehört.

Was denkt er über weibliche Kleidung?

Er lacht laut und tief. »Ich war heute zum ersten Mal in meinem Leben auf einer Modenschau. Überwältigt bin ich nicht gerade. Diese mageren Mannequins, das sind ja keine Frauen!«

Liz will gehen. Sie zieht ihn buchstäblich hinter dem Tisch hervor. In seinem dunkelblauen Zweireiher schaut er aus wie ein Knecht im Sonntagsstaat. Wirr fliegt das graumelierte Haar um die niedrige Stirn. Brutalität prägt Kinn und Mund.

Eine rehäugige Journalistin, die sich eifrig Notizen macht, flüstert: »Was für ein Mann!« Ihre bebrillte maskuline Freundin degradiert: »Er ist ein Kerl.«

Liz Taylor scheint gerade das zu mögen.

Zur Sommerzeit trifft sich der französische Jet Set an der Côte d'Azur. St.Tropez ist out, Juan les Pins der neue Treff. Cannes ersetzt Paris.

Ich schlendere am Jachthafen entlang, vorbei an Booten aus edlen Hölzern und viel Chrom. So groß, wie wohlhabend; so protzig, wie neureich. Endlich die Nr. 55. Das also ist das schwimmende Wochenendhaus von Pierre Brice.

»Seien Sie pünktlich«, hatte seine Managerin mir ans Herz gelegt, »8 Uhr 30«. Morgens oder abends? »8 Uhr 30 morgens, Sie haben richtig gehört. Man wird Sie erwarten.«

Niemand ist zu sehen. Wen trifft man schon in Frankreich, noch dazu am Urlaubsort, vor 10 oder 11 Uhr.

Auf der schwankenden Landebrücke überlege ich, ob ich »Hallo« rufen soll, setze dann aber kurz entschlossen meinen Fuß auf das glänzend gebohnerte Parkett der Motorjacht. Um die Ecke flitzt ein kleiner, aufgeregt fuchtelnder Mann, kaum kommt er zu Luft und Worten: »Madame, wenn Schiff betreten, vorher Schuhe ausziehen... Monsieur Pierre sonst teufelsböse!« Er sagt es in einem Kauderwelsch aus Französisch, Italienisch, Spanisch. Später erfahre ich, daß er Türke ist.

Ärger kriecht mir die Magenwand hoch. Schließlich habe ich keine Bleistiftabsätze oder Bergschuhe mit Nägeln an, sondern Tennisschuhe. Oder sollte der Häuptling der Apachen solche sommerlich-modischen Attribute nicht an einer deutschen Fernsehreporterin vermuten?

Wo ist er überhaupt? So, er ist nicht auf dem Boot. Frühstückt im Strandrestaurant. Wie nett. Ich wußte doch gleich, daß mit der ausgemachten Zeit etwas nicht stimmen konnte.

Die Sonne sticht. Zurück zum Ausgangspunkt, 1 Kilometer zu Fuß. Die Kamera-Autos stehen, so will es die Hafenordnung, auf dem noch weiter entfernten Parkplatz. Mißmutig setze ich ein Bein vor das andere ... Winnetou ... Pierre Brice ... Winnetou ... warum habe ich mir das bloß eingebrockt? Vielleicht, weil ich als Halbwüchsige die Abenteuergeschichten von Karl May begierig las? Oder wegen der Publikumswirksamkeit des Pierre Brice?

Mit wundgescheuerten Fersen sinke ich endlich erschöpft in den nächsten freien Stuhl der Restaurantsterrasse. Da drüben sitzt er, braungebrannt, strahlend, mit nacktem Oberkörper und weißen Leinenhosen. Ihm zur Seite eine blonde Schöne, eine riesige rote Pop-Uhr am Arm, größer als der Mini-Bikini, der das sündige Fleisch knapp bedeckt.

Und wie's den beiden schmeckt!

Meine schmerzenden Füße vergessend, steuere ich den Brice-Tisch an. Ich brauche nichts zu sagen. Er entschuldigt sich tausendmal. Charme hat er ja.

»Vielleicht einen Kaffee, ganz schnell, ein Hörnchen?« Das Mädchen schenkt schon ein, plappert von London, da ist auch die Uhr her, sie selbst kommt aus Schweden.

Von der entgegengesetzten Seite nähern sich im Gänsemarsch, schwerbeladen mit Stativ, Kamera, Sonnenblenden, Tongeräten die Fernsehschaffenden. Wir ziehen gemeinsam los zur Jacht.

»Schuhe ausziehen!« gebe ich die Geheimparole an die Crew weiter. Sie haben gleich mir Segelschuhe an. »Nichts da! Barfuß für alle!« kommandiere ich.

Pierre Brice zeigt stolz die Rettungsringe, rot bemalt mit »Winnetou.« Sechs an der Zahl. Drei zu wenig, kommt mir in den Sinn.

Er manövriert das Motorboot ins offene Meer hinaus. Wie ein Pfeil schießt die Jacht durch die Wellen, hinter uns eine Straße Gischt.

Brice führt mich in die Kajüte. Die Einrichtung ist nach seinen Entwürfen angefertigt worden.

»Ich bin leidenschaftlicher Innenarchitekt, auch Bastler. Diesen Tisch habe ich selbst gemacht.«

Intarsienarbeit, »Winnetou« von Laienhand ins Holz geschnitten. Schränke mit Wäsche und Gläsern, Winnetou-gekennzeichnet. Ich staune gebührend.

Er holt ein blaues Polohemd aus dem Regal, streift es über. Auf der Brust prangt in weißen Lettern... na, was wohl? Das Schwedenmädel leiht mir ein Tuch für den Kopf. Draußen auf Deck sitzen wir unterm Sonnensegel, um uns der salzige Geruch des Wassers. Pierre Brice lehnt an der Reeling in Playboypose, die Beine leicht gekreuzt von sich gestreckt, Zigarette lässig im indianisch geschnittenen Gesicht, einen Longdrink in der Hand. Gin, Orangensaft und ein paar Tropfen Cassis; schmeckt gut.

Die süße Blonde wäre für unseren Film eine willkommene Staffage. »Nein, nein«, wehrt Pierre energisch ab, »geh nach hinten. Was sollen meine weiblichen Fans von mir denken?«

Er spricht ein paar Worte Deutsch. Ich übersetze ihm seine Antworten in unsere Sprache. Er lernt schnell auswendig. Winnetou ist das Thema.

Es wird noch mehr Winnetou-Filme geben. Ihm macht es Spaß.

Sonst?

»Das Leben ausschöpfen. Essen, lieben, schlafen. Und Innenarchitektur.« In diesem Punkt ist er beharrlich. »Manchmal, wenn Freunde von mir verreisen, kremple ich deren Wohnungen um.«

Mit Erfolg?

»Mhm.« Winnetou gähnt. Die Mittagshitze, der Alkohol und Schwedenmädel Britt... Kann er gehen?

Er kann.

Ich genieße für den Rest des Nachmittags Himmel, Sonne, Meer und ein paar Augenblicke lang das Gefühl, von -zigtausend Pierre-Brice-Fans um diese Bootsfahrt beneidet zu werden.

Der Hafen von St.Tropez ist kein Tummelplatz für reiche Faune und Nymphen mehr. Die malerische Uferstraße, die Terrassencafés, die engen Gassen und der Marktplatz dienen als Kulisse für den Rummelplatz des

Massentourismus. Brigitte Bardot und ihr Clan sonnen sich anderswo. Die Bardot-Villa La Madrague steht zum Verkauf.

Vorbei die Exklusivität, vorbei das High-Society-Paradies St.Tropez. Die Reichen und die Stars haben sich in ihre Villen auf den steigenden Hügeln, auf die Privatstrände oder ihre Jachten zurückgezogen. Ihr Stelldichein mit Freunden geben sie sich auf dem hermetisch abgeschlossenen Gelände des *Biblos*-Hotels. Diese Ansammlung von Bungalows im pseudo-maurischen Stil schaffte es, in 50 Tagen berühmt zu werden. Niemand weiß, wieviel Gelände und Bauten gekostet haben. Vielleicht ist es wahr, was Prosper Gay-Para bei der Eröffnung sagte: »Erst die Kinder meiner Kinder werden möglicherweise den Einsatz wieder herausbekommen.«

Der alte Herr hat mir die Erlaubnis gegeben, Modeaufnahmen im luxuriösen Innenhof zu drehen.

Das Kamerateam schielt sehnsüchtig auf die blauschimmernden Wellen des Schwimmbassins und die Playgirls, die davor lagern. 40 Grad im Schatten. Der Regisseur hat die fabelhafte Idee, die Mannequins in Wintermodellen des deutschen Konfektionärs Günter Chiwitt auf dem 10-Meter-Sprungbrett paradieren zu lassen... »der optische Effekt ist die halbe Show!«

»Könnt Ihr schwimmen, Mädels?« fragt Chiwitt.

»Jaaa«, hallt es im Chor.

»Na, denn is ja jut!«

Ich bewundere das heitere Gemüt des Düsseldorfer Modemachers. Er ist ein Jet-Set-Typ. Pendelt von Ischia nach Ibiza, von St.Moritz nach Biarritz, nach Guadelupe und Gran Canaria. Vom *Biblos* sollen ein paar »Steine« ihm gehören.

Die Vorführdamen balancieren in luftiger Höhe, drehen sich, bleiben stehen. Und ... »wiederholen!« Nach 25 Minuten ist diese Einstellung gefilmt. Die Hitze lähmt.

Ein Schatten fällt über mein Gesicht. Er kommt von einem bunten Sonnenschirm... ein Liegestuhl wird darunter aufgestellt. Kaum sitze ich, macht ein Page mit einem Stabfächer Wind... wie im alten Ägypten.

Hat Günter Chiwitt das organisiert? Nein. Die Hoteldirektion läßt mich den Snobiety-Service des *Biblos* auskosten.

Sie kommt, kommt bald, nicht so bald, vielleicht gar nicht. Es ist wie Margeritenzupfen, das Warten auf einen Star. Michèle Morgan, die grande dame des französischen Films, ist bereits länger als eine halbe Stunde »überfällig.«

»Sie haßt nichts so sehr wie Unpünktlichkeit«, versichert mir ihre Managerin. »Sie ist die charmanteste Frau, die es gibt«, folgt Versicherung Nr. 2.

»Wir haben Zeit«, ertönt es im Chor hinter meinem Rücken von Regisseur und Kameraleuten. Sie kennen die Morgan aus vielen Filmen und verehren sie.

Wir warten also – auf Morgan. Eine Stunde vergeht, eine weitere halbe. Es wird telefoniert, ein Bote losgeschickt. Endlich meldet sie sich ... vom Friseur. Da war kein Taxi zu kriegen bei dem Regen. Man schickt einen Wagen, sie abzuholen.

Die Zeit verrinnt. Ich sehe mich inzwischen unter den Morgan-Modellen um.

Endlich trifft sie ein, im ledergegürteten dunkelbraunen Nerzmantel, einen weißen Filzhut über blondem, wie reifes Korn getöntem Bubikopf. Ärger liegt um den flachlippigen Mund.

Die Filmaufnahmen ... Wo?

Vor den Kleiderständern?

Nein.

Würde Madame eines der Modelle aus ihrer neuen Kollektion anziehen?

Ein unwirscher Blick über solche Zumutung. Sie trägt weder die passenden Schuhe, noch die richtigen Dessous. Ihre Stimmung beginnt mich anzustecken.

Noch eine Klippe: »Die Kamera liegt tiefer als mein Kopf. Das mag ich nicht.«

Vielleicht vor dem Spiegel?

»Kommt nicht in Frage. Ich kenne mein Gesicht. Und das Metier. Ich habe über 50 Filme gedreht.«

Ich hole tief Luft... Nach weiterem Hin und Her einigen wir uns schließlich auf ein Gespräch auf Stühlen vor einer bebilderten Wand. Michèle Morgan zückt aus ihrer Sämischledertasche einen kleinen runden Spiegel, hält ihn weit von sich, betrachtet ihr Mienenspiel in Richtung

Kamera-Objektiv. Ihre Haltung ist gestrafft bis an die Wurzeln ihres Haares. So viel Wille zum Schönsein reißt zu Bewunderung hin. Und sie ist schön. Und kalt. Aber das mag an der nordischen Blondheit liegen.

»Kamera ab!« ... Ich kenne sie nicht wieder. Charmant, zuvorkommend, fast herzlich antwortet sie auf meine Fragen.

»Was hat Sie, die bekannte, erfolgreiche Filmschauspielerin, dazu bewogen, Mode zu machen?«

»Ich beschäftige mich gern. Wer arbeitet, hat keine Zeit darüber nachzudenken, daß man älter wird. Mode interessiert mich, wie alles, was die Frau betrifft. Es macht Spaß, sich etwas auszudenken, was anderen Freude machen wird. Es gibt viele Frauen, die nicht wissen, was sie anziehen sollen. Als Frau über 40 ist man heutzutage ein wenig verloren in punkto Garderobe. So habe ich mich darauf konzentriert, Mode für die nicht mehr ganz Jungen zu entwerfen.«

»Wie teuer?«

»Im ›Printemps‹ (einem Pariser Warenhaus) verkauft man ein Ensemble, also ein Kleid mit Mantel, für 1400 Frs.« Macht etwa 1000 Mark.

»Sie malen auch?«

»Ja, ich hatte eine Ausstellung mit Aquarellen und Ölgemälden. Ich habe neulich auch einen Modeschmuck-Laden aufgemacht. Wenn eine Frau in die Jahre kommt, sollte sie sich immer wieder etwas Neues vornehmen.«

Effektvoll hebt sie die gepflegte Hand. Mit dem kleinen Finger fährt sie den Nasenflügel entlang ... sagt: »Ich entsinne mich eines Ausspruchs von Joubert: ›Der Geschmack ist das literarische Gewissen der Seele.‹ Jede Frau hat Geschmack. Die wenigsten haben den Mut dazu.«

»Welche Rolle spielen die Männer in Ihrem Leben?«

»Ein Mann, der uns verläßt, ist noch lange kein Grund zur Selbstaufgabe.«

Sie muß es wissen. Zweimal war sie verheiratet. Jetzt ist sie die Lebensgefährtin eines bekannten französischen Regisseurs.

»Und das Geheimnis Ihrer Jugend?«

Sie lächelt so leicht, daß kein Fältchen das makellose Gesicht zerstört: »Ganz einfach, daß ich jung geblieben bin.«

Es ist sehr heiß an diesem 19. Juli. Die dicke Maske aus Fonds-de-teint und Puder im nicht mehr ganz taufrischen Antlitz des französischen Sex-Idols hat Risse wie ein Acker in Dürrezeiten. Ihre Laune ist entsprechend. Zum x-ten Mal wird die Filmszene gedreht.

Brigitte Bardot muß eine Häuserfront entlanglaufen, ein ganz alltäglicher Vorgang. Die Schwierigkeiten liegen auch nicht bei ihr, die Technik hat ein Problem. Die Kamera ist auf einem Wagen montiert, der auf einer Schiene läuft, ähnlich einem Gleis für eine Schmalspur-Eisenbahn. Vier Leute schieben das Gefährt, auf dem außer dem Gerät der Kameramann, Assistent, Licht- und Tonmann stehen. Das Wichtige ist, daß sie mit der Schauspielerin auf gleicher Höhe bleiben. So entsteht für den Zuschauer der Eindruck des parallel Mitgehens, des Dabeiseins, als befände man sich direkt an der Seite der Bardot. Und das klappt heute gar nicht.

Noch einmal. Bis der Kamerawagen die 15 Meter lange Schiene zum Ausgangspunkt zurückgerollt ist, wirft sich der Star auf den nächsten Stuhl, öffnet das Jackett des wollenen Hosenanzuges bis auf den obersten Knopf und präsentiert die berühmte Haut plus dem Ansatz des in Madame Tussauds Wachsfigurenkabinett nachgebildeten Busens.

Eine Maquilleuse repariert zerflossenes Augen-Make-up und bessert lädierte Schminke aus. Brigitte Bardot betrachtet aufmerksam ihr Spiegelbild, streicht mit dem kleinen Finger die Fältchen in den äußeren Augenwinkeln wieder und wieder ... glatt, aber nicht fort. Drei Ehen, drei Scheidungen, etliche Verlöbnisse und zahllose Flirts, das runzelt sich so ein im Lauf der Jahre.

Ein Fernsehgespräch? Nein, nein ... die Schmollmundwinkel zeigen abwärts: »Ich bin die ewige Fragerei leid.«

Fast alle weiblichen Stars haben einen Horror vor Interviews. Mireille Darc nannte das professionelle Frage-Antwort-Spiel einmal die »Zitronenmethode.«

»Außerdem bin ich für Film und nicht für Fernsehen geschminkt ... das ist ein großer Unterschied.« Sie reicht mir eine kleine Hand ohne Druck. »Vielleicht in einer Pause, da können wir uns unterhalten, aber ohne Kamera!«

Das Zusammentreffen zwischen Frankreichs Nationalheiligtum und mir wird gefilmt. Sobald das Objektiv auf sie gerichtet ist, entspannen sich ihre Züge, lächelt sie das bekannt-törichte Lächeln. Dieses Lächeln verjüngt sie um vieles. Die »falsche« Schminke hat sie offenbar ganz vergessen.

Ich bleibe in ihrer Nähe, hoffe auf die Chance, doch ein paar Fragen an sie richten zu können. Drehpause. Aber sie läuft zu Patrick Gilles, dem 13 Jahre jüngeren Garagenbesitzerssohn, mit dem sie einen Sommer lang Händchen hielt. Sein Hobby sind Autos, schnelle Wagen. Also hat Brigitte ihm zuliebe den Rolls Royce verkauft, den sie gern mochte, weil man sich darin so gut verstecken konnte, und ihn gegen einen Rennwagen eingetauscht. Grün, lang, rassig steht er in der Nähe des Drehorts. Er hat seine Mucken. Bardot und Co. stecken die Köpfe über der geöffneten Kühlerhaube zusammen. Verstohlen schaut sie manchmal hoch, um festzustellen, ob unsere Kameras noch auf sie gerichtet sind. Befriedigt spaziert sie ein paar Schritte auf und ab, streckt schließlich wie ein ungezogenes Kind die Zunge heraus und lacht. Angestarrt, fotografiert, gefilmt, bewundert werden... das ist ihr Leben.

Patrick Gilles scheint den Rummel nicht zu mögen. Er geht weg. B.B. ihm nach, Zorn im Gesicht. Er marschiert durch eine Tür, läßt sie zufallen, obwohl er weiß, daß sie ihm folgt. Sie reißt sie wieder auf... bums! Die ist zu. Man hört den Streit der beiden.

Ich sehe meine Chancen schwinden.

Aber nach einem Himbeereis und zärtlichem Popogetätschel vom »bösen« Gilles hat sie doch ein paar Minuten Zeit für mich.

Wird sie wieder heiraten?

Warum nicht. Sie glaubt, daß es sich nur zu zweit gut leben läßt. Für eine Heirat bringt ihr Beruf allerdings Schwierigkeiten mit sich. Die ständigen Trennungen... »Ein Mann, ein richtiger Mann...« Brigitte Bardot betont das Attribut »...hat seine Verpflichtungen. Er kann seiner Frau nicht an all die Drehorte folgen. Man kann von ihm nicht verlangen, daß er brav zu Hause wartet. Also geht er seine Wege. Sie auch. Man wird mit Freunden gesehen und die Presse macht eine Liebesidylle daraus. Dann muß man Rechenschaft ablegen. Es gibt Meinungsverschiedenheiten. So ist das eben...«

Denkt sie manchmal ans Älterwerden?

Ihr linker Augenbrauenbogen hebt sich leicht. Dann lacht sie schallend, als hätte ich einen Witz erzählt. Und lacht... Lachend sucht sie die Hand ihres Favoriten. Lachend zieht sie mit ihm von dannen.

»Wie ist Brigitte Bardot?« haben viele mich nach der Fernsehsendung gefragt.

Ja, wie?

Nett. Glücklich, unglücklich, wie jede Frau. Kapriziös. Ein Star, der die Umgebung tyrannisiert.

»Und? Und weiter?« Nichts weiter.

Sie hat Sex-Filmgeschichte gemacht.

Fühlen Sie sich wie Brigitte Bardot«, meint Paco Rabanne sarkastisch. Darauf war ich eigentlich nicht aus gewesen, als ich das Rendezvous mit dem Mann, der die Frauen in Ketten schlägt, für 12 Uhr mittags vereinbarte. »High noon«, hatte er gesagt, »... da töte ich jedem Reporter den Nerv.«

Man darf seine Späße nicht zu ernst nehmen. Ursprünglich war er Designer bei Modezar Balenciaga, dann griff er eines Tages statt zu Nadel und Schere zu Draht und Eisen und machte in Paris als Kleiderschmied von sich reden. Er hatte Erfolg.

Jetzt sitze ich dem Schnurrbärtigen gegenüber, angetan mit einem Visier aus Aluminium, Perlen und Eisenfransen, 10 Kilogramm schwer, das er mir zur Begrüßung auf den Kopf gestülpt hat. »B.B. hat es drei Stunden in einer Fernseh-Show getragen«, erklärt er.

Zunächst finde ich das Ding ganz komfortabel... nach 10 Minuten wäre ich den Mode-Helm gern wieder los. »Kennen Sie Nietzsche«, will ich wissen und schaffe es, ihn wenigstens für Sekunden zu verblüffen.

»Natürlich. Ich habe ihn studiert, als ich in der Philosophieklasse war.« Wenn er lügt, tut er es überzeugend.

»Kennen Sie seinen Ausspruch ›Wenn du zum Weibe gehst, vergiß die Peitsche nicht?‹ «

Rabanne ist ein Fuchs, man kann ihn nicht aufs Glatteis führen. »Es gibt ein Sprichwort aus Arabien«, sagt er mit einem Schmunzeln unter den langen Ohrenbärten, »das ich persönlich besser finde: Peitsche deine Frau ab und zu, auch wenn du keinen Grund dazu hast. Sie weiß schon, warum.«

Macht es ihm Spaß, Frauen zu quälen? Seine eisernen Kreationen pieken beim Sitzen enorm.

»So. Tun sie das?« Er verschränkt die Arme und sitzt wie in Trance: »Ich bin eine Reinkarnation des Marquis de Sade. Es bereitet mir Vergnügen, wenn Metall weibliche Haut berührt. Ich glaube, wir stehen an einem Wendepunkt der Zivilisation. Die Frau hat ihren häuslichen Herd verlassen und arbeitet mehr und mehr. Ihre Kleidung muß daher der des Mannes angeglichen sein. Die berufstätige Frau verdrängt ihre Verführungskraft zwangsläufig. Abends dagegen kehrt sie zum Weiblichen zurück. Die Mußestunden gewinnen an Bedeutung. Sie wird sich in eine Superfrau verwandeln ... verlockender denn je.« Dies sei die längste Rede, die er je gehalten habe. Schluß. Fini.

Am gleichen Mittag ist er für uns viermal die 1 Kilometer lange Strecke vom Palais des Invalides zur Seine gelaufen, der Regisseur wollte eine ganz bestimmte Einstellung aufnehmen. Dabei hatte Rabanne gesprächsweise erwähnt, daß er, abgesehen von stinkendem Käse, nichts so sehr verabscheue, wie lange Märsche zu Fuß. Ich habe den Regisseur im Verdacht, er wollte Rabanne seine perverse Ader zeigen.

Der französische Aufnahmeleiter erinnert mich an die Zeit: eine Viertelstunde vor 15 Uhr. Punkt drei erwartet uns Charles Aznavour auf seiner Luxusjacht im Hafen von St.Tropez.

»Rasch, meine Herren!« ermahne ich die Arbeitskollegen, die im Strandcafé Mädchenbeine und andere entblößte Damenhaut bewundern, »flirten Sie später.« Sie stürzen die Zitronenlimonade hinunter. »Wir müssen versuchen, unauffällig an Bord zu gehen. Der Manager hat ausdrücklich darum gebeten.«

Gegenüber der touristenumschwärmten Mic-Mac-Boutique von Gunther Sachs liegt Aznavours Boot vor Anker. Kamera und Tongeräte in Frotteetüchern verborgen, spielen wir Hilfstrupp 007.

Frau Ulla Aznavour verläßt mit Schwester und Pudel das Schiff. Warum? »Sie kann das Geschaukel schlecht vertragen«, entschuldigt sie Charles. Sie ist schwanger, im achten Monat.

Aznavour und ich kennen uns schon. Damals, als ich ihm zum ersten Mal gegenübertrat, hatte ich entsetzliches Lampenfieber. Ich kannte ihn aus Filmen, ich wußte, er ist klein, schmächtig, seine Nase ist lang. Man hatte mir von seinen Launen gesprochen: »Wenn er jemanden nicht sympathisch findet, wird er ganz gemein!« Und nun war ich auf dem Weg zur Stargarderobe des berühmten Pariser Musiktheaters Olympia. Wer von Bruno Coquatrix, dem Besitzer, auf diese Bühne geholt wird, ist ein Star oder hat das Zeug, einer zu werden.

Aznavour saß in sich zusammengesunken wie auf einer Insel im weiten Meer... ein hilfloses Lächeln um den Mund. Die langen, feingliedrigen Hände nestelten an den Knöpfen des dunkelroten Polohemdes. Mindestens ein Dutzend Leute standen herum, niemand stellte mich vor.

Da blickte er auf, ein klein wenig erschrocken... bat mich auf einen Stuhl neben sich. Pardon! Sein Make-up sei gleich fertig. Er habe nur fünf Minuten Zeit. Mehr nicht.

Die Klappe: »Charles Aznavour zum ersten.«

Er schreibt Texte und Musik seiner Chansons selbst. Er besingt den Alltag. Die kleinen Freuden, Ängste, Zänkereien und Zärtlichkeiten, die das Leben ausmachen.

Wo holt er sich die Ideen?

»Auf der Straße, im Café an der Ecke, beim Essen im Bistro.« Er sitzt gern mit den »kleinen Leuten« zusammen. Die sogenannte große Welt mit den feinen Anzügen und dem aufgesetzten verlogenen Gehabe langweilt ihn.

Während er spricht, zucken nervös die Lider über den tellergroßen braunen Augen. Etwas Faszinierendes geht von ihm aus.

»Meine Eltern wollten, daß ich wie mein Vater Schneider werde. Aber ich dachte als Kind immer nur ans Singen. In den Dorfschenken meiner armenischen Heimat trat ich schon mit fünf Jahren als Gesangstar auf.«

Hätte er Lust zu einem anderen Beruf gehabt? Was wäre er geworden?

»Nichts.« Es kommt ohne Zögern.

Ist er immer so bestimmt?

»Ja«. Das Leben hat ihn hart gemacht. Mittlerweile ist er Millionär, nennt einen Rolls Royce samt Fahrer sein eigen, eine Traumvilla auf dem Lande bei Paris, umgeben von einem meterhohen Zaun, bewacht von einer Hundemeute, außerdem eine Motorjacht und ein Ferien-Bungalow in der Nähe von St.Tropez. Sein Privatleben hütet er ängstlich, versucht es abzuschirmen vor der Presse, vor dem Starrummel. Ich glaube, er ist ein Mann zum Beschützen, weich, labil, ein wenig feminin. Ulla, die blonde Skandinavierin, gibt ihm das Gefühl, Gebieter zu sein. Er verwöhnt sie dafür wie ein Kind, kauft persönlich für sie die Garderobe ein. Nichts Besonderes, einfache Sachen, so, wie er empfindet. Er ist fast 20 Jahre älter als sie. Zunächst hatte er sie nur standesamtlich geheiratet, später dann kirchlich nach orthodoxem Ritus.

Möchte er Kinder?

»Ja. Eine Ehe ohne Kinder ist wie eine Suppe ohne Salz.«

Ist er glücklich?

Die Augen strahlen. »Sehr. Das sehen Sie mir doch an!«

Dasselbe Lächeln heute wie vor drei Jahren. »Nett, Sie wiederzusehen! Olympia, nicht?« Ich freue mich, daß er sich an jenes Gespräch erinnert.

»Sie haben die schwedische Flagge gehißt?«

»Meiner Frau zuliebe.«

Er bietet Mineralwasser an, für heiße Tage das richtige Getränk. Sollte es stimmen, was mißgünstige Kollegen über ihn sagen ... Aznavour sei der personifizierte Geiz?

»Gibt es ein Rezept für Ihren Erfolg?«

»Viel Arbeit.«

Was macht er außer Singen, Komponieren?

»Boot fahren im Sommer, weit aufs Meer hinaus. Nur fern von Menschen kann ich mich entspannen. Stille ist das größte Wunder dieser Erde.«

Aznavour lüftet den breitrandigen Strohhut und tupft sich mit einem rotkarierten Taschentuch die hohe Stirn. Er ist ein angenehmer Plauderer.

»Welche Eigenschaften muß eine Eva haben, damit Sie sie lieben?«

Aznavour gebraucht ein Wortspiel, beim Schmunzeln verzerrt der vorgeschobene Unterkiefer sein Gesicht zur Maske eines Clowns: »Den Vorzug, daß sie mich bevorzugt.« Er klopft sich Zigarettenasche vom Oberschenkel. Dem Fernsehen zuliebe hat er einen weißen Anzug angezogen. »Die Frau, die ich liebe, muß mich lieben mit all meinen guten Seiten und mit meinen Fehlern.«

»Ihre Frau erwartet ein Kind?«

»Einen Erben, ja.«

Wenige Wochen nach diesem Gespräch kam ein Mädchen zur Welt.

Glückliche Menschen machen andere glücklich. Vielleicht gilt für ihn, was Walt Whitman von sich sagte: Ich gebe keine Lektion, kein Almosen. Wenn ich mich gebe, gebe ich mich selbst.

Pünktlich zu sein ist nicht jedermanns Sache, schon gar nicht in Paris. Es gehört zum sogenannten guten Ton, zu spät zu kommen. Warten auf Marais, Morgan, Moreau, Bardot, Darc oder Deneuve. Warten ist der Hemmschuh in der Hektik der Fernsehfilmerei. Fast die Hälfte seines Lebens wartet unser Team vergebens.

Die Abfahrt war auf 8 Uhr früh in Paris angesetzt. Das Rendezvous mit Catherine Deneuve soll um 11 Uhr in der Privatvilla stattfinden, es ist ein ganz schönes Stück zu fahren. Gegen Ende schlängelt sich der Weg schmal durch Buchenhaine, in einer unübersichtlichen Biegung rammt ein entgegenkommender Jeep das linke Vorderrad unseres Wagens: Kotflügel eingedrückt, Kratzer an der Tür, Fahrerdiskussion. Ich mahne zur Eile.

Zwei Minuten vor der ausgemachten Stunde holpern wir über Pflastersteine in einen romantischen Hof. Wilder Wein strebt die alten Mauern hoch, vor den doppelt gekreuzten Fensterstöcken blühen Levkojen. Beschaulichkeit in praller Mittagssonne. Eine schwere Eichentür steht offen.

Niemand da?

Trällernder Gesang kommt näher. Eine mollige Mittzwanzigerin in zu prall sitzenden Hosen, die Bluse unter der Brust zur Schleife gebunden, tut erstaunt: »Ach, die Leute von der Television. Madame ist nicht da. Heute ist sie in Paris.«

Da kommen wir her, 150 kurvenreiche Kilometer. Aber wir sind doch angesagt?

Nein, man hat telefoniert. Wer hat wann mit wem telefoniert?

Das Team mustert mich verstohlen. Ich weiß von nichts.

Der Assistent? Nein.

Der Aufnahmeleiter? Fehlanzeige.

»Ist Madame morgen da?«

Bestimmt. Morgen ist sie zu Hause, den ganzen Tag.

Also morgen. Zum gleichen Termin.

Wir fahren zurück nach Paris. 24 Stunden später ist der Himmel noch blauer, noch heißer die Sonne. Die kulleräugige Sekretärin nimmt uns in Empfang: »Madame schläft noch.«

Wir fahren ins nächste Dorf zum Essen.

13 Uhr 30: »Madame wird geschminkt.«

Wir spazieren am Waldrand entlang.

14 Uhr 15: »Madame telefoniert.«

Wir warten.

»Wollen Sie hereinkommen?«

»Nein, das Interview möchten wir gern dort drüben in der Laube machen.« Der Regisseur hatte die Wohnräume am Vortag besichtigt. Zu dunkel ... da gibt die Natur als Kulisse mehr her.

14 Uhr 30: Ein Auto biegt in die rückwärtige Toreinfahrt. Minuten verstreichen. Ich ahne Schlimmes. Statt der Sekretärin erscheint ein untersetzter Herr, korrekt im dunkelblauen Anzug mit Krawatte, und eröffnet uns: »Madame muß kurz zu Filmaufnahmen. Wir müssen eine Szene nachdrehen ... Sie verstehen ... das schöne Wetter muß ausgenützt werden ... Es ist ganz in der Nähe. So gegen 16 Uhr 30 ist sie bestimmt wieder da.«

Wir lagern uns im Schatten ins Gras und philosophieren über das Leben eines Stars.

Hitze macht durstig. Es wird zu trinken geholt.

Pünktlich um 16 Uhr 30 melden wir uns.

»Madame ist noch nicht zurück.« Im Westen türmen sich Gewitterwolken. Es ist unangenehm schwül.

Eine halbe Stunde später schlagen meine Begleiter die Rückfahrt vor. Mein Gefühl gibt ihnen recht, meine Vernunft sagt nein. Zweimal 300 Kilometer ... je 150 hin und 150 zurück ... macht 600. Und zwei verlorene Drehtage ... ein drittes Mal ist einfach »nicht drin!« Also warten wir weiter.

17 Uhr 45: Ein schwarzes Wolkenungeheuer hat die Sonne und den Rest Bläue geschluckt, gleich wird es regnen.

Ich bin bereit, mich geschlagen zu geben ... da winkt der pummelige Hausgeist vom Fenster: »Madame kommt in einer Viertelstunde.«

Wir gehen in Stellung. Und wirklich: Madame, einer der populärsten weiblichen Stars Frankreichs, kühl nach außen, innen Lava, sehr blond, sehr schön, prädestiniert für den verderbten Typ, den sie in ihren Filmen verkörpert ... Madame tritt auf in kniefreiem schwarzem Kleid, einen rosabedruckten Fransenschal lässig um die Schultern gelegt.

»Keine Fotos bitte!« Mit einer abwehrenden Handbewegung scheucht sie die zwei Standfotografen in unserem Gefolge zur Seite.

Sie gibt nur selten Interviews. Die Beschaulichkeit des Landlebens, unter alten Bäumen zu träumen, ein wenig Lesen und weite Spaziergänge schätze sie mehr als Reporter, erfahre ich. Weiterhin, daß sie gegen die Gleichberechtigung der Frauen sei, weil sich eine Geschlechtergleichheit gegen die Weiblichkeit richte und ihr alles Unweibliche verabscheuungswürdig erscheine. Daß sie in punkto Mode allem Funktionellen und Praktischen abhold sei, auch bei der Unterwäsche. Anmutig und ästhetisch müsse Ober- und Unterkleidung sein. Sie arbeite viel, betreibe keinen Sport, tanze ein wenig, liebe es, sich den auserwählten Freunden zu widmen oder ihrem Sohn aus der Ehe mit dem Londoner Starfotografen David Baley. Sie hänge am Schauspielberuf, der ihr leider kaum Zeit für private Dinge lasse. Es sei ein beinahe klösterliches Leben, das sie führe.

Die Worte kommen fließend über die fein geschwungenen Lippen, so nebenbei streicht sie mit eleganter Handbewegung eine widerspenstige Haarsträhne aus der weißen Stirn. Ihre grauen Augen sind nicht auf mich oder das Kamera-Objektiv gerichtet. Was macht sie nervös?

Der zarte Rücken strafft sich. Ihr fragiler Zeigefinger durchbohrt energisch die Luft: »Ich unterbreche. Ihre Fotografen machen Bilder mit langen Objektiven aus niedrigem Blickwinkel. Das macht unförmig. Das ist nicht fair.«

Tatsächlich haben die von ihr Verschmähten 10 Meter entfernt hinter der niedrigen alten Mauer Posten bezogen, um den Lohn für die lange Warterei doch noch einzufangen.

Her mit den beiden. Catherine Deneuve verlangt die Filme.

»Laß immer nur dein Gesicht konterfeien. Alles andere an dir ist nicht sehenswert« ... soll Exgatte David Baley ihr einmal geraten haben.

Umständlich kramen die Missetäter in den Apparaten. Sie tun mir leid, aber große Leinwandstars haben ihre Marotten. Manche wollen sogar unser ungeschnittenes Filmmaterial sehen, so besorgt sind sie um ihre Wirkung. Sie erteilen dann Auflagen, die Regisseur und Cutter viel Arbeit machen ... hier geriet die Hand zu groß, dort die Bewegung zu steif, dies ist nicht die »Schokoladenseite« des Gesichts ... wieder ein halber Meter Film, und noch einmal ein Schnipselchen fällt. Mon dieu!

Ein Blitz zuckt. Schnell noch einmal die letzte Frage. Madame lächelt wieder, beendet charmant unser Gespräch. Große Tropfen fallen. Ein Händedruck: Au revoir!

Sie rettet Blondhaar und Honigteint ins Haus.

Uns scheren nicht Blitz und Donner und Himmelsgüsse, nach uns die Sintflut! Wir haben Catherine Deneuve, die Exzentrische, nur selten Fernseh-Interviewte, »im Kasten«.

Ich balanciere die äußerste Quaderreihe am Seine-Quai entlang. Jeder Schritt ein Stein. Wenn man auf einen der Zwischenräume tritt, ist man verloren. Nicht stehenbleiben! Eine Handbreit weiter links klatscht der Fluß gegen die Mauer. Vorwärtsblicken! Notre Dame mit den zwei abgesägten Türmen, die Silhouetten der Dämonen rücken näher, wie mit einem langen Kamera-Objektiv ein Bild auf einen zufährt, deutlicher und größer wird ... ein Fabelwesen, halb Ziegenbock, halb Wolf springt auf mich los ... jetzt bin ich aus dem Rhythmus gekommen. Ich falle, falle, falle in eine Hängematte, die an einem Flugzeug hängt. Höher geht die Reise, der Sonne entgegen. Wärme kribbelt auf meinem Gesicht, kitzelt meine Nase. Wenn ich jetzt niese, reißt der Faden, an dem meine Schaukel hängt. Der Höllenhund von Notre Dame wartet schon ... knurrt ... es ist das Telefon.

»Bonjour, Madame, il est neuf heures.« Neun Uhr!

Ich bin in Paris. Das Flugzeuggeräusch entpuppt sich als Staubsauger vor der Tür, das Rauschen der Seine kommt aus dem Bad nebenan. Durch die Ritzen der Jalousien fallen Sonnenstrahlen. In ihren Bahnen tanzt Staub. An der hohen Decke blühen Stuckrosen, die sich in den Ecken zu Buketts mehren. Ich räkele mich wohlig bis zu den gekrümmten großen Zehen.

Die Concierge vom Nachbarhaus keift. Jemand pfeift die Chevalier-Melodie »Paris, je t'aime, je t'aime, je t'aime ...«

Paris, ich liebe dich. Es geht mir jedesmal wie vor zwanzig Jahren, als ich vollgestopft mit Sehnsüchten und angelesener Weisheit zum ersten Mal den Arc de Triomphe, die Säulen der Madeleine, die Brunnen an der Concorde bestaunte. Die Stadt, in der selbst ein Frühstück zum Erlebnis werden kann, erwidert meine Liebe. Beim Café crème oder einem grand chocolat im Bistro an der Ecke beginnt der Tag mit einem Handschlag des Patrons. Wer mehr als drei Tage hintereinander zum petit déjeuner jedesmal zwei Hörnchen zum Kaffee bestellt, bekommt am vierten Tag ohne Aufforderung »das Übliche« serviert. Die Menschen sind aufmerksam. Man erfährt die letzten Nachrichten aus Politik, Sport und Kunst im Gespräch, und falls das Bistro einem berühmten Hotel gegenüber liegt, werden Ankunft und Abreise von Prominenten frei Haus geliefert, Amouren selbstverständlich miteingeflochten. Tratsch und Klatsch gehören in Paris zum savoir vivre, zur Lebensart.

Hinsehen, hinhören, mitfühlen! Paris hält, was es verspricht. Man kommt leicht miteinander ins Gespräch. Mein Nachbar war nach dem Kriege in Deutschland. Spricht er Deutsch?

»Ein wenig. Ich kann sagen: ›Ich liebe...‹« er sucht das Wort.

Ich helfe ihm: »... sie.«

»Nein, nein, nicht Sie...« da merkt er des Satzes Tücke... »ah, Sie, Sie, ja natürlich Sie!«

Wir lachen, und schon ist der letzte Rest von Fremdsein zwischen uns geschmolzen.

Paris!

# London

Isn't it a nice day, today?« sagt Harry, der Chauffeur. Der Londoner Mief lastet über Millionen kleiner Schornsteine und viktorianischer Fassaden. Graue Wolken treiben. Man kann den Regen förmlich riechen. Ich bin mit dem »linken« Fuß aufgestanden. Das zugige Hotelzimmer, das englische Frühstück mit Bratwürstchen, die wie Sägemehl schmecken, halb gar gebratenen Eiern, salziger Butter auf papierdünnem Toast, bitterer Orangenmarmelade... »einzunehmen bis 8 Uhr 30«... vergällt mir diesen Septembertag schon vom Morgendämmern an. Sehnsucht nach zu Hause, nach Komfort, gutem Essen, Hauskultur nagt an meinen Gedanken. Heimweh? So etwas kenne ich sonst nicht. Vielleicht wird diese Stadt es mich lehren.

Das Make-up will nicht gelingen. Der Puder pappt. Kein Wunder, daß Engländerinnen meistens wie angekleistert aussehen. Der Rockbund spannt... immer Sandwich und Bier, weil es in diesen Pubs nichts anderes gibt!

Und da lächelt Harry, die gute Seele, der ehemalige Herrschaftschauffeur mit »besten adeligen Referenzen«, die Mütze in der Hand, beim Öffnen des Wagenschlages: »Ist heute nicht ein schöner Tag?«

»Good morning, Harry.« Was kann er schließlich dafür, daß mir London nicht behagt.

Harry hat Fingerspitzengefühl. Er redet, ganz gegen seine Gewohnheit, kein Wort.

Wir fahren am Hydepark entlang. Das Grün der weiten Rasenflächen, die alten Bäume strahlen selbst an diesem trüben Tag heitere Ruhe aus. Für Augenblicke glaube ich Landluft zu spüren, Ferienwind. Der Verkehrsstrom wälzt sich Meter um Meter vorwärts. Ich habe Zeit nachzudenken.

Was zieht so viele Jugendliche in diese Stadt? Was läßt so viele Erwachsene immer wieder von London als der einzig möglichen Lebensart schwärmen?

Man darf hier alles tun, woran man Spaß hat, sofern es nicht auf der Straße geschieht. In den großen Gärten, die wie grüne Inseln im grauen Häusermeer schwimmen, gibt es keine Tabus. Die Londoner ziehen in ihrer freien Zeit in diese Parks, die so groß sind, daß man sich in ihrer Mitte fern der Großstadt fühlt. Sie nehmen ein paar Meter in Besitz und ziehen einen unsichtbaren Zaun darum, liegen im Gras, lesen, schlafen, halten ihr Picknick, lieben ... allein, zu zweit, in Gruppen, niemand nimmt Notiz davon. Ein Fremder ist schockiert, das junge Liebespaar bei intimer Beschäftigung zu entdecken, die dicke Frau im Unterrock, das nackte Kind, das arglos spielt. Man gibt sich, als sei man zu Hause in den vier Wänden. My home is my castle. Das gilt auch für ein paar Quadratmeter Park. »I am free«, ich bin frei, heften die Jungen auf ihre Fahnen, singen es in ihren Liedern ...

Das haben uns die Engländer voraus: Gelassenheit. Eigentlich hat Harry recht. Es ist ein wunderschöner Tag. Es regnet nicht. Ich bin gesund. Ich sitze im Fond eines Rolls Royce ... wenn auch eines gemieteten ... und ich werde in wenigen Minuten Sir Norman Hartnell, dem Schneider Ihrer Majestät, Königin Elizabeth II., begegnen.

Der Hofcouturier empfängt seine Kunden im vornehmen Wohnviertel Mayfair. Es ist eine vierstöckige Festung, die es zu erobern gilt. Die Garde im Dienste ergrauter, ledig gebliebener, dunkelblau gekleideter Damen gibt den Weg zum Büro des Meisters erst nach zeitraubendem Frage-Antwort-Spiel frei ... und nach einer diskreten Inaugenscheinnahme durch den monokelbewehrten Privatsekretär.

Die Tür zum »Heiligtum« in der obersten Etage trägt das Wappen der Königin, jene offizielle Auszeichnung der Hoflieferanten. Ich klopfe. Keine Antwort. Klopfe noch einmal. Nichts.

Also drücke ich die Klinke und öffne einen Spalt.

Grüne Seidentapeten, grüne Polstermöbel, grüne Samtvorhänge, grüne Blattpflanzen in Kupferkesseln überall verteilt. Es grünt so grün ...

»Treten Sie doch ein, bitte«, sagt eine sonore Stimme in meinem Rükken. Wie ertappt drehe ich mich um.

Norman Hartnell, untersetzt, im tadellosen Doppelreiher, mit rosa Hemd, rosa Einstecktuch und rosa Nelke im Jackettknopfloch, die spärlichen graumelierten Haare sorgfältig gescheitelt, reicht mir Daumen und drei Finger seiner Rechten. Der kleine Finger mit dem dicken Siegelring ist nach innen weggebogen. Kein Gegendruck, mehr eine huldvolle Geste. Ein kleines, joviales Lächeln spielt um den schmallippigen Mund, verbreitet herablassendes Wohlwollen.

Er nimmt auf der äußersten Kante eines Fauteuils Platz, weist mit der Hand auf das Sofa am anderen Ende des Raumes. Ich bleibe stehen. So königlich ist die Visite nun auch wieder nicht. O, er hat verstanden ... erhebt sich, murmelt eine Entschuldigung. Ich lasse mich nieder, mit steifem Rücken, Knie zusammen, Täschchen im Schoß ... so saß ich einstmals vor der Mutter Oberin im Internat.

»Wie geht es Ihnen« und »Es regnet nicht« und »Um diese Stunde ist Autofahren in der Innenstadt ein Problem« ... mühsam schleppt sich die nichtssagende Konversation dahin. Er klingelt nach Tee, zündet sich eine Zigarette an, raucht in kurzen, hastigen Zügen. Ein Kontaktmensch ist er nicht.

Ich bewundere den Schnitt seiner Kleidung. Geschmeichelt zieht er ein tadellos gefaltetes weißes Taschentuch heraus, tupft damit ein paar imaginäre Schweißtropfen von der Stirn. Das Fenster steht weit offen, ein herbstlich kühler Wind bläht die Stores. Mich fröstelt.

Bedächtig, die Worte einzeln setzend, als würde jedes in Gold aufgewogen, sagt er: »Der Anzug stammt aus meiner Herrenkollektion.«

Das ist neu?

»Ja. Hartnell für Gentlemen.«

Wann hat er angefangen, Mode zu machen?

»Oh, vor langer, langer Zeit. Ich war Student, schrieb ab und zu für Zeitungen über Gesellschaftsveranstaltungen und zeichnete zum Zeitvertreib die schönen Kleider und Hüte, die so die vornehmen Damen bei Bällen, Dinnerparties oder Pferderennen trugen. Zum eigenen Spaß setzte ich neben das Original jeweils einen eigenen Entwurf, wie ich die Ladies angezogen hätte. Journalistinnen, denen ich diese Skizzen zeigte, beschworen mich: Sie müssen Couturier werden! Ich wurde es.«

Über eine Gönnerin aus »hohen Kreisen«, die nicht genannt sein will, erhielt er den Auftrag, die Kleider der sieben Brautjungfern bei der Hochzeit der Herzogin von Gloucester anzufertigen. Zwei der blumenstreuenden jungen Damen waren Elizabeth und Margaret, die Töchter des

Königs. Queen Mary, die jetzige Königinmutter, war begeistert von den Kleidern und bestellte eine Reihe von Modellen bei ihm. Ein halbes Jahr später wurde Hartnell Hofschneider.

Was der Mutter recht, ist der Tochter billig. Elizabeth bleibt seinem konservativen, prunkvollen Stil treu.

»Haben die königlichen Ladies Sonderwünsche?«

Die starke Röte des Gesichts mir gegenüber intensiviert sich. Er scheint an hohem Blutdruck zu leiden. »Ich kann mich nicht zu persönlich über königliche Personen äußern. Mittlerweile weiß ich ziemlich genau, was Ihre Majestät wünschen. Von Zeit zu Zeit erhalte ich eine Aufforderung, in den Buckinghampalast zu kommen, Ihre Majestät sieht sich die Stoffe an, wählt aus ...«

»Sind Sie bei den Anproben dabei?«

Ein kleines Entsetzen weitet seine Pupillen. Was diese Frauen vom Kontinent sich denken!

»Natürlich nicht. Das macht meine Direktrice. Pro Ensemble muß man mit 10 bis 15 Anproben rechnen. Wir besitzen eine Schneiderpuppe im Atelier mit den königlichen Maßen.« Eilig, um jeder weiteren indiskreten Frage zuvorzukommen, haspelt er, ganz gegen seine Gewohnheit, ohne Punkt und Komma herunter: »Eine Sache kann ich mitteilen, sie ist der Öffentlichkeit bekannt ... für den Staatsbesuch in Kanada brauchte Ihre Majestät einen Hosenanzug, ihren ersten offiziellen ... aus praktischen Gründen, wegen der Moskitos ... diese Mücken, die an den Beinen stechen ... da und da und da ...« Hartnell tupft sich an Wade, Kniekehle und halbe Schenkelhöhe, dann lehnt er sich erschöpft in die tiefen Polster des Sessels zurück, die kurzen Beine von sich gestreckt. Schweigend warte ich auf die Fortsetzung. Das macht ihn nervös.

Also wirft er noch einen Brocken in den neugierigen Journalistenrachen: »Ich habe die Hosenkleidung für Ihre Majestät in beige gemacht. Und sie war ganz entzückt davon.«

Der Butler mit dem Teewagen erlöst den Meister aus der Interview-Situation. Ablenkend zeigt mir Hartnell bestickte Stoffstücke hinter Glas, die Muster für das Hochzeitskleid und den juwelenverzierten Krönungsornat der englischen Königin, die er entworfen und ausgeführt hat. Stikkereien aus eigener Werkstatt sind seine Spezialität. Ich werde aufmerksam gemacht auf die Miniaturnachbildung der englischen Königskrone.

Sie ruht auf grünem Samtkissen auf einer Konsole. In der Ecke hinter der Tür steht ... der einzige blaue Fleck in all dem Grün ... ein schmuckloser, gerader Stuhl mit Rückenpolster, das am oberen Ende in Gold die Initialen E. R. trägt, Hartnells Sitzgelegenheit bei Royal-Festlichkeiten.

Der Meister lächelt. Noch eine Tasse Tee? Mit gespreiztem kleinen Finger schlürft er hörbar das Nationalgetränk. Das gehört zum guten Ton der Upper ten.

Der Privatsekretär erscheint, er hat für mich eine improvisierte Privatmodenschau arrangiert. Ein gutes Dutzend Modelle paradiert vorbei, vervielfältigt in den hohen Wandspiegeln des Salons. Sie voltigieren im Vor und Zurück Maxi, Midi und Kürzeres.

Norman Hartnell erläutert: »... der gelbe Flauschmantel mit dem schwarzen Lackbesatz ist für die Herzogin von Kent bestimmt ... das rehbraune Kleid bestellte die Duchess R. ... ein taupefarbenes Modell für die Countess of D ... ein Hosenensemble, an dem die Ballerina Margot Fonteyn interessiert ist ... Prinzessin Radziwill liebt blaue Seide ... und, und, und ...« aufmerksam beobachtet er währenddessen seine Person im Reflex der gegenüberliegenden Wand, rückt Kragen und Krawatte um Millimeter, steckt die Krawattennadel mit dem kirschgroßen Smaragd genau in die Mitte.

Wie denkt er über die Eitelkeit?

Wieder das leicht indignierte Blitzen in den graugelben, in kleine Fettpolster gepackten Augen: »Korrektes Aussehen hat nichts mit Eitelkeit zu tun.«

Bin ich ihm auf die Zehen getreten? Er scheint mehr als nur eine Achillesferse zu haben. Die letzten Modelle schweben unkommentiert an uns vorüber.

Ich rüste zum Aufbruch ... »Thank you so much« ... er reicht mir Daumen und drei Finger zum Abschied.

Im Vorzimmer überreicht mir der Sekretär ein Päckchen, mit den Empfehlungen des Hauses. Er geleitet mich zur Tür. Harry ist zur Stelle ... geöffneter Wagenschlag ... ich sinke in die Polster der Limousine. Man registriert die Automarke mit Wohlgefallen. An der Pforte winkt der Sekretär, am Fenster des Salons die Direktrice, und ... auch vornehme Engländer haben ihre Schwächen ... hinter den gerafften Vorhängen im ersten Stock äugt Norman Hartnell herab.

Seidenpapier und Seidenschleife, grün kariert ... Parfüm, Pralinen ...?

Das Präsent ist eine vom Hofschneider verfaßte Biographie: »Wie ich wurde, was ich bin.«

Seppl ... Rudi ... Bubi ... marsch, marsch!« Hardy Amies, ernsthafter Konkurrent von Norman Hartnell, treibt seine deutschrassigen Dackel vom Garten ins Haus. Der Schneider Ihrer Majestät im zweiten Glied wurde seinerzeit aufgefordert, die Garderobe für Elizabeths Deutschlandbesuch zu entwerfen. Im eleganten Sportanzug aus Tweed, groß, hager, betrachtet er hinter Brillenglas die Welt mit angelsächsischem Humor.

Ich lerne seine Schwester kennen, die unverheiratet ist wie er, energisch, liebenswert, außerdem seinen Privatsekretär, Marke »Snob sein ist alles«, und seine Hausmannequins, hübsch, jung, intelligent, soweit man das auf Anhieb beurteilen kann. Das Haus, in dem Altes und Neues vollendet harmonieren, steht uns zum Filmen ganz zur Verfügung.

Amies spricht die Sprache unseres Landes fließend, wenn auch mit knödelnd-nasalem Akzent ... man hat ihm im Rheinland Deutsch beigebracht. Wir können das Interview also später original senden. Schnell noch ein wenig Puder auf Kinn und Nase für die Großaufnahme, er läßt es willig mit sich geschehen.

Während die hohen Glastüren im Salon orange getönte Kunststoff-Folien als Verkleidung erhalten (für Farbaufnahmen bei einfallendem Tageslicht ist dieses Abdecken erforderlich), macht mich der Couturier auf wertvolle Stücke seiner Einrichtung aufmerksam: den Louis-XIV.-Schreibtisch, einen altenglischen Schrank mit 17 Geheimfächern, seine Sammlung chinesischer Wandmalereien. Plötzlich nimmt er die Arbeiten an den Fenstern wahr: »Mein Gott, was machen Sie da?«

Man erklärt es ihm. Kopfschüttelnd, den kleinen Mund fest zusammengepreßt, hastet er hinüber, drückt einen Knopf und langsam fallen aus einer Vertiefung im Deckenstuck in Rundbogen geraffte Samtportieren ... wie im Theater. Ein allstimmiges »aaah« begleitet den Effekt. Das freut den einfallsreichen Gentleman.

»Mr. Amies, warum heißt es in der Presse immer wieder, die englische Königin sei zu schlicht, um nicht zu sagen schlecht angezogen?«

Sein langes Britengesicht bleibt unbewegt: »Ich glaube, man vergißt, daß sie eine regierende Monarchin ist und keine Modekönigin. Sie muß unauffällig, elegant, zeitlos gekleidet sein. Was würde man sagen, wenn der Papst plötzlich enge Röhrenhosen in Stulpenstiefeln trüge?« Er reckt den Kopf bei diesen Worten, als wollte er sagen: »Na, wie habe ich das formuliert?«, kratzt sich vergnügt hinterm Ohr.

Da auch er nichts über elisabethanische Gewohnheiten ausplaudert, höre ich seine Meinung über Sex: »Ein notwendiges Übel«, und über die Pop-Generation: »Diese jungen Leute sind nicht richtig. Mir gehen sie in manchem zu weit. Auf jeden Fall haben sie uns eins in den Hintern getreten, nicht?!«

Seine Deutschlehrer im Rheinland müssen harte Männer gewesen sein.

Nach dem Interview wischt er sich zufrieden über die feuchte Stirn. Sein Sekretär schwänzelt: »Bravo! Sie waren großartig!« Hardy Amies zieht sich zurück, seine Zeit ist knapp ... morgen fliegt er für sechs Wochen nach Amerika.

Wir arbeiten weiter an der Modepassage des Films. Der Sekretär »berät« mich beim Aussuchen der Modelle, die von den Mannequins vorgeführt werden sollen. Jedes zweite Stück empfiehlt er mit himmelndem Augenaufschlag und dem geflöteten Satz: »I am so terribly mad on it ... ich bin ganz verrückt darauf.«

Es ist ein geflügeltes Wort geworden, das heute noch bei passenden und unpassenden Gelegenheiten in unserem Team kursiert. Eine gekonnt überspitze Betonung entfaltet erst des Satzes ganze Lust.

Wer ist Barbara Cartland?« examiniere ich die Crew: Tony, den Kameramann, Fred, den Assistenten, Mic, den Beleuchter und Brian vom Ton.

Tony, ein typischer Engländer, nimmt langsam die Pfeife aus dem Mund: »Well, ich glaube, sie schreibt Bücher.« Brian meint, sie habe etwas mit Gesundheit und Reformkost zu tun. Mic weiß: »Das ist die, die immer die Debütantinnen-Bälle der Upperclass organisiert.«

Ich schlage doch lieber im *Who is who* nach. Mrs. Cartland ist Schriftstellerin ...

Sie hat über 125 Bücher veröffentlicht, historische Romane, Soziologisches, ein Buch über Philosophie, ein Buch über gute Manieren, und über

90 Liebesromane, die in fast alle Sprachen der Erde übersetzt sind, allein 27 ins Deutsche.

Außerdem ist sie Präsidentin der englischen Gesundheitsorganisation, Präsidentin verschiedener Wohltätigkeitsvereine, machte Reisen um die Welt. 1923 erschien ihr erstes Werk. 1931 hatte sie die Idee, Segelflieger, die mühsam von der Erde mit gespannten Gummiseilen in die Lüfte katapultiert wurden, mit einem Spezialflugzeug hochzuschleppen. Sie steuerte den auf ihren Namen getauften Aeroplan auf dem Jungfernflug selbst.

Von Lords gefördert, geehrt durch die Queen, heiratete sie, wurde Mutter von drei Kindern, setzte sich für bessere Arbeitsbedingungen der Hotelservierinnen ein, ließ für die Zigeuner des Landes ein Lager bauen, »Barbaraville« genannt... die Liste ihrer Wohltaten, der von ihr inszenierten gesellschaftlichen Höhepunkte, der Auszeichnungen, die ihr im Ausland zuteil wurden, ist lang.

Ich memoriere sie, während ich über die Schwelle von Camfield Place trete, einem behäbigen Gebäude mit hellblau gestrichenen Fensterrahmen, die sich vom Grau der Mauern und dem herbstlichen Hintergrund der weiten Parklandschaft einladend abheben. Der Eindruck eines Landschlosses verstärkt sich in der großen Diele, die mit dunklem mittelalterlichen Mobiliar und rustikalen Holzbalken ausgestattet ist. Porzellanfiguren aus Okzident und Orient stehen in Schränken, auf Regalen, Kommoden und Tischen zuhauf.

Ein blasses Mädchen, Hausgeist und Sekretärin, zeigt mir den Weg zum Salon. Hellblau dominiert. Die hohen Flügeltüren zum Garten beziehen die Natur mit ein. Hinter dem schmalen Kiesweg neigen sich sanfte Hügel mit alten Bäumen, tief unten glänzt ein Teich. Das Zimmer ist überladen mit Körben, in denen Rhododendren blühen. Zwei Säulen markieren einen Durchgang zur Bibliothek, die Regale sind wahrscheinlich mit Cartland-Erstausgaben gefüllt, original und übersetzt, vom Boden bis zur Decke.

Drei Hunde, ein Dackel, ein Spaniel und ein hysterisch kläffender Pekinese stürmen als Vorhut herein... ihre Herrin folgt und stellt mit gekonntem Auftritt alle Maria Stuarts, Olivias, Ebolis der Theaterwelt in den Schatten: Hochaufgerichtet, in großer cremefarbener, straßbestickter Seidenrobe, einer Hartnell-Kreation, vorn und hinten tief ausgeschnitten, um die bloßen Arme eine weiße Stola aus Nerz, verharrt sie sekundenlang, keep smiling, als höre sie Applaus ... um dann überschwenglich auf mich zuzueilen. Ich komme mir in Rock und Pullover wie Aschenputtel vor.

Sie mixt uns einen Cocktail aus dunklem Wermut und Gin. Ich schaudere beim Gedanken, das zu trinken, aber sie erklärt mit Festigkeit: »Das wird Sie aufmuntern.«

Ein Vortrag über Reformkost und ihre Spezialitäten schließt sich an: Zweimal täglich Cartland-Vitamin-Tabletten, einmal Cartland-Vitamin-Limonade, dazu morgens nüchtern und vor dem Schlafengehen Cartland-Honig. Betty, die Sekretärin, muß mir ein paar Proben für den Nachhauseweg zusammenpacken.

Sie ist wie ein Computer. Ich muß sie anders programmieren.

»In diesem Abendkleid, mit dem Pelz, haben Sie Ähnlichkeit mit der Königinmutter«, sage ich mit bewunderndem Wimpernschlag.

Sie zögert keine Sekunde. »O, danke. Das höre ich oft.«

»Kennen Sie sie persönlich?«

»Ja, viele Jahre.«

»Sie arrangieren die Bälle für die Mädchen der Oberen Zehntausend, die dann bei Hofe vorgestellt werden?«

»Ahhhhahhh ...« ihr Lachen schrillt. »Da erinnere ich mich jedesmal an mein Debütantenalter. 1920.«

Ich rechne blitzschnell, wenn sie 1920 ... ja ja, 1923 schrieb sie ihr erstes Buch ... dann ist sie also 71 Jahre alt. In Worten: Einundsiebzig! Und ich hatte sie um Mitte Fünfzig geschätzt.

»Wir waren alle sehr unternehmungslustig in jener Zeit. Ich hatte 49 Hochzeitsbewerber«, plaudert die englische Courths-Mahler, »drei wollten sich erschießen, weil ich ihre Anträge nicht erhörte. Sie waren sehr überspannt nach dem Ersten Weltkrieg, die Männer. Alles was sie wollten, war ein ordentlich gemachtes Bett, drei Mahlzeiten am Tag ... und heiraten. Die Mädchen machten damals die wundervolle, köstliche Entdeckung, daß Männer in Massen hinter ihnen her waren.«

Der Pekinese krallt sich in den Schmucksteinen des Rocksaumes fest, zieht Fäden aus der Seide. »Hup, hup, sei ein guter Junge.« Er darf in ihren Schoß.

Was denkt sie über Sex?

Zwei Schlucke von ihrer mörderischen Alkoholmischung, eine Tablette ...

Hat die Frage sie aus dem Gleichgewicht gebracht? Oder kennt sie den Wert der Pause? In puncto Pose jedenfalls ist sie groß. Ihre Zähne sind freundlich entblößt, mal breiter, mal weniger, jedoch so intensiv, als hätte ihr gerade jemand das Fotografenlockwort »cheese« zugerufen. Die weiße Haut im Gesicht und am Hals zeigt kaum Falten ... kann natürlich geliftet sein.

Der Pekinese zappelt, schnieft vier-, fünfmal ... »Ach, Jason muß mal, ist er nicht brav, mein sweet, sweet honey ...« sie hebt ihn hoch wie ein Kind und küßt ihn auf die grämliche Stiefmütterchenschnauze. Die Sekretärin nimmt ihn auf einen Wink in Empfang.

»Sie müssen auch einen Vitaminstoß nehmen, ich bestehe darauf.« Ich schlucke tapfer, jetzt endlich sprudelt ihrer Rede Quell erneut.

»Sex? Das ist ein sehr, sehr weites Gebiet. Wenn Sie meine persönliche Ansicht über den Sex meinen, so ist er etwas Wunderbares, Köstliches, unglaublich Schönes. Die entzückendste Erfahrung, die man machen kann, ist romantischer Sex. Wenn Sie mich allerdings fragen, was ich über die sogenannte ›hemmungslose Gesellschaft‹ denke, dann finde ich das vulgär und schrecklich und sehr entwürdigend für eine Frau. Die Heldin in meinen Büchern ist immer Jungfrau. Die Männer sind liederlich, lustig und haben stets wundervolle Tage. Die Mädchen hingegen sind arme Wesen. Und gerade in den letzten Jahren verkaufte ich über eine Million Taschenbücher in der ganzen Welt. Ich glaube, die Leute haben die Nase voll vom Hemmungslosen, es steht ihnen zum Hals heraus, jeden Abend nackte Körper sich über den Fernsehschirm wälzen zu sehen, sie möchten zurück zum Romantischen, zum Geheimnisvollen, das eine Frau umgibt ... sie suchen die reine, schöne, wunderbare Liebe, die sich sehr unterscheidet von allem, in das man sie hineingezwungen hat in den letzten fünf Jahren.«

Barbara Cartland ist up to date. Sie kennt den Gefühlstrend in Europa, Amerika, Asien. Mit ihren Söhnen reist sie jedes Jahr monatelang in ferne Länder.

»Warum wohl wurden Buch und Film ›Lovestory‹ Bestseller?« geht es weiter. »Die Welt will zurück zum romantischen Sex. Darüber wollen die Leute aufgeklärt werden. Mein persönliches Anliegen sind allerdings die Gefahren, die uns durch die Luftverpestung, die Wasserverschmutzung, den Lärm drohen.«

Mit Zungenfertigkeit versucht sie mich zu überzeugen, daß sie prädestiniert sei, über diese Themen eine Fernsehsendung zu machen. Ich spare mir die Erklärung, daß in unserem Land Wissenschaftler zu solchen Problemen Stellung nehmen.

Jason bellt vor der Terrassentür ... und sogleich schrumpft das »heißeste Eisen« unserer Zeit auf Pekinesengröße.

»Noch rasch einen erfrischenden Spaziergang vor dem Dinner«, fordert sie mich auf, »bis zur Platane dort hinten und zurück.« Sie eilt von hinnen, wechselt schnell das Flitterkleid. Wozu hat sie es angezogen? Für mich? Nein, für sich, um schön zu sein. Der Wille zum Schönsein hält jung!

Am Abend in meinem Hotelzimmer lese ich in dem Buch, das Barbara Cartland »with love and kisses«, mit Liebe und Küssen handschriftlich signiert hat. Auf Seite 13 fange ich an zu blättern...wie ist denn der Schluß?

Dort steht: »Liebe ist anders ... ganz anders. Sie fühlte, wie ihr die Röte in die Wangen stieg. Dann setzte ihr Herzschlag aus, denn Lord Meridan legte ihr die Finger unter das Kinn und hob ihr Gesicht zu sich auf.

›Was empfindest Du, Lucinda?‹ fragte er. ›Hast Du Angst vor dem Gefühl, das Du nicht kennst? Und weshalb schlägt Dein Herz so sehr?‹

Sie brachte keine Antwort über die Lippen, stand nur da, bebend, mit fliegendem Atem. Dann flüsterte sie ganz leise, so leise, daß er sie kaum verstehen konnte: ›Wie... liebe ich Dich... Sebastian!‹«

Ich schlafe tief und traumlos in jener Nacht, die Kraft der jungfräulichen Liebe im Sinn und Cartland-Vitamine im Blut.

Mit dem angelsächsischen Humor ist das so eine Sache. Der Engländer ist schockiert, wenn Fremde sich über seine Gewohnheiten lustig machen. Wenn er sich aber selbst persifliert, was er meist mit Witz und stets mit Hingabe tut, darf und soll man lachen!

Er geht weit in der Wahl seiner Mittel. In welchem Staat der Erde wäre es erlaubt, mit den Landesfarben, der »heiligen« Fahne, Jux zu treiben, mehr noch... ein Geschäft zu machen?

In den »verrückten« sechziger Jahren, als die Beatles und ihre Pilzkopffrisuren und Mary Quant und »swinging life« und die Begriffe »in« und

»out« uns europäischen Festländern ein neues, verwandeltes London offenbarten, da geschah es eines Tages, daß eine der langmähnigen Instrumentalgruppen mit nichts als der englischen Fahne bekleidet auf der Bühne erschien. Ein findiger Kopf erklärte daraufhin das Emblem zum Pop-Symbol und bedruckte Kleider, Blusen, Hosen, Hemden, Hüte, Schirme, Taschen, Abfalleimer, Tabakdosen, Pfeifenköpfe, Mückenspray, Messergriffe, Teller, Gläser, Kaffeetassen und so weiter, selbst weibliche Dessous mit den Farben der Nation. In der berühmten Carnaby Street schossen über Nacht Union-Jack-Läden aus dem Boden, machten sich gegenseitig Konkurrenz.

Um den Fahnenrummel im Fernsehen von der heiter-ironischen Seite darzustellen, arrangierte der Regisseur meiner Sendung ein Schaufenster in der schmalen Straße, deren Name von Mary Quant und einer Handvoll Pop-Jünger populär gemacht wurde. Dekoration: Union-Jack-Artikel und dazwischen eine Tänzerin in einem Union-Jack-Bikini. Es ist gar nicht so einfach, ein lebendes Wesen in spärlicher Bekleidung hinter Glas öffentlich auszustellen. Die Polizei überwachte unser Tun, damit ja kein Untertan Ihrer Majestät auf dumme Gedanken komme.

Mitglieder des ältesten Gewerbes der Welt dürfen sich in London nämlich nicht in der Öffentlichkeit zeigen. Sie sind auf Inserate an Hauswänden oder Haustüren angewiesen, in denen sie sich als erstklassiges Fotomodell, Mannequin, Lehrerin für Karate oder Tanz anpreisen. Berufsmannequins dagegen werden ausschließlich von Agenturen vermittelt. Wer sich also direkt anbietet – wie das in Paris oder Rom durchaus branchenüblich ist –, hat Unzüchtiges im Sinn. In England ist manches anders als anderswo.

Frühmorgens sind die Straßen in London wie leergefegt. Der Verkehr setzt erst gegen 8 Uhr ein, um 9 Uhr erwacht die Stadt zu ihrer lauten Geschäftigkeit. Man ist als Fremder und erst recht als Fußgänger verloren in dem Gewimmel. Es gibt keine Cafés, keinen zentralen Platz oder eine Straße, wo »man« promeniert oder sich zu bestimmten Stunden trifft. Der Londoner geht in seinen Club, sein Pub oder ... nach Haus. Er kann nicht verstehen, daß man irgendwo stundenlang sitzen und die Vorübergehenden betrachten möchte. Ein Londoner Wochenende ist eine Strafe, es sei denn, man hat Freunde oder Bekannte in der Stadt.

Immerhin bietet der Samstagvormittag noch eine Attraktion: das

Marktgedränge der Portobello Road, ein Mittelding zwischen Antiquitätenbörse und Jahrmarktstrubel. Es empfiehlt sich, die Brieftasche tief im Jackettfutter zu verbergen oder die Handtasche fest unter den Arm zu klemmen: Der englische Flohmarkt ist ein Dorado für arbeitsscheues Gesindel, Diebe, Gammler. Jugendbanden erproben hier ihre Stärke.

Den meisten Zulauf haben die Trödlerstände mit schmutzigen Kleidern aus Großmutters Zeiten, zerschlissenen Prunkgewändern aus einem Theaterfundus, stinkenden alten Militärmänteln aus Amerika. Trauben junger hübscher Mädchen wühlen in den Fetzen, probieren sie an, verwandeln sich in Lady Macbeth, Ophelia oder eine Vogelscheuche... Meist sind es Töchter aus gutem Hause, der Hippie-Philosophie verfallen, oder dem, was sie unter Pop verstehen. Sie suchen Befriedigung im Protest gegen die verstaubte, peinlich pedantische Welt ihrer Vorfahren – und hinterlassen nichts weiter als eine kleine Wolke des süßlichen Geruchs von Haschisch. Ihre Liebhaber, die heute noch von Großfamilien und Gruppensex schwärmen, werden mit zunehmenden Jahren in Männerklüngeln genau so egoistisch die Langeweile pflegen, wie die Väter. Denn London ist eine Männerstadt. Daran wird sich so rasch nichts ändern. »Das Pfeifen hinter girls und das Ansprechen derselben auf der Straße sind ungentlemanlike« steht im englischen Knigge zu lesen.

Wir haben mit versteckter Kamera eine Probe aufs Exempel gemacht. Wochentags strömen die Büroangestellten von den Vorortzügen über die London Bridge in die City, in gestreifter Hose, schwarzer Jacke, mit Schirm und Melone... Gentlemen in Gehaben und äußerer Erscheinung... unauffällig, beherrscht, nichts als Business im Kopf. Eine junge, gutgebaute Eva, auffallend modisch gekleidet, nach der sich anderswo jeder Mann den Hals verrenken würde, spaziert hüftenschwingend auf sie zu.

Zwei von fünfhundert riskierten einen Blick... und das offensichtlich mit schlechtem Gewissen. Der eine schneuzte sich die Nase, der andere suchte in der Aktenmappe, als hätte er gerade etwas verloren und sich darum umgedreht.

Ein großer Teil des starken Geschlechts legt sowieso keinen gesteigerten Wert auf liebesspielerischen Umgang mit Frauen. Die eigene Gattin reicht. Der Hausfreund hat auch seine Qualitäten. Der abartigen Neigung Kern ist in der Erziehung zu suchen.

Man kennt keinen Flirt. »For men only« ... hinter Clubtüren suchen die geschäftigen Herren Zuflucht vor den Frauen.

Wäre Adam ein Engländer gewesen, wir säßen heute noch im Paradies.

Zwei Autostunden von London entfernt in östlicher Richtung liegt Schloß Beaulieu derer von Montagu. Es ist eine romantische Burg mit Rundtürmen, Zinnen, Erkern, einem französischen Garten, einem Teich mit Schwänen und Seerosen. Gleich neben dem Eingang weist ein Schild »Zum Motormuseum«. Hundert Meter weiter ist es auch schon. Lord Montagu erwartet mich in einem Oldtimer, Baujahr 1926. Er klettert heraus, schlank, mit feingeschnittenem Gesicht, etwas versnobt im Gehaben. In jungen Jahren wandelte er auf den Spuren von Oscar Wilde. Die sinnlichen Plänkeleien hatten ein gerichtliches Nachspiel und verursachten viel Tratsch und Klatsch, wie das bei einem Gesellschaftsskandal so ist. Es zeugt von Persönlichkeit, daß der Lord im Lebenslauf, den sein Pressemanager verschickt, auf den »Fall« hinweist. Mittlerweile ist er verheiratet und Vater von zwei Kindern.

»Darf ich Sie gleich durch das Museum führen?« Die Motor-Gehilfen, bejahrte Männer, zum Teil schon im Dienst seines Vaters bewährt, stehen Spalier.

»Wir versuchen, das repräsentativste Automobil-Museum zu sein. Jährlich kommen mehr als eine halbe Million Besucher nach Beaulieu. Ich erzähle den Leuten dann immer die romantische Geschichte, die meine Familie mit Rolls Royce verbindet. Ich glaube, jeder kennt das berühmte Maskottchen dieses Wagens. Der Künstler, der es geschaffen hat, war ein Mitarbeiter meines Vaters, und meines Vaters Sekretärin stand Modell für die weltbekannte fliegende Dame auf dem Kühler jedes Rolls.«

Lord Montagu spricht mit einem näselnden, leicht swingenden Ton. Seine Hände zeichnen im Rhythmus der Sprache Schleifen in die Luft, streicheln im Vorübergehen ein Lenkrad, einen Kotflügel, ein Verdeck ...

Die Familie Montagu ist eng mit der Geschichte des Autos verbunden. Sein Vater hat durchgesetzt, daß man 1903 die erlaubte Geschwindigkeit von 18 auf 30 Stundenkilometer erhöhte. Der Sohn, Lord Edward John Barrington Douglas-Scott Montagu, setzt nicht nur die Familien-, sondern auch die Auto-Tradition fort.

Jedes Modell ist betriebsbereit. Für fünf Pfund pro Stück werden die Schnauferl in den Schloßgarten gefahren. O, er verleiht die Dinger auch über Land für Fotoreportagen oder Filmproduktionen. Das kostet dann allerdings erheblich mehr.

»Wissen Sie, daß ich als Journalist angefangen habe und einige Bücher über das Auto der Zukunft verfaßt habe?«

»Ein Zukunfsauto? Wie sieht das aus?«

»Es ist klein, elektrisch angetrieben durch Münzeinwurf... es läuft ohne Geräusch und macht keinen Gestank«.

»Haben Sie handfeste Pläne, das zu realisieren?«

Eine leichte Handbewegung weist die Frage zurück. Die Sache scheint noch nicht spruchreif zu sein.

An der hinteren Wand der »Garage«, wie ein Standesgenosse des Lords das Museum zu nennen pflegt, hängen Fotos verschiedener Oldtimer mit einem Mannequin davor in Kostümen der Zeit.

»Eine Art Entwicklungsgeschichte der Motorsport-Mode?«

»Ja, sehr richtig. Es ist meine Frau. Sie hat für das Museum diese Lichtbilder gemacht, um zu demonstrieren, wie die Leute in den Anfangstagen des Autosports angezogen waren. Mein Vater gab eine monatliche Zeitschrift heraus, und darin befaßte er sich schon 1902 mit dem Modeproblem. Er beschäftigte für diese Artikel die erste weibliche Motorkorrespondentin... es war seine dritte Frau. Sie schrieb jede Woche über das Thema ›Was man im Auto trägt‹. Man hatte damals diese großen Hüte« ... mit den Bewegungen einer Ballerina deutet er die flatternde Weite eines Florentinerhutes an... »wenn die Damen im offenen Wagen saßen, flogen sie weg. Es mußten neue Mäntel, neue Hüte, neue Handschuhe entworfen werden. Autos hatten einen entscheidenden Einfluß auf die Mode.«

Ich muß mich zu ihm in ein rotes Ungeheuer setzen. Die Einstiegstritte sind so hoch, daß ich Hilfe brauche. Dann rollen wir in den Park. Sieben kräftige Männer stoßen uns den leichtabfallenden Weg hinab... der Motor beginnt zu tuckern... ein paar Meter... stirbt ab.

In Mylords wedgewoodblauen Augen steht Ärger über das Mißgeschick. »Der Nebel,« fällt ihm ein. »Es ist nachts schon kühl und gestern abend haben die Burschen wieder vergessen, die Oberlichtfenster im Museum zu schließen. Diese frühen Motoren sind sehr sensibel.«

Er seufzt. »Heutzutage ist das anders. Die Technik rangiert an zweiter Stelle. Wieviele Ladies kaufen ihren Wagen nur, weil der Lack zu ihrer momentanen Garderobe paßt, nicht wahr?«

Die kostspieligen Extravaganzen seiner Ehefrau sind bekannt in Jet-Set-Kreisen... O Lord! Solche Sorgen müßte man haben.

Seine Hoheit, John Robert Russel, der 13. Duke of Bedford, Herr von Woburn Abbey, einem Besitz etwa 150 Kilometer nördlich von London, hat diese Probleme nicht. Während die Fernsehmannschaft Licht und Kamera im grünen Salon des Privattrakts seines Schlosses installiert, plaudert der Herzog mit mir über Pariser Haute Couture. Er macht mir ein Kompliment über meinen Mantel.

»Er ist von Cardin.«

Sein kleiner, sinnlich gebogener Mund lächelt fein: »Ich weiß, ich weiß. Ich kaufe gelegentlich dort ein.«

»Cardin hat geschmackvolle Herrensachen«, stimme ich ihm zu.

»Nein, nicht für mich. Ich kaufe für meine Frau. Sie geht nicht gern in Geschäfte... sagt immer, ich solle für sie die Kleider aussuchen.«

»Das ist aber selten. Es gibt nicht viele Männer, die sich so intensiv um die Garderobe ihrer Gattin kümmern.«

In diesem Augenblick rauscht Nicole herein, dritte Gemahlin des Duke, bürgerlich von Geburt, vollschlank, beweglich, nicht allzu groß, das tête-à-tête zwischen ihrem Mann und mir mit Mißbehagen registrierend.

Sie bemerkt unwillig: »Was sollen all die vielen Leute? Und soviel Licht... das ist ja unerträglich heiß hier... machen Sie die Fenster auf... ich werde kein Interview unter dieser Beleuchtung geben!«

Der Duke schmunzelt gelassen, seine 1 Meter 88 leicht vornübergebeugt, und überläßt es mir, der übelgelaunten Lady klarzumachen, daß man für Farbfilme größere Helligkeit benötige.

»Wem erzählen Sie das? Ich war selbst Filmproduzentin. Die direkten Lampen schaden meinem Teint.«

»Sollte man das Make-up...?«

»Ich benütze nie Make-up.«

Sie brauche auch keines, sagen Regisseur und Kameramann unisono, was die Duchess wesentlich milder stimmt.

Der Union Jack ist »in«: Britische Waren, vom Tee bis zu Textilien, zeigen die britischen Farben.

Schöne Frauen, schöne Autos bei Lord Montagu auf Schloß Beaulieu, dem alten Herrensitz mit dem berühmten Motormuseum.

Michael Fish, der extravaganteste Herrenschneider von London, liebt Kontraste. Für die Fernsehaufnahmen seiner Jet-Set-Mode wurde die Szene in den Abriß-Slums des Londoner Eastend arrangiert.

Komiker-As Nummer 1 Marty Feldman steckt immer voller Flausen.

Die Börsenkurse sind so gefallen, daß es Gentleman Eddi Arent die Schuhe auszieht.

Hardy Amies, Hofschneider der englischen Königin, veranstaltete eine private Modenschau für das deutsche Fernsehen.

Endlich sitzen die Herzogin und der Herzog auf dem Sofa, steif, die Hände gefaltet im Schoß, bereit, der Nachwelt ein Porträt zu hinterlassen. Auf jeden Fall muß ich das Gespräch völlig umstellen, mich ganz auf die Schloßherrin konzentrieren.

Die Klappe fällt.

Mein Einleitungskompliment ist dick wie Fliegenleim: Ihre Hoheit besitzt den Charme und Geschmack der Französin. Und doch läßt sie sich die Kleidung von ihrem Gatten aussuchen?

Ihr Lachen kullert vom hohen C herunter, der üppige herzogliche Busen unter dem gelben Georgettekleid bebt: »Ja, mein Mann hat alle meine Größen und kauft mir meine Garderobe, die Schuhe, Handtaschen, was dazu gehört. Das einzige, was ich selber kaufen muß, sind Handschuhe, glaube ich.«

Der Herzog versteht etwas von Mode. Er zählt seit Jahren zu den zehn bestangezogenen Herren Englands. Außerdem hat er wiederholt Reklame für Herrenanzüge, für Krawatten, Hüte, Schirme gemacht. Die Herzogin wirbt im Fernsehen für Kosmetika.

Wenn sie nie Make-up auflegt, was tut sie dann für den High-Society-Teint?

Wieder die Lachoktave ... und der, bei ihr angelernte, hohe Singsang der englischen Damen: »Nichts. Ich nehme täglich ein Bad, das ist alles. Ich mache auch meine Haare selbst. Gewöhnlich wasche ich sie im Bad, lasse antrocknen und rolle sie dann auf elektrischen Lockenwicklern ein.« Sie dreht eine Strähne ihres kupferroten Haars um den Zeigefinger.

Einer der Sekretäre reicht ihr den farbenprächtigen Prospekt über Woburn Abbey. Auf der Rückseite ist das Schloß und davor das Herzogspaar in Gala ... Smoking und Abendkleid ... abgebildet. Ihre Hoheit hält das Konterfei auf Brusthöhe, für die Kamera.

»Wenn es um den Fortbestand des Besitzes geht, sind Sie sehr erfinderisch?« nehme ich in meiner Frage Bezug.

Der Herzog nickt eifrig. Als seine bessere Hälfte nicht gleich das Wort ergreift, gibt er die Antwort: »Wir hoffen, wir hören damit auch nicht auf. Wir suchen immer nach neuen Dingen, um den Besuchern unseres Schlosses etwas Spezielles zu bieten.«

Über das gerötete Gesicht der Herzogin rinnen Schweißperlen. Harte Arbeit, so ein Fernseh-Programm.

Ich gebe mich noch nicht zufrieden: »Haben Sie auch einen Schloßgeist?«

Seine Hoheit sagt schnell: »Ja, wir haben einen ...« aber Ihre Hoheit unterbricht ihn, ein wenig kreischend vor Aufregung: »... neun, es sind neun, in meinem Badezimmer!«

Schluß des Interviews. Lampen aus. Erleichtert seufzen die Herrschaften auf.

Es gibt Drinks für das Team. Die Duchess muß nach dem Rechten sehen ... in der Küche und im Garten und in der Leihbibliothek und im Antiquitätenshop, wo man angeblich ganz billig gute Sachen bekommt ... wer's glaubt! ... und auf dem Kinderspielplatz und bei den Wärtern für das Damwild, das zweimal täglich in Rudeln aus den Wäldern bis zum Schloß herunterzieht. Vorher noch eine kurze Hausbesichtigung für mich ...

»Bitte, Hoheit, wenn Sie soviel zu tun haben ...« Meine zarte Rücksichtnahme freut sie.

Sie drückt mir einen Plan und ein Sortiment Druckschriften in die Hand: »Wollen Sie sich allein umsehen?« Der sommersprossige Arm hebt sich zum Abschied: »Der Butler wird Ihnen den Weg zeigen.«

Froh, mir die persönliche Betrachtung dessen zu ersparen, was ich auf 50 bunten Buchseiten getrost nach Hause tragen kann, schlendere ich zu den Antiquitäten. Sie sind, wie vermutet, sündhaft teuer. Ich spaziere im Park, in dem der Herzog »love in's« für Hippies veranstaltete. Einen Sommer lang überließ er den gepflegten Rasen Nudisten, um Fotostudien von nackten Menschen zu machen.

Dient nun die Publicity nur der Erhaltung des alten Besitzes ... oder der Besitz der Publicity? Man müßte Großmutter Bedford danach fragen ... Aber die schwang sich mit 72 in ihr Privatflugzeug und ward nicht mehr gesehn. Wahrscheinlich ist sie über dem Atlantik abgestürzt.

»What will be, will be ... was sein wird, wird sein,« lautet das stolze Familienmotto.

Weit ist das Land, groß die Tradition.

Es ist eine Verkehrsbehinderung, ein Kamerastativ aufzustellen oder mit mehr als drei Kinderwagen nebeneinander durch die Stadt zu fahren.«

Diese seltsame Verkehrsvorschrift ist der Anfang allen Übels, wenn man ausgezogen ist, in London einen Film zu machen.

Die Gartenpolizei in Hampstead Heath, einem großen Naturschutzgebiet am Rande des Londoner Prominentenviertels, beanstandet unsere Aufnahmegenehmigung. Mit einer Kamera, ja – aber nicht mit Autos wollen sie uns Einlaß gewähren. Wir versuchen es mit freundlichem Zureden, winken mit ein paar Pfundnoten, drohen schließlich mit Beschwerde bei der Behörde, obwohl wir ganz genau wissen, daß auf unserem amtlichen Papier kein Travellingcar, geschweige denn Playback-Aufnahmen mit Esther Ofarim verzeichnet sind... Musik könnten die Spaziergänger im Park als störend empfinden.

Ein Taxi kommt an, Esther Ofarim steigt aus, das zarte Gesicht umrahmt von schwarzem Lockenbubikopf. Ein enganliegendes beige-grüngelbes Samtjackett, kniehohe Stiefel, in denen helle Breecheshosen stekken, unterstreichen vorteilhaft ihre weiblichen Rundungen. Die drei Grünflächen-Zerberusse vergessen alle Probleme, wollen ein Autogramm, bewundern ihr akzentfreies Englisch und mit Blicken das, was sie nicht in Worten erwähnen. Und schon sind sie bereit, sechs Augen zuzudrücken. Die Tore öffnen sich für Material und Team.

London gibt sich grau und kühl an diesem Tag. Zum Aufbau benötigen die Techniker eine Stunde. Also muß man Esther bemuttern. Es ist besser für sie, im Warmen zu warten. In einem vergammelten Coffeehouse trinken wir heiße Schokolade.

Die Jungen und Mädchen an den Nebentischen tuscheln, sie kennen ihr Gesicht vom englischen Fernsehen und von Schallplattenumschlägen. »Jodel-Lady« war monatelang Nr. 1 der englischen Hit-Paraden. Damals war sie noch mit Abi zusammen.

Inzwischen hat sie gelernt, den Schatten dieser Ehe zu überspringen. Die Solo-Blitzkarriere verwandelte die scheue Sängerin in eine selbstbewußte junge Frau. Sie hat den scharfen Verstand und die Beobachtungsgabe der Jüdin. Wir plaudern über Mode, Kosmetik, Gleichberechtigung der Frauen. Das »ich werde es den Männern schon zeigen« schwingt unausgesprochen mit.

Zurück zum Drehort, die Arbeit wartet. Für die erste Einstellung steht ein Rundkurs aus Schienen bereit, auf denen der niedrige Travellingcar mit einer großen Plattform rollt. Darauf drängen sich Gerät und Menschen auf engem Raum zusammen. An der äußersten Kante gegenüber der Kamera ist Esther Ofarims Platz. Sie hat Angst, fürchtet, während der Drehung herunterzufallen. Man befestigt sie mit einem Seil.

Zwei starke Männer schieben nun den Wagen Kreis um Kreis im Rhythmus der Playback-Musik. Dem Fernsehzuschauer bietet sich durch diese Technik das deutlich nahe Gesicht der Sängerin und hinter ihr in raschem Wechsel eine vorüberziehende Landschaft. Er sitzt gleichsam in einem Karussell... mit dem Vorteil, daß ihm garantiert nicht übel wird.

Probe. Aufnahme. Es klappt auf Anhieb.

Nächste Einstellung: Esther Ofarim muß einen langen Weg von einem Hügel quer durch ein Tal bis zur gegenüberliegenden Anhöhe gehen. Sie singt bei dieser Passage vom Abschied, von Einsamkeit, vom Ende der großen Liebe. Der Regisseur läßt die Kamera über einen halben Kilometer von der Sängerin entfernt aufbauen. Mit einem langen Objektiv wird ein Soft-Look erzielt, die Konturen verwischen sich.

Hampstead Heath ist kein angelegter Park, es ist eine wild-romantische Landschaft mit Buchenwäldern, Talsohlen, Pfaden durch wucherndes Gras, Gebüsch. Ich bleibe am Ende des Abhangs als Wachposten zurück, um Spaziergänger zu bitten, stehen zu bleiben oder einen Umweg um Sängerin und Kamerateam zu machen.

Ein Ehepaar mit Pudel kommt... »Würden Sie bitte jetzt nicht hier entlang gehen, es werden Filmaufnahmen gemacht...«

»O, wie interessant... mit wem denn... « Die Antworten halten sie in Distanz.

Ein Mann mit Boxer... kehrt um.

Zwei Jungen mit einer Promenadenmischung an der Leine... warten.

Auf der anderen Seite taucht eine Frau im Lederanzug auf, zwei Riesendoggen an der Leine. Sie ist zu weit entfernt, ich kann nicht rufen, das würde das Team oder den Star in der Arbeit stören. Der Regisseur winkt. Abgebrochen... noch einmal von vorne.

Esther Ofarim marschiert an ihren Startpunkt zurück. Ich haste den Hügel hinauf, um den Anmarsch der Frau zu stoppen. Da passiert es.

Das Mannweib läßt die Doggen los. Die Hunde rasen in langen Sätzen auf Esther Ofarim zu. Der Regisseur spurtet los, das übrige Team hinterdrein, aber sie sind zu weit entfernt. Esther rennt in unsere Richtung, die Hunde schnappen nach ihren Stiefeln...

Ist es ein Spiel? Vielleicht... nein, sicher! Wie könnte sonst die Besitzerin, langsam, unsere empörten Zurufe mißachtend, ihre Wanderung fortsetzen?

Wir kümmern uns um Esther. Sie ist einem Nervenzusammenbruch nahe. Ihr zittern die Glieder. Und doch muß sie den Weg noch einmal machen, sofort. Es bleibt wenig Zeit, das Licht am Spätnachmittag schwindet schnell. Wachen werden aufgestellt... eine halbe Stunde später ist alles überstanden.

London und die Hunde! Ein wahrer Kult wird damit getrieben. Hunde ersetzen Kinder, Partner, Freunde. Hunderassen teilen Engländer in Klassen ein. Wehe, wenn sie losgelassen!

Appointment at four. Wir trinken Tee im teuersten Appartement des *Inn of the Parc* am Marble Arch. Es ist Peter Sellers Zuhause auf Zeit. Warum er nicht in seiner schönen Wohnung wohnt? Manchmal fällt ihm die Decke auf den Kopf... die eigenen vier Wände werden zu eng. Er braucht Abwechslung. Dann zieht er ins Hotel, ganz einfach.

Sellers verrührt Saccharintabletten. Zucker setzt Fett an. »In meinem Alter muß man aufpassen.«

Mittelfinger und Daumen klemmen in Zwerchfellhöhe einen Wulst rosa Seide und Haut zusammen: »Da setze ich an.«

Er schiebt seine Unterlippe vor und lächelt breit, ohne die Zähne zu zeigen, das typische Sellers-Lächeln. Die braunen Hundeaugen hinter schwarz umrandeter Hornbrille blicken gespielt naiv.

»Ich trinke keinen Tropfen Alkohol mehr. Meditationen und Yoga-Übungen halten mich fit. Wie sollte man sonst das moderne Zigeunerleben ohne break-down meistern?«

Er bereitet für mich eine neue Tasse Tee. Sahne, ein halber Teelöffel Zucker, ein Drittel Tee-Essenz, zwei Drittel Wasser.

»Haben Sie außer Ihrem Beruf Zeit, am Leben der Jet-Set-Leute teilzunehmen? Besuchen Sie die Dinners, Cocktails, Parties, nehmen Sie die Einladungen zum Segeln, Jagen, Reiten, Golfspielen immer an?«

Sellers schmunzelt: »Sie meinen, sich vom Hubschrauber abholen und auf dem Dach des Sowieso-Hotels absetzen lassen oder im Privatflugzeug eines Nabobs schnell im Süden Sonne tanken?«

Ich nicke.

»Nein, nein. Das sind Dinge, von denen nur der Außenstehende glaubt, man brauche sie, um ›in‹ zu sein. Ich bin ›in‹, weil ich bekannt als Schauspieler bin. Deshalb bin ich aber noch lange nicht ›in‹ mit der upper class. Dazu gehört mehr als die Aufforderung von Lord Snowdon und Prinzessin Margaret zum Tee oder zu einer Privatparty in ihrem Haus. Mit der ›In-Crowd‹, dem Kreis um das Königshaus, kommt man nur schwer in Kontakt. Dazu braucht man adelige Geburt, Stammbaum bis 1215 und mindestens elf Zacken in der Krone.«

Er schiebt die Augenbrauen so hoch es geht, senkt die Mundwinkel, rückt exaltiert die Krawatte, streicht mit dem Ringfinger über einen gedachten Schnurrbart. Man darf ihn nicht zu wörtlich nehmen, Sellers ist ein Clown. Das Schauspielern liegt ihm im Blut.

»Stimmt es, daß alle Ihre Vorfahren Schauspieler waren?«

»Mhm. Die meisten.«

»Acht Onkel, glaube ich?«

»Ja, alle acht zur gleichen Zeit.«

In Gedanken versunken rührt er im Tee. »Früher sagte man in London ... ach, der ist in einem Korb zur Welt gekommen, was soviel heißen sollte wie: Der wurde im Theater geboren.«

Man erzählt sich, daß Sellers' Großmutter ihn im Alter von zwei Wochen zu ihrem Auftritt mit dem Lied »Er ist ein famoser Bursche« ins Rampenlicht getragen habe. Beim Stichwort »Weinen« sei das Baby in Tränen ausgebrochen ... Sellers' erster Lacherfolg.

»Meine Erinnerung reicht weit in die Kindheit zurück. Ich sehe noch genau vor mir, wie meine Eltern und ich von einer Bühne zur anderen zogen. Es gefiel mir damals gar nicht. Ich war wohl noch zu klein. Aber gerade in diesem Alter geht einem so etwas ins Blut.«

Peter Sellers übte zunächst sein Talent im Imitieren von Stimmen. Er ahmte die Stimme des Vaters, des Schullehrers, der Freunde nach, so täuschend ähnlich, daß ihm diese Gabe schließlich zu einer Anstellung bei der BBC (British Broadcasting Corporation), der englischen Rundfunk- und Fernsehgesellschaft verhalf.

»Es war zu der Zeit schwierig, irgendwo hineinzukommen, zum Rundfunk oder Film zum Beispiel ...«

»Da ließen Sie sich etwas einfallen?«

»Ja. Ich imitierte die Stimme eines berühmten Mannes und ließ sie sagen, daß man diesen Mr. Sellers unbedingt fördern müsse.«

»Wie machten Sie das?«

»Ich rief den Direktor der BBC an, sagte ›Hallo, lieber Freund, hier spricht X... ich habe gestern ein Talent entdeckt‹ und so weiter.«

»Und?«

»Man gab mir einen Vorsprechtermin und ich wurde engagiert.«

Als sein Trick Jahre später ruchbar wurde, hatte er die Lacher auf seiner Seite.

»Soll ich Ihnen eine Probe aufs Exempel geben?«

»Natürlich, gern. Kenne ich das Original?«

»Ich hoffe. Ich will meinen großen Kollegen Sir Laurence Olivier kopieren. Ich schlage vor, wir sprechen über die Park Lane da draußen unter dem Fenster.«

Er erhebt sich, reicht mir die feingliedrige Hand und zieht mich aus dem Sessel hoch, hinüber zur Glastür, vor der ein kleiner Balkon Aussicht auf den Verkehr der Park Lane und das Grün des dahinterliegenden Hydeparks gewährt.

Im Stakkato-Rhythmus der Sprechweise Sir Laurence Oliviers reportiert Sellers: »Dieses ist eine berühmte Straße. Dort ist der Playboy-Club, wo man müde Geschäftsmänner ergötzt und von ihrer Familie ablenkt. So ist das eben... Hier haben wir den Hydepark mit dem Verkehr hinauf und hinunter, hinunter und hinauf. Hier ist ein Londoner Bus, man erkennt ihn, weil er rot ist. Wäre er grün, es wäre kein Londoner Bus. Das dort sind Taxis, dieses ist ein Geländer, und ich bin ich.«

Applaus, Applaus. »Wieviele Personen stecken eigentlich in Ihnen, Mr. Sellers?«

Statt einer Antwort fragt er: »Wer ist das?« und beginnt eine Pantomime.

Er blickt hoch zu einem scheinbar viel größeren Mann, versucht sich vorzudrängen, setzt zur Rede an, kommt nicht zu Wort, der andere ist am Zug, Verbeugungen, das wiederholt sich ein paarmal, schließlich streckt er dezent die Hand vor... nichts, der Große ist ihm zuvorgekommen.

Sellers bringt mich nicht in die Verlegenheit zu raten: »Ich war eben der zweite Manager eines Hotels in Österreich, in dem ich immer meinen Urlaub verbringe. Wie heißt doch der österreichische Gruß?«

»Grüß Gott?«

»Nein.«

»Küß die Hand?... ach so, Servus?«

»Yes, yes, Servus!« Er hebt die Hand zum militärischen Gruß, sagt preußisch knapp: »Servus!«

Ich berichtige ihn: »Sie müssen die erste Silbe dehnen und ganz lässig sprechen, damit es österreichisch klingt... Seervus!«

Schon probt er: »Seeeervus, Seeervus, Seeervus...«

Wenn ich noch an das Magendrücken denke, mit dem ich vor Jahresfrist zum ersten Sellers-Interview fuhr... er ist sehr schwierig, seien Sie gut vorbereitet... vielleicht sagt er das Interview in letzter Minute ab... dergleichen gute Ratschläge mehr hatten mich das Schlimmste befürchten lassen.

Wir sahen uns, ein Händedruck... wir mochten uns. Statt über Filmprojekte unterhielten wir uns über fernöstliche Lebensweisheit, Sellers' Steckenpferd... in einem Haus mit vielen Türen, von denen man nicht weiß, in welche Räume sie geleiten, wohnen meine Gedanken, meine vielen Ichs, die mich bedrängen... hatte er damals gesagt.

Auch diesmal war seine Sekretärin vorher diskret zu mir gekommen: »Mr. Sellers ist nicht in bester Laune.«

»Aber er hat mich doch selbst eingeladen?«

Sie zuckt die Achseln. »Sie wissen ja, sein Jähzorn...«

Zaghaft hatte sie an die Zimmertür geklopft... und beobachtet, wie er mich mit einem munteren »Nice to meet you again... nett, Sie wiederzusehen« begrüßte.

Peter Sellers läßt frischen Tee kommen. Der Manager steckt seinen Kopf herein... das Rendezvous mit dem Produzenten...

»Soll warten.«

Man weiß in der Branche, daß er manchmal unzuverlässig ist. Wenn er keine Lust hat, kommt er viel zu spät oder gar nicht.

Er zeigt mir Fotos von Freunden, Mode-Aufnahmen, Landschaften, die er gemacht hat, plaudert über seine Sammlungen, Stereoanlagen, Tonband-Experimente, über alte Filmkameras und alte Autos. 17 Oldtimer, mit denen man Rennen fahren könnte, stehen in Garagen...

Es klopft. Wieder der Manager. Ärgerlich fährt Sellers herum. Ich stehe auf, um mich zu verabschieden.

Freundschaftlich faltet er die Hände zum indischen Friedensgruß, verbeugt sich: »Das nächste Mal spielen wir Österreicher! Servus! Seeeervus!«

Servus, Peter Sellers.

Als kleines Mädchen probierte ich heimlich die Hüte meiner Mutter. Ich träumte davon, später einmal diese Wagenräder aus Stroh oder Tüll voller Blumen zu tragen, die kleinen verschleierten Kappen, die sportlichen Filzhüte in Herrenfaçon, mit Federn geschmückt. Viel später, als der Krieg vorüber war... toupierte Haare sind modern... besitze ich zwar eine stattliche Zahl modischer Kopfbedeckungen, aber die Wahl: Hut oder zerdrückte Frisur, endet immer zugunsten meiner Lockenpracht. Vielleicht hat mir auch irgendwann irgend jemand gesagt, ich hätte kein Hutgesicht. Ich begann Hüte zu hassen.

Und dann stürzt London mich in Gewissenskonflikte: ein Film über die Hauptstadt Englands ohne Hüte, bei all den Melonen, Bärenfellmützen, Bobbyhelmen, Zylindern und den schon Legende gewordenen Kopfbedeckungen der Queen... unmöglich!

Die Hutmacherin der Königin wohnt in Chelsea, dem Künstlerviertel. Für 11 Uhr 30 hat mich Mrs. Simone Mirman (sie ist Französin) gebeten. Ich überlege... es ist kurz vor 10 Uhr... ob ich einen Fußmarsch mache, eine außerhalb der Parks nicht unbedingt einladende Sache... aber die King's Road mit den vielen Boutiquen lockt... Sonne wechselt mit Wolken, Schirm nicht vergessen! Ein Taxi bringt mich bis zum Cadogan Square.

Londoner Taxis sind die komfortabelsten und die häßlichsten der Welt. Wenn sie schwarz, unförmig, wie fahrbare Kasten an den Halteplätzen stehen, vermutet niemand ihre hohe Geschwindigkeit und ihre Wendigkeit im dichten Verkehrsgewühl. Selten nur kommt man ins Gespräch mit dem durch eine gläserne Trennwand vom Fahrgast isolierten Fahrer. Gibt man das obligatorische Trinkgeld, je nach Höhe des Fahrpreises, mindestens aber Sixpence, sind es friedliche Leute. Wer knausert, wird ihre Gilde kennenlernen.

Ich bummele die kilometerlange King's Road entlang. Popig aufgemachte Schaufenster liegen dicht beieinander, zeigen Mode für Teens und

Twens, die angeblich von hier aus Europa überschwemmt. Mich interessieren die englischen Firmennamen, die so Begehrenswertes kreieren. Die Boutique *Fifth Avenue* lockt mit glänzender Metallfassade. Der neueste Hit dröhnt aus der Musikbox, der Innenraum faßt kaum mehr als zehn Personen gleichzeitig, dann kann sich keiner mehr umdrehen. Eine Wendeltreppe führt unter die Erde ... ich wühle in den überfüllten Kleiderständern. Die meisten Modelle stammen von Ossy Clark ... was Mary Quant für die Carnaby-Street, bedeutet er für die King's Road. Aber dann finde ich französische, italienische, sogar deutsche Modemacher-Namen. Enttäuscht, daß die angeblich so swingende Weltstadt nicht hält, wovon so viele Leute sprechen, spaziere ich weiter.

*Stop the shop*, eine anderes Modegeschäft, fällt aus dem Rahmen, weil sich hinter einer meterhohen Glaswand Einrichtung, Verkäufer und Besucher wie auf einer Riesen-Schallplatte drehen. Soll ich mich gegenüber ins Drugstore setzen auf einen kleinen Drink?

Nein, ich möchte noch »Mr. Freedom«, dem Erfinder der hot pants, einen Besuch abstatten. Vorbei an kleinen Antiquitätenmärkten, Kramläden mit arabischen und indischen Folklore-Artikeln, aus denen Haschisch-Geruch bis auf den Gehsteig quillt, erreiche ich endlich einen Platz mit vielen abzweigenden Straßen.

»Mr. Freedom?«

Niemand kennt Mr. Freedom, wie überhaupt Engländer ungern Auskunft geben; sie fühlen sich belästigt, aus ihren Gedanken gerissen, aus ihren Träumen, die sie hinter unbeteiligten Gesichtern hegen.

Aber Londons Nothelfer, der Bobby an der Ecke, weiß Bescheid: »Dritte Straße rechts, das zweite Haus.«

Zu spät für heute, es ist 10 Minuten nach 11 Uhr ... Mrs. Mirman wartet.

Ein freies Taxi kommt in meiner Richtung ... hält. Fast pünktlich steige ich fünf Stufen zu einem vornehmen weißen Reihenhaus hinauf.

Keine Klingel, eine rote Rose als Türklopfer. Die Schläge hallen. Die Modistin Ihrer Majestät besitzt einige Ecken entfernt einen großen Salon, hier wohnt sie privat.

Es öffnet eine verhärmte Frau, ergraut im Stecken von Hutbändern, Annähen von Federn und Blumen, Formbügeln von Filz- und Strohstumpen. Sie mustert mich, ich sage mein Sprüchlein. Nickend schlurft sie den langen, schmalen Gang zurück, wortlos auf eine Tür zeigend, und verschwindet in einem altmodischen Arbeitsraum am Ende des Korridors.

Der Eingang, auf den sie deutete, führt in ein winziges Gemach voller Hüte. Ein Louis-XVI.-Sessel steht vor goldgerahmtem Spiegel. Eng, wie die Menge auf einem Fußballplatz, drängen sich die Köpfe aus Plastik und Karton, bestückt mit aufwendigen Hüllen im bekannten Royalty-Stil.

Auf der Treppe, die offensichtlich in die Wohnräume emporführt, höre ich Schritte. Die kleine dunkelhaarige Frau, um die Fünfzig, mit wachen Augen im großflächigen, bäurisch geröteten Gesicht, hat eine resolute Stimme: »Hallo, haben Sie schon etwas gefunden, was Ihnen gefällt?«

Automatisch greife ich zu einer Haube aus lauter hellblauen Schleifen... sie sieht so königlich aus.

»Fabelhaft, Ihr Geschmack! Prinzessin Margaret wird in diesem Modell dem nächsten Wohltätigkeitsbasar präsidieren. Sie ist auch in diese lila Plüschglocke verliebt.«

Sie geht zum Spiegel und stülpt sich das Modell über... es paßt wenigstens zur Krawatte, die sie männlich über schwarzem Seiden-Hemdblusenkleid trägt.

Macht sie Kopfbedeckungen für alle königlichen Damen?

»Natürlich. Für Ihre Majestät die Königinmutter, Ihre Majestät die Königin, für Prinzessin Margaret und Prinzessin Anne, sogar für das Baby von Lady Snowdon. Die Prinzessin kommt oft in dieses Haus, sie amüsiert sich stundenlang beim Hüte anprobieren.«

Die Modistin der Royal Family gehört zur »In-Crowd«, sie geht in den Palästen ein und aus, sie besucht Elizabeth II. auf Wunsch mit einer kleinen Wagenladung voll Hutkartons im Buckinghampalast.

»Ihre Majestät weiß sehr genau, was sie will.«

Simone Mirman gehören mehrere prunkvoll eingerichtete Herrschaftshäuser in London und Brighton. Ihr Mann, ein Mitglied des englischen Oberhauses, managt sie. In ihrem modischen Bereich läßt sie sich gern als Queen verehren. Sie ist eine absolute Herrscherin. Wie der Meisterjongleur die Bälle, so wechselt Madame die Hüte auf meinem Kopf. Große, kleine, breite, schmale, mit Schleier und ohne. Bei schwarzem Stroh mit aufgeschlagenem rundem Rand und schwarz-orange gemusterten Seidenbahnen an beiden Seiten, die man nach hinten zum Knoten oder exotisch als Gesichtsrahmen binden kann, endet ihr Spiel.

»Das ist der Hut, den ich Ihnen empfehle.«

Es ist auch wirklich der einzige in der langen Reihe, der mir steht.

»Diese Form mag Prinzessin Anne sehr, sie kleidet lange, schmale Gesichter.«

Wo nimmt die Kopfverhüllungskünstlerin nur ihre unerschöpflichen Ideen her?

»Aus einer reichen Phantasie. Ich arbeite mit irgendeinem Material, hier ein Bogen, da ein Knick, das geht mir so von der Hand ... oft entsteht aus einem Fehler der beste Hut.«

Über Preise wird nicht gesprochen. Wie man hört, soll ein Exemplar mindestens 1000 Mark kosten.

Bei Bitterlemon ... »wir trinken nie geistige Getränke« ... lerne ich den Ehemann der Kreateurin kennen und erfahre von ihm im Vertrauen, daß seiner Gattin eine besondere Auszeichnung zuteil werden wird: Ein Favorit des königlichen Rennstalls erhält den Namen der Modistin. Ihre Freunde schließen bereits eifrig Wetten ab auf Sieg und Platz von »Simone Mirman«.

Toi, toi, toi.

Was aber sind sämtliche Hüte der Elizabeth gegen die Melonen ihrer Untertanen. Der Kult mit den Kopfbedeckungen weckt in jedem Nicht-Engländer die Lust am Persiflieren der »feinen englischen Art«. So entstand die Idee, eine Filmserie von Black-outs mit dem deutschen Komiker Eddi Arent zu drehen, bekannt aus zahlreichen deutschen Edgar-Wallace-Filmen und intimer Kenner der Londoner Mentalität. Er spielt den vornehmen Mann vom Kontinent, der glaubt, das Äußere garantiere schon den Zugang zur High Society.

Natürlich fangen wir bei den Hüten an, mit dem Besuch eines der vornehmsten und ältesten Geschäfte Londons, dem Royal Hutladen Lock in der St. James Street. Eddi Arent tritt als Käufer auf, wir filmen die Szene. Vorausgeschickt sei, daß die Inhaber all dieser traditionsreichen königlichen Einkaufsplätze durch das seriöse Aussehen unseres »Abgesandten« ... er ist gekleidet in die typische Citizen-Montur, gestreifte Hose, schwarze Jacke, Bowler ... an die durchaus ernsthafte Art der Darbietung glaubten.

Erster Auftritt: »Ein Bowler soll es sein.«

Der mindestens 60 Jahre alte Verkäufer, von Jugend an zum Haus gehörend, schleppt einen Eisenhut herbei, 15 Kilo schwer, mit verstellbarem Rand. Mr. Arent erleidet, wie Millionen standesbewußte Engländer vor ihm, die Qual des Maßnehmens: Die Schrauben werden enger gezogen, die Höhe wird reguliert.

Ablenkend plaudert der dienstbare Geist, daß 1840 ein Mr. Coke den steifen Hut für die Jagd erfunden habe, den ein Mr. Bowler dann lancierte. Das Geschäft existiere seit 1756. Beau Brummel, der erste Dandy Europas, kaufte seine Seidenhüte bei Lock. Admiral Nelson war jahrelang Kunde. Die letzte Eintragung mit seiner Unterschrift in den Geschäftsbüchern stammt vom 14. September 1805. Vor dem Auslaufen zur Schlacht von Trafalgar bestellte er einen Hut mit hochklappbarem grünseidenen Augenschirm.

Eddi Arent, der sich einen Moment unbeobachtet wähnt, setzt die Bowler-Meß-Maschine quer auf den Kopf, stellt sich in Napoleon-Positur und pfeift die Marseillaise. Das Team unterdrückt nur mit Mühe laute Heiterkeit. Ich ziehe den Manager in ein ablenkendes Gespräch, höre den Verkäufer sagen: »Bitte Vorsicht! Wenn das Ding verrutscht, ist Ihr Bowler zu groß.«

Bei Lock kann der Kunde auf seinen Hut warten. Man verkürzt ihm die Zeit mit unverbindlichen Angeboten von Tweed-Schirmmützen zum Fischen und für die Jagd, erklärt, daß man die Daten beim Hutkauf selbstverständlich auf einer Karteikarte sorgfältig notiert. De Sica, Gregory Peck, auch Damen, die Herrenhüte lieben, sind registriert: Sofia Loren, Prinzessin Anne.

Unser Mann probiert gerade einen Sherlock-Holmes-Spezial-Klapphut, läßt sich die nach oben gebundenen Ohrenschützer öffnen und vereinigt sie, ohne mit der Wimper zu zucken, völlig falsch unterm Kinn.

Der Beleuchter wird vom Regisseur hinausgeschickt. Ich sehe nur noch, wie er sich den Bauch hält... vor Lachen. Der alte Verkäufer, geschult im Umgang mit versponnenen Naturen, empfiehlt hüstelnd, anscheinend sitzt auch ihm ein Kichern im Hals, diese Kopfbedeckung für den Fußballplatz oder auf Reisen im Oldtimer-Kabriolett.

Mr. Arents Bowler wird gebracht, fein verpackt in einer runden Schachtel. Man dankt. 6 Pfund, 7 Shilling. Ein relativ billiges Vergnügen.

Nächster Auftritt: Der Königliche Büchsenladen, in dem der Herzog von Edinburgh und indische Maharadschas ihre Doppellauf-Flinten erstehen. Mit Intarsienarbeit am erstklassigen Walnußblock kostet solch ein Gewehr 20 000 Mark. Das ist uns zu teuer. Schade, so wird nichts aus der geplanten Entenjagd.

Statt dessen betritt Eddi mit Charme und Melone das Königliche Schirmgeschäft Smith und Söhne. Der alte Smith hat den Schirm nach England gebracht. Welche Tat! Man überredet Mr. Arent zum Kauf des letzten Schreis einer Schirm-Gazette. Aufgedruckte Zeitungen auf dem Regendach! Die Engländer sind bekanntlich die eifrigsten Zeitungsleser der Welt. Preis inklusive Garantie für fünf Jahre: 13 Pfund. Schirm bei Fuß! Das macht erst den Gentleman komplett.

Natürlich führen alle diese Hoflieferanten das Wappen Ihrer Majestät auf Haustür, Briefkopf und Erzeugnissen. So auch Lobb, der Königliche Schuhmacher, gegründet 1863. Bei ihm erhält man für 400 bis 800 Mark ein Paar handangemessene und handgenähte Fußbekleidungen.

Eddi Arent nimmt Platz auf einem der zerschlissenen Ledersessel. Die Kamera läuft. Sein linker Schuh wird ihm ausgezogen, der rechte ... »o, mein Gott!« stöhnt Eddi ... das Loch im Strumpf ist pflaumengroß. Kein Muskel rührt sich um Mund und Augen des mit einer grünen Schürze zünftig umkleideten Schuhmachers. Peinliche Situationen werden meisterhaft beherrscht. Mit einem Ruck zieht er den Socken über den nackten großen Zeh ... murmelt: »Das kommt in den besten Familien vor.«

Die Welt ist wieder in Ordnung.

Ein umständliches Ritual beginnt. Zeichnungen werden von der Fußform angefertigt, Höhe und Breite vermessen. Der Name des Kunden bleibt in den Annalen, in denen alles genau verzeichnet wird, selbstverständlich geheim. Wer von den Hochgeborenen möchte schon zugeben, platt-, hohl-, spreiz- oder senkfüßig zu sein. Was man so aus dem Schuhkästchen plaudern darf: Da gibt es eine Lady, eine schottische, versteht sich, die legt sich in voller Länge auf den Fußboden, um die neuen Schuhe aus der Perspektive ihres Schoßhundes zu betrachten. Oder: Ein amerikanischer Millionär steckt zweimal im Jahr den Kopf zur Tür herein und verlangt ein Dutzend Schuhe in Schwarz und Braun, ohne Anprobe, zu liefern in drei Wochen. Und das Bedauerlichste: Manche vornehme Persönlichkeit kann den Geruch des Leders nicht ertragen.

Royal shoemakers haben auch ihre Sorgen.

Die Füße von Mr. Arent werden an den Ballen abgetastet. Er beißt sich auf die Zähne... »oh, ih...« Wohlwollend ist er entschuldigt: »Ihre Majestät die Königin und Prinz Charles sind auch so schrecklich kitzelig.«

Ein wahrhaft erhebender Trost!

Wir treiben unseren Unfug noch eine ganze Weile, auch in den Straßen Londons, ohne unangenehm aufzufallen: Eddi Arent als Polizist, der den »Verkehr« im Hydepark regelt, Eddi Arent vor der Börse als Businessman, barfuß, weil ihm die Tageskurse »die Schuhe ausgezogen« haben, Eddi Arent als Gardist der Königin, statt mit Gewehr mit Regenschirm bewaffnet, die 20 Kilo schwere Bärenfellmütze auf dem Kopf... wenn man nicht sehr gerade steht, kippt das Ding... in England kann jeder nach seiner Façon selig werden.

Solange er nicht königliche Tabus durchbricht! Eddi und ich, in Frack und großem Abendkleid, benützten als Lord und Lady X die Privatchaussee des Schlosses von Windsor zum Spazierenfahren... statt im Rolls Royce auf alten Marktfahrrädern. Wir wollen »understatement« demonstrieren.

»Das Betreten des Königlichen Privatbesitzes ist bei Strafe verboten« steht auf Riesenschildern. Wir radeln mutig... noch einmal... mehr in der Mitte, für die Kamera.

Ein treuer Untertan der Krone muß uns beobachtet und verraten haben ... die Polizei-Eskorte macht unserem Spaß ein jähes Ende. Königliche Schranken wissentlich zu überschreiten wird mit Gefängnis und bei Ausländern mit Paßentzug, in krassen Fällen mit sofortiger Ausweisung geahndet.

Eddi Arent hat in letzter Sekunde die rettende Idee: »Wir sind frisch Vermählte und dieses englische Kamerateam fand unsere Aufmachung so komisch, daß sie uns unbedingt filmen wollten...«

Glückwünsche und ermahnendes Augenzwinkern: »Aber doch nicht auf Royal Privatbesitz!«

Der jüngste unter den Bobbies macht mir ein Kompliment: »Ihr Hut« ... ein weißes Riesenrad mit orangefarbenen Blüten ... »Ihr Hut ist super!«

Sie brausen davon, wir atmen auf. Das ist noch einmal gutgegangen... thanks Eddi!

Man spürt die Nähe des Meeres an diesem Sonnentag. Sehnsucht liegt in der Luft, dämpft den Lärm, die Atemlosigkeit, den unerbittlichen, harten, rücksichtslosen Puls der Riesenstadt. Selbst die rush hour, die Stunde, in der sich der Autoverkehr nur meterweise fortbewegt, empfinde ich als angenehm: Heiterkeit öffnet den Blick für alltägliche Dinge, etwa für die Menschenschlangen an den Bushaltestellen, so typisch englisch ordentlich, die mich an die Kriegsjahre erinnern, als man um Lebensmittel anstehen mußte.

Wir biegen zum Piccadilly Circus ein; ein imponierender Platz selbst am Tage, ohne Leuchtreklamen. Dann folgt Soho mit Londons Lasterhöhlen, mit dem schlechtesten Striptease Europas, den Porno-Filmclubs, Lesbierinnen- und Homo-Lokalen, deren Programm vom Mittelmaß nach unten alle Schattierungen bietet. Wer Soho nicht kennt, hat nicht viel versäumt.

»Darf ich Ihnen Musik einschalten?« unterbricht Harry meine Gedanken.

»Lassen Sie hören, Harry.«

My sweet Lord ... singt George Harrison.

Je mehr wir uns den Außenbezirken nähern, desto schneller kommt der Wagen voran. Ein Knopfdruck ... das Fenster senkt sich sanft. So ein Rolls Royce hat angenehme Seiten. Im kühlen Fahrtwind weht Sachlichkeit herein. Ich muß mich konzentrieren.

»Wie lange brauchen wir zur Wohnung von Miss Rutherford?« frage ich den Chauffeur.

»Jetzt noch etwa eine halbe Stunde, Ma'am.«

Zum wiederholten Male überfliege ich den Lebenslauf von Dame Margaret Rutherford. 80 Jahre alt, vor ungefähr einem Jahrzehnt von der englischen Königin geadelt ... erst Klavierlehrerin, ging mit 33 Jahren zur Bühne, später zum Film. Heirat im Alter von 53 Jahren mit Stringer Davies, Schauspieler in ihrem Schatten ... internationale Popularität als Amateurdetektivin Miss Marple in den Agatha-Christie-Filmen. Für »Blithe Spirit« hat sie einen Oscar erhalten. Ich sehe sie vor mir, die pfiffige Lady im flatternden Cape, wie sie mit Witz und Vitalität knifflige Fälle löst. Vor ein paar Jahren stürzte sie bei Dreharbeiten in Italien und brach sich das Hüftgelenk. Wie man hört, soll sie seit damals gehbehindert sein.

Vorsichtshalber ist das Kamerateam erst für den Nachmittag bestellt, weil mir Mr. Davies, ihr Mann, gestern abend sagte »... falls sie sich in der Lage fühlt, ein Interview vor den Kameras zu geben ...« Wie wird sie auf meine Fragen reagieren?

Harry läßt sich vernehmen: »Excuse me, Ma'am, die Häuser dort hinten, das ist das Städtchen, in dem Miss Rutherford wohnt.«

Wenig später kurven wir in einen Torweg auf ein englisches Landhaus mit hohen Giebeln zu. Ein Garten mit halbhohem Gras, an manchen Stellen abgetreten wie ein oft benutzter Teppich, zwischen alten ausladenden Bäumen eine Kinderschaukel. An den Mauern ranken sich Goldregen und Efeu hoch. Hinter den Vorhängen sehe ich eine Bewegung, dann tritt aus der Haustür ein weißhaariger Siebziger in Kamelhaarschuhen, zu weiten Hosen und einer karierten Hausjacke mit Kordelverschluß... gütige Augen im rosa Runzelgesicht.

»Willkommen in unserer Welt!«

»Ich freue mich, Sie kennenzulernen, Mr. Davies.« Jetzt erst entdecke ich die Ähnlichkeit mit Mr. Stringer, dem trotteligen Film-Begleiter der Miss Marple.

Er bestätigt: »Mein Name ist Stringer Davies, bestbekannt als Mr. Stringer. Früher habe ich Charakterrollen gespielt, aber Margaret, meine wundervolle Margaret, wollte mich um sich haben. Entschuldigen Sie mich jetzt bitte, ich muß mich um sie kümmern.«

Die gute Stube hat bürgerlichen Charakter. Oscar-Statue, Maskottchen, Bilder, Bücher liegen in krausem Auf- und Nebeneinander, als hätte man gerade etwas gesucht. Ein Klavier mit aufgeschlagenen Noten auf dem Pult... Schubert. Vor dem großen Ohrensessel am Fenster brennt ein kleiner elektrischer Heizofen.

Mr. Davis ruft von draußen: »Wir kommen!« Es klingt wie eine Warnung. Auf was will er mich vorbereiten?

Auf ein Bild des Jammers... An zwei Stöcken, gestützt von ihrem Gatten, schlurft Margaret Rutherford herein, gebeugt, die Haare wirr um das eingefallene Gesicht, aus dem mißtrauische Augen mich mustern. Der gehäkelte Schal rutscht über dem geblümten Seidenkleid, fällt zur Erde. Im Bücken danach finde ich meine Fassung wieder.

Wie alt ist Miss Marple geworden, elend, hilflos, vom Tode gezeichnet! Leises Stöhnen bei jedem Schritt, ein Schmerzenslaut, als sie sich in den

Sessel plumpsen läßt. Teilnahmslos reicht sie die Hand. Ihre Unterlippe hängt kraftlos herab, wie nach einem Schlaganfall.

Die Zunge gehorcht ihr kaum: »Ich weiß nicht, ob ich sprechen kann...«

Zu ihren Füßen hingekauert, nehme ich die alte runzelige Hand: »Wir wollen es versuchen.«

Mr. Davis redet und redet... daß sie sich keine Tiere halten, weil er genug zu tun hat mit Margaret. Rotkehlchen kommen vom Garten herein... heute kann man sich in den Garten setzen, die Sonne scheint warm...

Hört sie ihm zu? Manchmal ein müdes Nicken. Ihre Gedanken sind weit.

»Sitzt du bequem, Kind?« Er ist rührend besorgt. »Margaret hat manchmal Stunden, in denen sich ihr Geist verdunkelt.« Er spricht es vor ihr aus.

»Ja,« lallt der Mund, »das ist wahr. Heute habe ich Mühe...«

Ein paar Finger heben sich, fallen zurück. Es ist wie das Aufflattern eines sterbenden Vogels.

Möchte sie etwas zu essen? Nein, trinken möchte sie. Was trinkt sie gern?

»Er gibt es mir doch nicht!«

Ich blicke auf Mr. Stringer... der lacht. Eine kleine Röte überzieht seine Wangen. »Doch, doch, ich hole dir etwas. Vielleicht hilft es...« und zu mir gewandt: »Der Arzt hat ihr jeden Alkohol verboten. Früher haben wir gern gemeinsam etwas getrunken, Margaret vermißt das jetzt. Ab und zu kriegt sie ein Gläschen Liebfrauenmilch. Ist das nicht ein deutscher Wein?« Er geht.

Wir sind allein. Das Ticken der Wanduhr, das ich bisher nicht wahrgenommen habe, zerhackt die Stille. Ihre verblaßten gelbgrauen Augen ruhen auf mir... lange.

»Ich bin zu nichts mehr nütze. Mein Leben ist vorbei«, sagt sie.

Zum Glück kommt Mr. Davies mit Flasche und Gläsern. In großen Schlucken schlürft die alte Dame den Wein, murmelt... »das tut gut. Tut gut.«

Draußen fahren zwei Autos vor, es ist das Kamerateam. Zeit, ans Interview zu denken. Es dauert noch eine Stunde, bis ich mit Geduld, großen

Pausen und eisernem Willen Margaret Rutherford aus dem geistigen Nebel herausgezogen habe.

»Danke, danke«, sagt sie plötzlich und streichelt meinen Arm.

Man hat sie auf einen Rollstuhl transportiert und mit dem Miss-Marple-Cape bekleidet... für die lieben Fernsehzuschauer in West- und Ost-Deutschland, die ihr so schöne Briefe schreiben... Mr. Davies schleppt Kartons voll vor uns hin..., die sie beide aber nicht mehr beantworten können. Zu all diesen guten Menschen will sie jetzt sprechen.

»Stringer«, sie bemüht sich lauter zu sprechen ... »du mußt der Lady Püppi zeigen, mein Maskottchen, und alle die anderen.«

Ich kriege einen Stoffbären in die Hand, einen Hasen, einen kleinen Mohren, der mit den Ohren wackeln kann, und eine auf einem Besen reitende Hexe.

Ist sie abergläubisch?

»Soviel Fremdes zwischen Himmel und Erde... ich kann es sehen.«

Und den Oscar aus purem Gold? Der bedeutet ihr nichts?

Ein Wort fällt verächtlich aus Dame Margarets Mund: »Lead.« Blei. Sie seufzt ein paarmal. »Man kann die Jugend nicht zurückholen. Für mich ist mein Mann eine große Hilfe. Er sorgt für mich. Hilft mir beim Anziehen, kocht, wäscht, kauft ein, alles das ist schwierig für einen Mann. Er liest mir vor, er ist wundervoll.«

Pause. Die Augen wandern zu den weißen, rasch ziehenden Wolken im Blau.

Dann tropfen die Worte wieder: »Sie sind ein guter Mensch. Gott segne Sie... Mit mir ist es aus, zu Ende ... eine Frau wie ich, im Rollstuhl. Zu nichts nütze... wissen Sie, was das bedeutet?«

Ich kämpfe gegen aufsteigende Tränen, versuche sie abzulenken: Was denkt sie über die heutige Jugend?

»Ja, die Beatles kommen manchmal auf Besuch... jetzt nur noch einzeln... sie verstehen sich offenbar nicht mehr so wie früher... Ich liebe die junge Generation. Sie braucht Verständnis und Liebe... brauchen wir das nicht alle?«

Nach einer langen Weile, ihre Hände zupfen an den Fransen des beigen Capes, Überbleibsel ihres Ruhms, hebt sie mit Anstrengung die Augenbrauen und resümiert: »Wir sind allein mit den Erinnerungen. Was ist Liebe? Aufrichtig muß man sein. Nur das zählt.«

Ich schlucke und schlucke und dränge zum Aufbruch. Sie soll nicht sehen, daß ich weine.

Auf Fußballplätzen und bei Beat-Veranstaltungen entdeckt man, daß hinter der gleichgültigen Maske, dem Neingesicht, der kühlen Gelassenheit des Engländers sich Temperament und kindliche Lust am lauten Spiel verstecken, und die Gabe, Probleme in der Ablenkung zu lösen. Für besondere Fälle bietet London einen behördlich genehmigten Dampfablasser: die Diskutierecke im Hydepark, »speakers corner«, wo jeden Sonntagnachmittag jeder, der will, ein Podest erklimmen und seiner Meinung Luft machen kann.

Friedensapostel, Trunkenbolde, Anti-Frauenrechtler, politisch Engagierte und Verrückte aller Schattierungen sammeln mit gestenreicher Formulierkunst Publikum um sich. Es gehört Mut dazu, sich dem Gespött und der Aggression der Umwelt zu stellen.

Nach Dreharbeiten bei einem Pop-Konzert, einem Ereignis, das man miterlebt haben muß, wenn Tausende von Jugendlichen in drangvollem Nebeneinander auf dem Boden hocken oder sich winden und schütteln im Rhythmus der Musik, von den älteren Jahrgängen geduldet wie eine von Gott geschickte Plage, hörten wir uns spaßeshalber einige Ansprachen der Weltverbesserer in der Sprecherecke an. Das müßte man filmen. Aber mit einem Thema, das allgemein interessiert.

Der Regisseur schlägt vor, eine Probe aufs Exempel zu versuchen: Ein Modeschöpfer, der mit seinen Kreationen schon den Ruf des Extremen genießt, mischt sich unter die öffentlichen Sonntagsprediger und verkündet seine Ideen.

Wer ist verrückt genug, so etwas überzeugend mitzumachen?

Mir fällt sofort einer ein: Mr. Fish, Hemden, Krawatten und sonstige Bekleidung für Herren mit außergewöhnlichem Geschmack. Sein Name ist ein Begriff in Kreisen, die es lieben, wie bunte Kolibris einherzuschweben, und Stunden damit verbringen, in Gedanken an Lord Byron und Oscar Wilde genüßlich ihr Halstuch zu schlingen.

Unser Kandidat ist 1 Meter 85 groß, blaß, schlank, blond. Er gibt mir in der zweiten Etage seines Modehauses eine Audienz.

Ein goldener Fisch hängt an der Eingangspforte. Das Schaufenster zum

Geschäft ist ganz in gelb gehalten, Seidiges, Samtenes und hartes Leinen sind um marmorne Büsten von Sokrates und Aristoteles drapiert.

»Die alten Griechen haben mich inspiriert«, erfahre ich. »Wollen Sie etwas über meine Rock-Mode für Männer im Fernsehen bringen? Sensationell!«

Ich nicke eifrig. Nur ... den speech darüber muß er in speakers corner halten! Ein mehrstimmiges gackerndes Gelächter, seine Jünger sind geteilter Meinung. Schließlich aber siegt erkannter Publicity-Wert über exhibitionistische Hemmungen.

Am Sonntag darauf preist der Meister in einem lindgrün-grau gemusterten Kostüm, Stil Pseudo-Renaissance ... »damit ich aus dem Rahmen falle« ... auf der obersten Sprosse einer Leiter, das bleiche Antlitz vor Aufregung gerötet, ein wenig verschämt im Ton, seine Kunst:

»Ich, Michael Fish, erfinde Herrenmode in England, die Reklame macht in der ganzen Welt. Eine plötzlich verwirklichte Mode ist wie Popmusik, wie alle anderen Arten von Mitteilung, aufrührerisch, ansteckend. Man hat tatsächlich sehr ernst darüber nachzudenken, wie unernst im Grunde Mode ist, also das, was ich mache. Ich meine, die Röcke für Männer, die ich lanciert habe. Die Leute sagen ... was immer ... und doch hat die halbe Welt sie getragen, die Griechen, die Römer – ja, man trägt sie noch heute, in Asien, Afrika, die Schotten und so. Die halbe Welt hat darüber diskutiert, was wir hier diskutieren. Mode, wie ich sie sehe, kann ruhig komisch sein. Warum diese Überempfindlichkeit, diese Wichtigkeit, mit der manche Leute Mode betrachten? Sie ist ein Geschäft. Etwas, wodurch man sich dem anderen mitteilt, Erotik, Sex. Mode kann eine politische Macht sein. Alle Männer tragen Röcke. Machen Sie mit. Kommen Sie zu uns. Darum stehe ich hier.«

Applaus klingt auf ... Mr. Fish fragt einen Bauernburschen: »Würden Sie tragen, was ich trage?«

»Warum nicht, so extrem sind Sie auch wieder nicht«, erklärt der im breiten Cockney-Slang.

Eine Dame beschwert sich, sie habe nicht ein Wort verstanden, man müsse diese Rede wiederholen. Jetzt nur schnell das Weite suchen ...

Zwei Männer, die wir »für alle Fälle« angemietet haben, rufen dem Modeschöpfer zu: »Festhalten!« und tragen Mr. Fish samt Leiter aus dem Gedränge.

Im Victoria-Pub wartet ein halbes Dutzend Jünglinge, mit denen wir gleich noch Fish-Mode filmen wollen. Der Couturier, von allen mit Hallo begrüßt, schmeißt einige Lagen kühlen Bieres ... Kenner wissen, es ist so dünn wie seichter Tee ... denn »den deutschen Männern müßt Ihr zünftig kommen«.

Wir tun ein übriges und transportieren die Zartbesaiteten in einen abbruchreifen Stadtteil im finstersten Eastend. Schaufensterpuppen dienen als Dekoration. Die Herren steigen begeistert über Unrat und Schmutz. Ich fürchte für Seide, Samt und Leinen.

Mr. Fish beschwichtigt mich: »Nach englischem Brauch müssen neue Kleider abgetragen wirken.«

Selbst Röcke für Männer.

Holzbänke ohne Lehnen vor langen Tischen. Stünde darauf Wein statt Bier, es könnte beim Wiener Heurigen sein. Aus dem Fachwerkhaus dringen keine Schrammeln, dafür »My bonnie is over the ocean« und schottische Dudelsackweisen. Das Warten auf den Star ist in ein feuchtfröhliches Gelage im Schatten von Kastanienbäumen ausgeartet. Unsere englischen Kollegen erzählen Witze, Gespenstergeschichten und vergnügliche Situationen, die sich mit Marty, dem preisgekrönten britischen Fernseh-Komiker, bei Dreharbeiten zugetragen haben. Tony, der Kameramann unserer Equipe, hat mehrere Serien mit ihm gefilmt.

Das Wirtshaus vor den Toren Londons ist Martys Wochenend-Pub, wo ihm die skurrilen Dorfbewohner Anregungen für seine Gags in Stummfilmmanier frei Haus liefern.

Bei Einbruch der Dunkelheit scharen wir uns um den Kamin. Eine Ecke ... »das ist der Stammtisch von Marty,« läßt sich die dralle Wirtin stolz vernehmen ... »um so besser« ... wird als Drehplatz ausgewählt. Rote Lampenschirme dämpfen das Licht, die Butzenscheiben und röschenbedruckten Vorhänge davor sorgen für ländlich-kitschige Gemütlichkeit. Immer mehr Gäste trudeln ein.

»Was ist das?«

»Da!«

»Wo?«

»Am Fenster!«

Im lauten Hin und Her von Stimmen tanzt dicht vor der Wölbung der runden Scheiben eine Fratze auf und nieder, Zwergnase, ein Riesenauge... sieht aus wie ein Gnom.

»Marty«, tönt es im Chor.

Das Fabelwesen schnurrt herein, 1 Meter 50 klein, grüne Samthosen, heller Lumberjack, blondes Haargekringel um Backen und Nacken, ein Augenpaar, das hervorquellend in entgegengesetzte Richtungen glotzt... blitzschnell sieht Marty sich um, fixiert mich und schwupp, sitzt er mir auf dem Schoß, klammert sich an meinen Hals... unter tobendem Gelächter des Auditoriums.

Spaß beiseite, er verbeugt sich artig mit einem genuschelten »Verzeihung, die Bestie Publikum braucht ihr Futter«, und stellt sich vor: »Marty Feldman, russisch-jüdischer Abstammung mit ein paar Tropfen Irenblut... legt Wert darauf, mit Buster Keaton und nicht mit Charlie Chaplin verglichen zu werden. Verheiratet, keine Kinder, von Sex besessen... renommierten Hippiekreisen zugetan, Vegetarier... hat Stroh, und ab und zu bei Blitzeinschlägen todernste Dinge im Kopf...« der schiefe Mund unter der großen Nase lacht verschmitzt.

Inzwischen habe ich mich an den Silberblick gewöhnt. Was möchte er trinken?

»Pfefferminztee.«

Unaufgefordert näselt er von der Aufgabe jedes Menschen, gut zu sein, make love not war... wackelt mit dem Kopf, nonstop zischen die Worte, oft ohne Zusammenhang, wie Kugeln aus einem Maschinengewehr.

Und wo bleibt die Komik?

»Also, wenn's Lust bereitet, zeige ich Ihnen jetzt, wie die Engländer Tee trinken«. Gelächter...

»Oh, es ist nicht heiter, sehen Sie, ich trinke Tee...« er hebt die Tasse zum Mund und nimmt einen Schluck... »die Engländer nippen ihn«... Gelächter... er setzt sich aufrecht, als hätte er einen Stock verschluckt...

... spreizt den kleinen Finger der Hand, die die Tasse hält, balanciert diese vorsichtig bis an die Lippen und saugt hörbar langsam die Flüssigkeit vom Rand. Wellen von Gelächter...

»Das tun die Engländer. Ich nicht. Ich bin ja keiner.«

Die »Eingeborenen« nehmen ihm das nicht übel, Marty ist Marty.

Er bietet mir einen Kaugummi an.

»Nein, danke«, lehne ich ab, »nicht vor dem Interview.«

Er bearbeitet mit mahlenden Kiefern den zähen Bonbon.

»Können wir anfangen?« fragt der Regisseur.

Marty feixt, nickt.

»Klappe, bitte!«

Die Klappe, eine schwarz gestrichene Holztafel, auf der der Titel der Sendung, die Namen von Regisseur, Kameramann und Mitwirkenden stehen, wird vor die Kamera gehalten. Ein am oberen Rand lose angebrachtes Rahmenstück wird auf Kommando hörbar dagegen geschlagen. Dieser »geschlagene« Ton und die später auf dem entwickelten Film sichtbare Bewegung des Zusammenklappens bilden für den Cutter beim Einlegen von Film und Ton am Schneidetisch die Grundlage für die Gleichzeitigkeit. Stimmt der Synchronpunkt nicht genau, sieht und hört der Zuschauer Ton und Bild kurios versetzt.

Dicht vor Martys Nase fällt der Klappenschlag: »Marty Feldman zum ersten.« Mein Einsatzzeichen kommt, ich hole Luft... Marty legt den Finger auf den Mund.

Was will er?

Er kramt in der Hosentasche, zieht ein kleines Spitzentuch hervor, zeigt es vorn und hinten, wie ein Zauberer vor seinem Trick... es ist sauber und ganz. Nun fördert er eine Schere zutage und beginnt, die Spitze vom Stoff zu trennen. Bei jedem Schnitt bläst er einen Kaugummi-Ballon durch die Lippen und läßt ihn wieder schrumpfen. Helle Heiterkeit ringsum.

Fertig! Er holt den Kaugummirest vom Backenzahn und pappt ihn in die Mitte des abgeschnittenen Stoffs, macht durch Falten ein kleines Paket daraus und verschnürt es mit dem Spitzenband.

»That's it«, sagt er.

Was?

»Martys Kaugummi-Interview.«

Nein, man kann es nicht schildern, man muß es gesehen haben.

Auf der Nachhausefahrt nachts um halb zwei tun mir die Bauchmuskeln weh vor Lachen. Marty Feldman ersetzt Gymnastikstunden.

Kurzinterview mit David Niven, irgendwo im Regen zwischen Mitternacht und Morgen.

Der Regisseur des Spielfilms, in dem der Charmeur des englischen Kinos eine Rolle übernommen hat, schiebt das für ihn lästige Fernsehen in eine Pause ab. In der ersten lädt Niven unser Team zum Essen ein in das Zelt, das als Kantine dient. In der zweiten Pause holt ihn der Maskenbildner zum Überschminken, die dritte entfällt wegen einsetzenden Regens, in der vierten endlich bin ich an der Reihe. Es ist mir peinlich, wie meine Frisur durch das Herumstehen in der Nässe gelitten hat, ich möchte mich entschuldigen...

»Ich finde Sie entzückend«, sagt Niven, nimmt mich in den Arm und küßt mich mitten auf den Mund.

»Sie!!« ringe ich mir ab... »die Kamera!«

Er winkt ab, brummt selbstgefällig: »I like it, I like it.«

Über 60 Jahre und noch immer so spontan?

Ein Griff zur Krawatte... ein Zwinkern in den Augen.

Eitel?

Nein, nur Frauen sind eitel. Oder habe ich schon Männer vor dem Spiegel stehen sehen?

Ich habe, jeden Morgen beim Rasieren, wie sie sich betatschen, beklopfen, bestaunen...

»Na gut, aber Männer kämmen sich die Haare, schlingen die Krawatte ohne Spiegel. Wenn Frauen wüßten, daß sie mit jedem Blick in das Quecksilberglas ein Quäntchen Persönlichkeit verlieren...«

Für ihn sind Äußerlichkeiten ohne Bedeutung. Kleider kosten Geld.

Er ist Schotte?

»Mhm. Aus den Highlands, wo der Himmel der Erde näher ist.«

Hat er, der Globetrotter, mit einem Landhaus in der Schweiz und einer Villa an der Côte d'Azur, manchmal Sehnsucht nach seinem Geburtsland?

»Sie reden, als sei ich der reichste Mann der Welt. Mein Haus bei Davos ist klein wie eine Kuckucksuhr, und die Hütte in Südfrankreich...« Er zuckt mit keiner Wimper bei dieser schamlosen Untertreibung. »Und Heimweh? Nein, das kenne ich überhaupt nicht, darauf können Sie wetten!«

Warum wetten Engländer eigentlich so gern?

»Weil sie glauben, daß Leute, die es nicht tun, ein langweiliges Leben führen. Ein Engländer schlendert durch den Tag, träumend, hoffend, daß er am Ende, wenn das Pferderennen gelaufen ist, ein Millionär sein wird.

Er wird es nie, aber er träumt davon. Ein Freund von mir, ein hoffnungsloser Spieler, ist glücklich, weil er immer hofft, einmal das große Geld zu machen. Ein reicher Mann kommt ihm jämmerlich vor, weil der sich davor fürchtet, zu verlieren, was er besitzt.«

»Haben Sie schon gewonnen?«

»Nein, ich spiele niemals. Spielen ist das schlimmste von allen Lastern, die dümmste Art, sein Geld loszuwerden.«

Er wiegt sich auf den Absätzen. Man ruft nach ihm, die Pause ist zu Ende.

»Schade,« sagt er, »ich würde mich gern länger mit Ihnen unterhalten.«

Danke, David Niven.

Bitte, darf ich Sie darauf aufmerksam machen, daß wir an Ladies in Hosen keinen Tee servieren«, säuselt der Ober mit devoter Verbeugung im Vier-Sterne-Hotel *Claridge,* wo ich in der weitläufigen Halle in einer Polsterecke die Arbeitskollegen erwarte.

Wenn Pierre Cardin wüßte, daß man sein elegantes Ensemble ... über den Hosen trage ich einen passenden wadenlangen Mantel ... in London nicht für gesellschaftsfähig hält ... »Danke, dann trinke ich nichts.«

Verbeugung: »Auf dem Zimmer servieren wir selbstverständlich gern.«

Ich kann mir diesen feudalen Laden aber nicht leisten!! Wütend, die Fernseh-Mannschaft ist gerade eingetroffen, rausche ich zum Lift, der uns ins achte Stockwerk bringt.

»Wartet hier, ich muß erst das Terrain sondieren.«

Ein Schrank von einem Mann läßt mich in ein Appartement ein. In einem kleinen, behaglich möblierten Wohnzimmer bekomme ich eine Polsterbank zugewiesen. Mr. Hitchcock kommt gleich, und ... was werden Sie ihn fragen, und ... wie lange wird es dauern, und ... Mr. Hitchcock ist ein vielbeschäftigter Mann ...

Ich höre mir den Sermon an, böse auf die Männerwelt, die mir – mit welchem Recht? – nicht erlauben will, »ihre« Hosen zu tragen. Ich schaue auf die Uhr, unterbreche schließlich den Redefluß des von sich so sehr überzeugten Herrn: »Es ist nicht das erste Interview, das ich mache. Bitte melden Sie mich jetzt an.«

Er schnappt nach Luft. Hat ihm meine Antwort die Sprache verschlagen?

»Schon angemeldet!« sagt eine Baßstimme neben mir.

Fast so rund wie hoch, streckt mir der Meisterregisseur eine große Patschhand hin: »Guten Tag.«

»Sie sprechen Deutsch?« wundere ich mich, obwohl ich weiß, daß er es fast so gut wie Englisch beherrscht. Allerdings hat er seit dem Kriege kein deutsches Interview mehr gegeben.

»Nicht so gut.«

»Doch, sehr gut! Bitte, versuchen Sie es. Machen wir das Interview auf Deutsch!«

Die flinken Äuglein prüfen mich, Grübchen erscheinen in den Hängebacken, beim Lächeln faltet sich sein Kinn dreifach: »Ich schätze Frauen mit strengem Sex. Mögen Sie einen Cocktail?«

»Einen Hitch-cocktail? Natürlich.«

Übereifer schadet stets. Er mixt Ginger-Ale, Whisky, Zitronensaft, Sekt und ein paar Spritzer... ich kann das Etikett der Flasche nicht lesen. Prost, Mahlzeit! Wir stoßen an. Das Gebräu schmeckt scheußlich.

»Wie lange brauchen wir?«

»Etwa vier Minuten.«

Inzwischen werden die Scheinwerfer verteilt, meine Mannen geben ihr Bestes. Während Alfred Hitchcock mir erzählt, daß er bei der Ufa gearbeitet hat, in Neubabelsberg, daß er Bühnen-Architekt und später Autor gewesen und erst danach Regisseur geworden sei, überwacht er aus den Augenwinkeln jeden Handgriff an den Filmgeräten. Keine Beanstandungen. Majestätisch placiert er sich auf dem Stuhl, die Hände über dem Bauch gefaltet.

»Ich sprechen in Deutsch«, sagt er noch schnell.

»Mr. Hitchcock, sie haben in Ihren Filmen einen ganz bestimmten Frauentyp kreiert...«

»... Sie meinen, mit die blonden Frauen und so?«

»Ja«.

»Alle Frauen in Deutschland, England, Skandinavien haben mehr Sex als die Französinnen oder die Italienerinnen. Folies Bergère, das ist nicht Frankreich, meinen Sie! Ich liebe den Norden, die kühlen Blondinen mit dem Aussehen wie ein... einer... eine Schullehrer...« er fährt mit der

Hand die Wangen herab, ein langes Gesicht zeichnend »... die haben es in sich. Nehmen Sie diese Dame in ein Taxi...« seine zehn gespreizten Finger heben sich zur Anbetung, die Pupillen verschwinden fast unter dem Oberlid...« ooh! Die halten, was die Dunklen versprechen.«

Interessiert ihn Frauen-Mode?

»Mode... mit die langen Beine und so?... nichts zu tun.« Verächtlich senken sich die Mundwinkel. »Weil, alles ist gesagt. Es ist wie in Sex-Filme. Was ist, heutzutage alle Leute warten vor? Daß das Ding von dem Mann geht in die Dame. Und ich habe das schon gemacht. Den Film ›Nord bei Nordwest‹, meinen Sie, in dem Cary Grant in dem Zug nimmt die Dame, oben... im Schlafwagen... nächste Einstellung – Zug fährt in die Tunnel!«

Hitchcock bildet mit Daumen und Zeigefinger der Rechten einen Kreis und schiebt den linken Zeigefinger hindurch. Seine Stimme hebt sich bedeutsam: »Symbol!«

Das ist ein Schluß. Ich bedanke mich.

»Wie lange waren wir?«

»Drei Minuten 50 Sekunden.«

Alfred Hitchcock strahlt. Der Standfotograf möchte ein paar Bilder schießen. Hitchcock steht auf, legt den Arm um meine Schultern. Er ist einen Kopf kleiner als ich.

Nach zwei Minuten wehrt er ab. »Einen zweiten Drink?«

Ich hebe mein Glas, das noch fast voll ist.

»Schmeckt Ihnen wohl nicht?«

»Doch, doch!«

Ich sehe ihm an, daß er mir nicht glaubt.

»Meine Gnädigste, bei Hitchcock muß man sich an harte Sachen gewöhnen!«

No smoking«, die Leuchtschrift vor mir, auf die ich krampfhaft gestarrt habe, erlischt. Wir sind »air-borne«, getragen von der Luft, der riesige Jet Clipper »took wing«, wie es auf Englisch heißt, hat seine Schwingen ausgebreitet und zieht in einer groß angelegten Kurve nach dem Start in den gleißenden Himmel. Die Triebwerke dröhnen, die Klimadüsen zischen, pfeifen, und ich greife zur Zeitung, um mich abzulenken. Ja, ja, das rumpelnde Geräusch eben kündigte keine Katastrophe an, sondern bedeutete nur, daß der Pilot das Fahrwerk eingezogen hat. Ich weiß es ... aber meine Hände sind feucht. Flugangst ist schlimmer als Lampenfieber.

Unter uns im Dunst versinkt London, das graue Häusermeer ... auf fast 2000 Quadratkilometern Fläche leben über 10 Millionen Menschen ... unterbrochen vom Grün der Parks, durchschnitten vom Band der Themse ... die Docks, Big Ben und die Tower Bridge mit den Brükkenträgern, die je 1000 Tonnen wiegen und sich doch in knapp zwei Minuten heben, wenn ein Schiff passieren will. Die Konturen verschwimmen in beklemmende Trostlosigkeit. London lehrt Gleichmut, das »mach dir nichts draus!«

Plötzlich habe ich Sehnsucht nach einem richtigen Londoner Pub, einem dieser public houses, die unserer Stammkneipe entsprechen. Geöffnet täglich zwischen 11 Uhr 30 und drei Uhr nachmittags und abends von halb sechs bis halb elf. Man muß sich sputen mit dem Sherry und dem Bier.

Als ich gestern mit dem englischen Filmschauspieler Michael Caine im eleganten Mayfair-Pub *The Turkish Head* saß, hatte ich keinen Gedanken daran verschwendet, daß ich festen Boden unter den Füßen spürte. Höchstens die Dauerhaftigkeit dieser urenglischen Einrichtung war mir zum Bewußtsein gekommen.

Wir saßen auf ledergepolsterten Barhockern am Tresen, alles mahagonifurniert und messingbeschlagen. Im Gegensatz zu den meisten Mittelklasse-Pubs gibt es hier Sitzplätze in Nischen.

»Eigentlich dürfte ich als Frau an der Theke nichts konsumieren ... ich müßte dort drüben irgendwo ...?«

Caine lachte mit blauen Augen: »Nicht doch. In der Fleetstreet, wo die Zeitungsredaktionen sind, gibt es solche Bräuche. Sonst ist das Pub ein gesellschaftlicher Treffpunkt ... ja, in erster Linie für Männer ... eigentlich nur für Männer, das ist wahr.«

Er schien ein wenig verblüfft zu sein über die soeben gewonnene Erkenntnis ... und verteidigte sich und seine Geschlechtsgenossen: »Vom Hafenarbeiter bis zum Herzog von Edinburgh gehört jeder Mann einer Gruppe Gleichgesinnter an. Er braucht einen Platz, wo er unter seinesgleichen ist, ohne Frauen. Eine Zuflucht sozusagen vor zu Hause.«

»›For men only‹, das Schild ist mir in London oft aufgefallen.«

»Sie finden es vor allem an Club-Eingängen. Und für die Männer, die auf Grund ihrer gesellschaftlichen Stellung keinen Zugang zu diesen Clubs haben, ist das Pub ein Ersatz. In jüngster Zeit allerdings hat sich manches geändert. Man geht jetzt auch dahin, um ein Mädchen zu finden. Viele Pubs haben Diskothek-Charakter. Am Samstagabend nimmt man auch mal die Familie mit. Die Pubs in unserer Stadt sind eine Art religiöses Ritual. Am Sonntagvormittag zum Beispiel ist es so schön wie früher, da sind die Männer noch unter sich, wenn die Frauen das Mittagessen kochen.«

Michael Caine stieß sein Glas an meines. Wir tranken. Der Wirt und seine Gehilfen, die scheinbar unbeteiligt eifrig Gläser wuschen und das Bataillon Flaschen auf den Regalen in Reih und Glied rückten, verkniffen sich ein Grinsen.

»In London amüsieren sich also nur die Männer?«

Er lachte: »Gehen Sie nie aus?«

Ich lachte ihm entgegen: »In London? Sie meinen wohl, weil alle Welt so verrückt auf ›swinging‹ ist? Zuerst müßte mir einer erklären, wo ich ›swinging London‹ finde.«

Michael Caine schickte sich an, mir mit erhobenem Zeigefinger eine Lektion zu erteilen:

»Ich glaube, daß ›swinging London‹ eine sehr irreführende Bezeichnung ist. Wenn ich Ihnen als Londoner erklären soll, was das ist, dann meine ich, in London kann jeder tun und sein, was er will. Es hält sich niemand darüber auf, ob Sie eine Nonne sind, ein Gangster oder ein Sonderling. Schließlich muß jeder selbst mit seinem Leben fertig werden, das geht keinen anderen etwas an. Sie können also, wenn Sie hier leben, ›swingen‹ von einem Platz zum anderen. Alles ist da – Intellektuelles, Volkstümliches, Pop, was Sie wollen. Nur wenn Sie fremd sind, dann ist es schwer. Sie brauchen jemand, der Ihnen die Plätze zeigt. London ist keine Stadt für Leute, die allein sind und nicht Bescheid wissen. Aber sie werden nicht allein gelassen, weil wir Engländer uns nicht um den anderen kümmern oder weil wir scheu sind, sondern weil wir glauben, wenn jemand allein ist, möchte er allein gelassen werden« ... er holte tief Luft, kippte den Rest des Alkohols hinunter und fügte schalkhaft hinzu: »Schlecht natürlich für alleinstehende Damen, die angesprochen werden wollen!«

Er hat recht, denke ich jetzt, London ist mit keiner anderen Stadt vergleichbar. Die Eindrücke wechseln wie das Wetter, schnell und völlig überraschend. London ist swinging, aber auch uralter Zopf. London steckt voller Anregungen ... vorwiegend für Gentlemen. Es hat eigentlich kein Herz für Frauen. Darum hat die Vorsehung dieser Stadt eine Königin beschert. God save the Queen!

Ich schrecke zusammen ... ach so, eine Kurve nach der anderen Seite. Wie lange fliegen wir denn schon ... erst zehn Minuten ... das sind Augenblicke, in denen mir der ganze Set gestohlen bleiben kann, weil der Jet dazugehört.

Es tröstet in solchen Momenten wenig, daß man ein Held ist, weil der Termin drängt. Wenn ich es mir leisten könnte, würde ich lieber tagelange Bahn-, Auto-, notfalls Kamelreisen auf mich nehmen, anstatt »in die Luft zu gehen« ... wie so mancher smarte Jet-Setter, der ängstlich das Geheimnis hütet, daß er zwar settet, aber niemals jettet. Natürlich darf die Öffentlichkeit nichts von dieser menschlichen Schwäche ihrer Lieblinge erfahren.

Neben mir sitzt Daliah Lavi, die Israelin mit Busen und Stimme. Sie ist viel auf Durchreise ... Ankommen, Arbeiten, Abfliegen. Mitten im Gewühl des Londoner Flughafens Heathrow hatte mir jemand die Augen zugehalten, eine Haarflut streifte meine Wange: Daliah Lavi, Madonnenscheitel über lachenden dunklen Augen, in schwarzen Lederjeans und Leder-Lumberjack, geöffnet bis zu den bronzefarbenen Rundungen ihres ansehnlichen Dekolletés.

Sie stellte vor: »Colin, Manager und Herzensbegleiter.«

Er ist groß, blond, blauäugig und Schotte ... vom Hals bis zu den Knöcheln gleich gekleidet wie Daliah.

»Ich bin ihr kleiner Schatten«, sagt Colin.

Jetzt hält der Schatten tröstend ihre Hand ... Daliah fliegt also auch nicht gern, stelle ich fest ... gemeinsam jettet sich's leichter.

Sie lächelt mir entschuldigend zu, ein wenig blaß um Nase und Kinn. »Was ist eigentlich der Unterschied zwischen Flugangst und Lampenfieber?« wiederholt sie meine eigenen Gedanken.

Daß man nichts tun kann, will ich antworten, als sie schon fortfährt: »Ich glaube, Lampenfieber ist eine Sache der Nerven, Flugangst kommt aus dem Instinkt.«

Vielleicht ist es wirklich so. Aber an beide Ängste gewöhnt man sich nicht.

Auch wenn man schon hundert Fernsehinterviews gemacht hat, springt einem jedesmal das Lampenfieber zwischen Herz und Kehle, sobald der Regisseur das Kommando gibt: »Ton ab!«

»Läuft«, gibt der Tonmann zurück.

»Kamera ab!«

»Kamera läuft«, antwortet der Kameramann.

»Klappe bitte!«

Die Klappe wird geschlagen ... mein Herzschlag stockt, bis mir der Regisseur den Einsatz gibt mit der Anweisung: »Action please«. Dann bin ich auch »air-borne« ... und weiß vorher nie, ob der Flug stürmisch oder elegant verlaufen wird.

»Fasten seat-belt«, leuchtet die Schrift vor uns auf. Nein, diesmal ist es kein Sturm, keine Gewitterfront. Der Düsenclipper setzt zur Landung an. Es muß wirklich blinder Instinkt sein, der mich jetzt mit aufatmender Erleichterung überflutet, obgleich der Verstand weiß, daß gerade die Landung eine kritische Phase des Fluges darstellt.

Bäume, Straßen, Häuser wachsen von Spielzeuggröße zu ihrem wirklichen Maß an, die Maschine balanciert sich auf das weiße Band der Rollbahn ein ... tiefer ... tiefer ... ein Stoß, die Triebwerke schalten auf volle Bremskraft, die Räder holpern über die Piste, das Dröhnen verebbt ...

»Gekauft,« sagt der Regisseur, oder »gestorben«, wenn die Szene glücklich »im Kasten« ist.

Wir sind noch einmal davongekommen.